ENVIRONMENTAL
SOCIAL
GOVERNANCE

ESG는 사악한 자본주의를 구원할 수 있는가? ───── 김경식 지음

착한 자본의 탄생

어바웃어북

'착함'의 함의를 성찰하며

글을 시작하며 고백부터 해야겠다. 책의 제호 탓이다. 표지의 제호를 보고 혹
여 자본에 어떤 선(善)한 속성이 있는지 궁금해 책을 펼쳤다면, 읽는 내내 실
망스러울 것이다. 혹은 제호만 보고 필자를 대자본가에 충성하는 탐욕주의자
로 오해했다면, 아예 이 책을 들춰보지도 않을 것이다.

　아무튼 '착한 자본'은 세상에 존재하지 않는다! 그럼에도 불구하고 책의 제
호를 그렇게 정한 이유는 왜일까?

　우리가 사는 세상이 '자본주의 시대'임을 부정하는 사람은 아마 없을 것이
다. 자본주의 시대는 말 그대로 '돈(資)을 근본(本)으로 섬기는(主義) 시대'이
다. 그런데, 삶의 근본이 '돈'이라…… '정의'도 '박애'도 심지어 '신'이나 '인간'
자신도 아닌 '돈'이라…… 이건 너무 노골적으로 솔직하다. 위선이 미덕인 세
상에서 이렇게 적나라해도 되는 걸까? 아무튼 그렇다.

　하지만 돈이 근본인 세상이 별 날 없이 평화로울 리가 있(었)을까? 역사는
단호하게 '아니'라고 말한다. 인간이 불(火)과 도구를 사용할 줄 알게 되고 언
어로 소통하면서 생산성이 비약적으로 향상되었다. 삶은 풍족해졌지만 심각
한 문제가 생겼다. 인간이 욕망을 넘어 탐욕을 생산에 불어넣은 것이다. 이는
곧 지배와 피지배 계급의 분화와 갈등을 야기했고, 갈등은 전쟁으로 이어졌
다. 땅을 일구고 수렵에 사용하던 도구는 무기로 변했고, 언어는 거짓말과 비
방의 수단이 되었다.

　그리고 인간은 국지적 공동체를 넘어 '국가'라는 정치체제를 만들었다. 생

산성 향상은 국가 간 경쟁으로 심화되었는데, 영국에서는 코크스(석탄)를 태워 만든 에너지인 증기로 대량 생산체제의 기틀을 마련했다. 다다익선(多多益善)을 부르짖는 '산업혁명'이 일어난 것이다. 산업혁명은 자본가와 노동자 간 계급을 좀 더 선명하게 나눴다. 바꿔 말하면 거대해진 자본이 노동을 지배하게 된 것이다. '자본가=부자', '노동자=빈자'라는 공식이 상식이 되면서, 부자의 삶을 동경하는 자본주의 시대가 열린 것이다. 때마침 프로테스탄티즘(칼뱅주의)은 자본을 향한 이기적이고 자기중심적인 탐욕의 동기를 미덕으로 변화시켰다. 모든 거래는 돈으로 이뤄졌고, 자본가들이 만든 '기업'의 존재이유는 '이윤'으로 모아졌다.

산업혁명이 시작된 지 250여 년이 지나는 동안 자본주의는 인간의 삶을 크게 바꿔놓았다. 이를 두고 누군가는 '진화' 혹은 '발전'이라 상찬하고, 다른 누군가는 '퇴화' 혹은 '위기'라고 경고한다. 두 가지 다 맞는 지적이지만, 필자는 후자에 더 방점을 찍고 싶다. 자본주의는 인간의 삶을 눈부시게 진화·발전시킨 동시에 참혹한 현실과 위기도 가져다주었다. 대량 생산을 위해 경쟁하듯 공장 굴뚝에서 내뿜는 이산화탄소는 지구를 산소호흡기를 단 중환자로 만들었다. 자본가들이 노동자들을 향해 휘두르며 가했던 채찍과 박차는 삶의 가치를 훼손했다.

어디 그뿐이랴. 자본가들이 만든 거대한 기업 안에서는 살벌한 지배다툼이 끊이질 않는다. 몇몇 사회운동가, 학자, 시민단체들이 자본주의의 불합리성을 성토했지만 거대 자본가들은 외면했다. 그렇게 20세기가 지나갔다. 그 사이 자본은 '금융'이라는 시스템으로 더욱 커지고 견고해졌다. 자본주의가 정치권력이나 심지어 종교보다도 강력해진 것이다. 자본의 심판은 그 어떤 종교심판이나 이념재판 보다도 가혹했다.

그런데, 이상한 소리가 들리기 시작했다. 자본주의를 떠받치던 거대한 금융

시스템 안에서 자본주의의 심각한 위기론이 꽤 설득력 있는 데이터들을 근거로 퍼져나갔다. 그리고 지금 당장 패러다임을 바꾸지 않으면 공멸한다는 주장이 행동으로 이어졌다. 세계적인 기관투자기관 '블랙록'이 이른바 'ESG 경영'이라는 기치 아래, 이를 무시한 기업들에 투자를 대폭 삭감한 일이 벌어진 것이다. 그 어떤 경고에도 꿈쩍 않던 자본가들은 경악했다.

현재, 전 세계 공룡(거대 기업)들은 ESG에 포획당했다. 사실 '친환경(E)', '사회적 가치(S)', '지배구조(G)'는 그다지 새롭지 않다. 지난 수십 년 동안 뜻 있는 운동가들이 목이 터져라 외쳐온 구호들이기 때문이다. 하지만 아무리 거센 경고에도 꿈쩍 않던 자본가들을 포획한 건 결국 '돈'이었다. 세상에서 '돈'을 가장 많이 가진 집단이 가장 두려워하는 게 '돈'이었던 셈이다. '돈'을 '근본'으로 '섬기는' 시대의 현주소이다.

ESG는 쉽게 말해 자본가들이 공공선(公共善)을 위해 기본을 지키며 돈을 벌라는 훈계이다. 훈계 안에 돈이라는 매서운 회초리가 자본가들을 자극한 것이다. 그렇다면 이 회초리는 과연 자본가들을 만인(公共)을 위해 착하게(善) 만들 수 있을까? 이 책의 제호대로 ESG는 '착한 자본의 탄생'을 이뤄낼 것인가?

머지않아 거대 공룡들이 정말로 착해질 것이라고, ESG가 탐욕에 찌든 자본주의를 구원할 것이라고 여기는 사람들은 많지 않다. 필자 역시 그렇다. 필자의 눈에는 현재 기업들이 주창하고 실행하는 ESG 경영이 '레토릭'처럼 느껴진다. 정말로 착해지려는 게 아니라 착한 '척'하는 것이다. 착해 보이지 않으면, 국제사회가 만든 '탄소중립' 같은 아젠다에서 멀어져 값비싼 대가(탄소거래비용, 탄소세 등)를 치러야 한다(E). 또 투명하지 않은 지배구조로 투자자들의 외면을 받거나(G), 노사갈등과 파업으로 엄청난 영업손실도 감내해야 한다(S). 착해지지 않으면 생존할 수 없게 된 것이다. 어찌됐든 이렇게라도 자본주의가 변할 수 있다면 ESG는 성공한 아젠다가 아닐까?

하지만 지금처럼 착한 '척한' ESG는 절반에도 미치지 못하는 성공일 것이다. 규제의 끈이 느슨해지면 자본주의는 곧바로 본성으로 돌아갈 게 빤하다. ESG가 지금보다 훨씬 합리적이고 실행가능하며 정교하게 설계되어야 하는 이유다. 아울러 ESG는 더 이상 규제가 아니라, 인센티브이자 새로운 성장기회로 운영되어야 한다.

필자는 이 책에서 철저히 우리의 상황에 맞춰 산업의 생태계를 분석한 뒤, 가치중립적이면서 실천적인 솔루션을 제시하려 했다. 자본주의 역사가 우리보다 수백 년 앞선 서구 사회에서 요구하는 ESG는, 빠르게 산업화된 우리에게는 무리이다. 원전과 재생에너지의 가치대립, RE100과 탄소중립, 수소경제의 실현가능성, 전력시장 개방, 기업들의 불순한 지배구조 디자인과 노사문화 등 우리가 직면한 가장 풀기 어려운 딜레마들은 결국 우리 몸에 맞는 ESG 해법으로 풀어내야만 한다.

미국의 생태학자 레이첼 카슨이 『침묵의 봄』을 펴내 서구 사회에 환경운동을 촉발시킨 1962년, 한국에서는 박정희 국가재건최고회의 의장이 울산공업센터 기공식에서, "공업 생산의 검은 연기가 대기 속에 뻗어나가는 그날에 국가와 민족의 희망과 발전이 눈앞에 도래했다"고 설파했다.

시대가 처한 상황에 따라 '착함'도 변한다. 60여 년 전 한국에서의 '공공선'은 닥치고 '성장'이었다. 하지만 그때의 '착함'이 지금도 유효하다고 믿는 건 슬픈 일이다. 이 책 『착한 자본의 탄생』은 바로 그 '착함'에 대한 질문과 성찰에 관한 기록이다.

2023년 4월 어느 봄날
혜화(惠化)동 고철(高哲)연구소에서

저자는 국내 철강산업을 대표하는 대기업의 고위 임원을 지낸 후 인문사회 분야의 담론을 생산하는 연구소를 차렸다. 이것은 결코 예사로운 일이 아니다. 나는 운이 좋아 그의 말과 글을 가까이할 수 있었다. 그러면서 줄곧 닮고 싶은 세 가지 선명한 인상을 받았다. 하나, 질문이 진솔하고 균형 잡혀 있구나. 둘, 해답의 실마리를 현장에서 찾는구나. 셋, 성찰의 내공이 깊고 통섭적이구나. 게다가 듣고(聞) 읽기(讀)가 편했고 되씹어 보게(商量) 만들었다. 그 자신의 다문(多聞), 다독(多讀), 다상량(多商量) 때문이리라. 이번 역작을 대하면서도 내가 받은 인상이 틀리지 않았음을 재확인할 수 있었다.

아나톨 칼레츠키는 『자본주의 4.0』에서 '자본주의'의 원년을 1776년으로 설정했다. 애덤 스미스의 『국부론』이 출간된 해이다. 그렇다면 자본주의는 아직 250년에도 미치지 않는 역사이고 현재 진행형이다. 바로 지금 우리에게 던져진 화두이고 우리가 매달려야 하는 핵심 이슈이기도 하다. 궁극의 문제는 '지속가능성'이다. 저자의 사유도 이와 다르지 않다. 무엇이든 지속가능하지 않다면 무슨 소용인가. 자본주의가 지속가능하려면, 이데올로기를 지배하는 '자본'이 무엇을 어떻게 해야 할지 탐구하는 것은 불가결한 일이다. 자본은 끊임없이 진화해야 한다. 저자가 ESG를 매개로 자본의 본성을 모색하며 펼쳐 놓은 관점, 사유, 솔루션은 우리 사회 구성원 모두 깊이 경청할 만하다. 동의할지는 그다음 일이다. 다만, 나에겐 저 깊숙한 곳까지 큰 울림이 있었음을 감히 고백한다.

_ **김지형**(법무법인(유) 지평 대표변호사, 전 대법관, 전 삼성준법감시위원장)

몇 해 전 정부기관이 주최한 회의에 참석했던 적이 있었다. 그 자리에서 한 기업인이 우리 전력시스템의 고질적인 문제점을 거침없으면서도 논리적으로 설파했다. '정부가 들으면 불편할 얘기를 누가 저렇게 하는 것이지?'하며 돌아봤는데, 당시 현대제철에 근무 중이던 저자였다. 퍽 인상적이었던 것은, 정부 관계자들이 저자의 쓴소리를 귀담아듣고 있었다는 사실이다. 기억을 더듬어보니 저자를 처음 만난 건 사법연수생 시절인 2007년이었다. 당시 환경운동연합 관계자들과의 미팅 자리에 현대제철에서 홍보 업무를 담당하던 저자도 함께 있었다. 불편할 수도 있는 환경단체들과 진솔하면서도 소탈하게 이야기 나누는 저자의 모습이 놀라웠다. 그렇게 저자는 환경단체이건 정부이건 어디에서나 늘 본인의 뜻과 소신을 피력했는데, 이는 많은 사람들이 저자를 존경하는 이유이다.

저자는 발전, 철강, ESG 등 다양한 분야를 망라해 여러 매체에 집필해온 결실로 이 책 『착한 자본의 탄생』을 출간했다. 기후위기, 전력시장 개방, 지배구조, 수소경제 등 우리 사회가 안고 있는 가장 심각한 문제들에 대한 저자만의 탁월한 통찰력과 용기 있는 제언(提言)이 돋보인다.

_ 김주진 (기후솔루션 대표, 전 김앤장 변호사)

제조업이 화려했던 시절이 한국에도 있었다. 많은 인재들이 뭔가를 만드는 회사로 몰려 갔다. 그 무리 중에 저자도 있었다. 그는 평생 쇠를 만드는 일을 했는데, 그 과정에서 뭔가 깨달음이 있었던 모양이다. 한국의 대기업 경영 일선에서는 정부와 끊임없이 밀고 당기는 일을 해야 하고, 다른 기업들과 입장을 조율해야 하며, 시민단체와도 의견을 교환해야 한다. 그 일을 충실하게 해내는 것을 가리켜 요즘은 'ESG'라고 부른다. 저자는 오랜 세월 그 일을 해온 사람이다.

이 시대에 환경과 경영 그리고 제도에 관한 저자의 말과 글이 더욱 의미가 있는 것은, 그가 평생 현장에서 느껴온 대안의식 때문일 것이다. 때론 공무원보다도 원칙을 강조하면서도, 시민단체 활동가 못지않는 실천의지를 바탕으로, 학식이 깊은 학자의 논문보다도 더 논리적인 견해를 피력하는 저자를 통해 한국에서 찾아보기 어려운 '실무적 감성'을 느끼게 된다.

기업에서 문제를 푸는 방식은 정책적 해법 한 가지를 우기는 것과는 분명 다르다. 한국의 중후장대 산업에서 잔뼈가 굵은 저자의 통찰력이 빼곡하게 담긴 이 책을 기업인들, 특히 제조업에 종사하는 실무진들에게 추천하고 싶은 이유다. 자신이 속한 업종을 넘어 시장 전체와 사회까지 아우르는 저자만의 균형 있는 관점과 철학은, '이 시대에 기업이란 어떤 존재인가?'라는 질문과 성찰을 동시에 가져다 준다. 돈만 버는 삶이 아니라 사회적으로도 의미 있는 삶, 그게 저자가 살아낸 삶이다.

_ 우석훈 (경제학 박사, 전 성결대 교수)

C O N T E N T S

• Chapter 1 •
'착한' 혹은 '착한 척한' 자본
- ESG 경영과 거버넌스에 관하여 -

• Chapter 2 •
유아독점(唯我獨占) 에너지의 함정
- 재생에너지, 수소경제, 전력시장에 관하여 -

● Chapter 3 ●
'죽음의 원소' 죽이기 게임
- 탄소중립 그리고 고철에 관하여 -

• Chapter 4 •
탐욕의 수레바퀴 아래서
- 사회적 가치와 기업의 책임에 관하여 -

Chapter 1

'착한' 혹은 '착한 척한' 자본
- ESG 경영과 거버넌스에 관하여 -

E에 가려진
S와 G를 찾아서

ESG 경영의 불편한 민낯

자본주의의 경제적 효율성 추구는 누적된 화석연료 개발로 기후위기를
초래했고, 사회적으로는 양극화를 심화시켰다. 이에 위기를 느낀 전 세계
225개 대형 기관투자자들은 2017년 12월 12일, 파리협정(Paris Agreement)
채택 2주년을 기념해 '기후행동(Climate Action) 100+'를 출범시켰다. 그리
고 기업들에게 파리협정에서 제시한 목표에 맞게 온실가스 배출량을 줄
이고, 관련 정보를 상세히 공개하도록 요구했다.

이들 기관투자자 중 세계 최대 자산운용사인 블랙록(BLACKROCK INCOR-
PORATED)의 최고경영자 래리 핑크(Laurence Douglas Fink)가 2018년 초에
주요 기업들에 보낸 공개서한은 이른바 'ESG 경영'이 확산하는 기폭제가

되었다. 실제로 그는 서한 발송 이후 에너지 다(多)소비 기업에 대한 신규 투자를 축소했기 때문이다. 이로 인해 래리 핑크는 마치 ESG 경영의 화신처럼 인식되기도 한다. 하지만 그는 2008년 글로벌 금융위기의 주범이었던 서브 프라임 모기지 상품을 개발해 큰돈을 번 인물이기도 하다. 이러한 사실을 고려하면 래리 핑크를 비롯해 기관투자자들의 진정한 의도가 무엇인지 의구심마저 든다.

환경에만 집중하는 'ESG 위장자들'

기관투자자들은 아마도 이익 증대를 위해 최우선 리스크를 제거하는 것, 즉 지구상의 모든 생명체는 평화롭게 공존해야 한다는 생태적 진실을 가치화해 그들의 최우선 리스크인 기후위기와 양극화를 극복하기 보다는 '헤징(hedging)'을 하자는 것이 아닐까 짐작된다. 즉, 이로 인한 손해를 최대한 줄이기 위해 'ESG'라는 아젠다를 활용하려는 게 아닐까? 아무튼 의도야 어떻든 기후위기와 양극화는 반드시 극복해야 할 전 지구적 과제인 것만은 분명하다.

기관투자자들은 ESG를 기반으로 종합적으로 기업을 평가하고 투자를 결정한다. 따라서 ESG 관련 항목에 대한 MRV(측정·보고·검증)의 중요성을 강조한다. 그런데 이러한 ESG가 우리나라에서는 특이하게 전개되고 있다. 환경친화적이고(Environmental), 사회적 가치를 높이는(Social), 거버기관투자자 중 세계 최대 자산운용사인 블랙록의 최고경영자 래리 핑크가 2018년 초에 주요 기업에 보낸 공개 서한은 이른바 'ESG 경영'이 확산하는 기폭제가 되었다. 그가 서한 발송 이후 에너지 다(多)소비 기업에 대한 신규 투자를 축소했기 때문이다. 이 때문에 래리 핑크는 마치 ESG 경영의 화신처럼 인식되기도 한다. 하지만 그는 2008년 글로벌 금융위기의 주범이었던 서브 프라임 모기지 상품을 개발해 큰돈을 번 인물이다.

▶ **블랙록이 5% 이상 지분 보유한 국내 주요 대기업**

삼성전자	5.03%
포스코홀딩스	5.19%
KB금융	6.02%
신한지주	5.17%
네이버	5.05%

자료 : 2022년 12월 31일 각사 사업보고서 기준(전자공시)

코스피 시가총액 100대 기업 중 블랙록이 2·3·4대 주주인 곳

82 개 기업

자료 : <조선일보> 2022.8.26.자

넌스(Governance) 별로 각 평가항목을 만들어 평가한 결과 우리나라에서는 이산화탄소를 가장 많이 배출하는 기업이 가장 좋은 평가를 받는 기이한 결과가 나온 것이다. 각 분야별 평가항목 간에 인과관계도 없이 단순 평가 결과의 합산으로 ESG 경영을 판단하고 있기에 나타난 현상이다.

또 하나 특이한 점은 기관투자자와 시민단체(NGO)가 오월동주(鳴越同舟)하고 있다는 것이다. 예컨대 가스는 탄소중립으로 가는 중간 단계로 택소노미(Taxonomy)에 포함되었음에도 SK E&S의 '호주 바로사 가스전 사업'은 환경단체의 반대로 기관투자자들이 투자를 망설이고 있다. 그동안 시민단체의 투쟁에도 꿈쩍 않던 기업들이 ESG 앞에서 바짝 긴장을 하고 있으니, 오월동주가 나쁜 것만은 아니다. 문제는 기업들이 ESG의 계량적 성과가 상대적으로 쉽게 나오는 환경(E)에 집중하다보니 정작 인권과 삶을 개선시키는 이슈(S)와 이를 설계·추동하고 견제하는 문제(G)는 소외하고 있다는 점이다. 때마침 '2050 탄소중립'과 전력 100%를 재생에너지로 충당해야 하는 'RE100' 등 세계적인 환경 이슈가 등장하고 있다.

그러다 보니 일부 기업은 환경(E)을 앞세우면서 사회(S)와 거버넌스(G)에 대한 관심은 슬그머니 감추는 'ESG 워싱(washing, 위장)'을 하고 있다. 단적인 예로 각 기업에는 이사회가 있는데도 새로 'ESG 위원회'를 설치하면서 위원 구성은 ESG 전문가(이해관계자 대표)가 아니라 이사회와 같이 교수·법조인·고위공직자로 채우고 있다. 활동 계획 역시 주로 환경 이슈 중심의 계획을 홍보하는 수준이다. 이렇듯이 현재 우리 사회 및 기업의 ESG 경영은 온통 환경(E)에 집중돼 있다.

이 점을 분명히 기억해둬야 하는 이유는, 기관투자자들이 기후위기(E)가 리스크 최우선 순위에서 벗어나면 그때는 또 다른 리스크 타깃을 찾아 갈 것이고, 그러면 기관투자자와 시민단체의 오월동주 파경에 따른 후유증이 클 것이기 때문이다. 예를 들어 2021년 3월 '에비앙(Evian)'이라는 브랜드로 유명한 프랑스의 식품기업 '다논(Groupe Danone)'의 임마누엘 파베르(Emmanuel Faber) 회장이 주주행동주의 펀드에 의해 해임되었다. 파베르 회장은 탄소비용을 톤당 35유로로 평가해 순이익에서 이를 공제하는 '탄소조정 주당순이익제'를 도입하는 등 ESG 경영을 앞장서서 실천한 인물이다. 그런데 헤지펀드는 파베르 회장이 '주주이익과 다른 이해관계자와의 사이에서 책임과 균형을 유지하지 못했다'며 해임한 것이다. 이는 주주이익과 ESG가 추구하는 사회적 가치의 충돌 문제가 투자자의 의도

'탄소조정 주당순이익제'를 도입하는 등 ESG 경영에 적극적이었던 임마누엘 파베르 다논 회장이 주주행동주의 펀드로부터 해임당한 사건은, 주주이익과 ESG 가치의 충돌이 가져올 심각성의 전조라 하겠다.

에 따라 언제든 이슈화 될 수 있다는 것을 보여주는 사례이다.

최근 자본주의는 '주주 자본주의'에서 '이해관계자 자본주의'로 변화하고 있다. ESG 경영은 바로 이 '이해관계자 자본주의'와 같은 의미로 이해할 수 있다. 자본주의의 긴 역사를 볼 때 '진정한 ESG'는 '자본주의의 자기 진화'가 잘 되도록 기업의 가치사슬을 재설계하고, 가치사슬 상의 이해관계자에게 의미를 부여하며, 이들에게 합당한 보상이 이루어지도록 하는 것이다. 따라서 우리는 좋든 싫든 진정한 ESG 경영을 위해 기업을 이해하고 잘 성장시켜야 한다. 기업은 오랜 기간에 걸쳐 인간의 욕망을 충족시키기 위해 '다듬어지고 있는' 조직이기 때문이다.

자본주의 최상위 포식자들의 '욕망'을 어떻게 제어할 것인가?

ESG 경영은 '기업의 지속 가능을 위한 가이드(Enterprise Sustainability GUIDE)'라고도 할 수도 있다. 따라서 자본주의의 자기진화를 유도하기 위해서는 조건(GUIDE)을 잘 만들어 줘야 한다. 태양 · 물 · 바람과 같은 기본 요소가 생태계를 공존시키기 위해서는 진화의 촉매자이면서 생태계 파멸의 원인이기도 한 '인간(기업)'이라는 최상위 포식자의 '욕망'을 '가이드'해 주어야 한다. 즉, 건전한 시민단체와 언론이 기업을 감시하고 또 지원하는 '긴장된 견제와 지원'의 관계를 구축해야 한다.

▶ 국내 79개 기업의 MSCI ESG 평가　　　단위 : %, 2021년 기준

AA	A	BBB	BB	B	C
11.4	20.3	22.8	19.0	20.3	5.1

AAA 1.3

자료 : 모건스탠리캐피털인터내셔널(MSCI), 우리금융경영연구소

미국의 모건 스탠리 캐피털 인터내셔널사가 작성·발표하는 세계적인 주가지수인 MSCI(Morgan Stanley Capital International)에는 ESG 평가도 있는데, 국내 79개 주요 기업 가운데 AAA 등급을 받은 비율이 1.3% 밖에 되지 않는다. 이는 ESG 보고서를 미사여구로 포장해 홍보용으로 발표하는 등 국내 기업들의 ESG에 대한 경영 마인드가 여전히 낙후되었음을 방증한다.

　이러한 역할을 수행하려면 기업은 물론 시민단체도 회계 투명성과 내부 지배구조의 합리성을 갖춰야 한다. 그리고 언론은 자본과 권력으로부터 독립성을 갖고 감시와 비평자의 역할을 해줘야 한다. 이를 위해서는 먼저 ESG 보고서의 신뢰성을 높여야 한다. 현재 각 기업이 발행하고 있는 ESG 보고서의 한계는 최근 포털 플랫폼 회사 A와 B에서 그대로 드러났다. 이들 회사는 ESG 보고서를 미사여구로 포장해 놓고 실제 행동은 반(反) ESG 경영 모습을 보여 지탄을 받았다. 가령 A사는 직장 내 괴롭힘으로 직원이 극단적인 선택을 했는데도, ESG 보고서에는 직장 내 괴롭힘이나 고압적 언행을 엄격히 금지한다고 표기돼 있다.

ESG 보고서는 미사여구의 나열이 아니라 계량적 평가가 가능하도록 모든 사항을 수치화 해야 한다. 지속가능보고서와 차이점도 여기에 있다. 그 수치의 의미가 나타나도록 장기 목표 대비 진도율을 밝히고, 국내외 가장 모범적인 기업과의 비교 데이터가 표시돼 상대적 평가도 가능하도록 해야 한다.

예컨대 이산화탄소 배출을 많이 하는 회사의 ESG 보고서라면 '2030 온실가스 감축 목표(NDC)' 대비 진도율과 국내외 동종 기업들의 같은 항목이 비교 수치로 나타나야 한다. 또한 이 수치는 시계열로 제공되어야 한다.

다음으로는 ESG 평가항목 간의 인과관계를 풀어줘야 한다. 한 기업의 노동항목을 평가할 때 비정규직 수치(비율)만 봐서는 곤란하다. 비정규직 문제를 해결하기 위해서는 '동일 노동 동일 임금' '동일 회사 다른 임금체계'를 만들어 줘야 한다(266쪽). 기업이 부담할 수 있는 인건비 총액을 직무의 난이도에 따라 세분화하고, 노동자가 자신에게 맞는 직무와 근무조건을 자유롭게 선택할 수 있도록 해야 한다. 이렇게 하면 비정규직 없이 모두가 정규직이 될 수도 있을 것이다. 입사와 동시에 직무 구분 없이 일률적으로 정해지는 지금의 호봉제는 ESG 경영 생태계에 맞지 않는 임금체계라 할 수 있다. 이러한 임금체계를 직무급제로 바꿔야 한다. 이를 막고 있는 노동단체에 대해서는 시민단체와 언론이 나서서 풀어줘야 한다.

마지막으로 거버넌스(G)의 중요성을 인식하고 변화시켜야 한다. 환경과 사회의 모든 문제는 거버넌스로 귀결된다(48쪽). 우리가 직면하는 문

기업들이 ESG의 계량적 성과가 상대적으로 쉽게 나오는 환경(E)에 집중하다보니 정작 인권과 삶을 개선시키는 이슈(S)와 이를 설계·추동하고 견제하는 문제(G)는 소홀히 한다. 환경(E)을 앞세우면서 사회(S)와 거버넌스(G)에 대한 관심을 슬그머니 감추는 'ESG 워싱(washing, 위장)'이 버젓이 일어나고 있는 것이다.

하지만, ESG 글로벌시장 투자 규모가 2030년 130조 달러에 이를 것으로 전망되는 상황에서 기후위기(E)가 리스크 최우선 순위에서 벗어나는 순간 기관투자자들이 또 다른 리스크 타깃으로 눈을 돌릴 경우 벌어질 후유증에 대한 경고음을 간과할 수 없다.

▶ **글로벌 ESG시장 투자 규모** 단위 : 달러

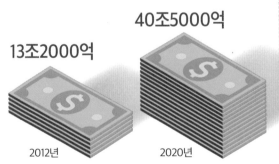

13조2000억
2012년

40조5000억
2020년

130조
2030년(E)

자료 : 글로벌지속가능투자연합(GSIA)

제는 국경과 인종을 초월한 전 지구적인 이슈이고, 서로가 복잡하게 얽혀 있다. 그러면서도 국가 단위로 생태적 질서에 심각한 차이가 있고, 같은 국가 안에서도 기업 단위로 엄청난 격차를 보이고 있다. 이는 거버넌스가 그 만큼 중요하다는 반증이다.

ESG 경영 실행의 가장 기초단위는 '기업'이기 때문에 개별 기업의 '생태력 회복'이 매우 중요하다. 이를 위해 각종 법령과 조직 등 국가 거버넌스를 ESG 가치를 구현할 수 있도록 민주적 절차에 따라 정비해야 한다. 그리고 기업마다 거버넌스가 잘 작동되어 생태력 회복 및 스스로 진화하는 조직이 되도록 정책적 배려가 뒷받침되어야 한다. 아울러 기업 스스로의 노력은 물론 시민단체와 언론의 긴장된 견제와 지원 역시 빼놓을 수 없다.

침묵의 봄,
침묵의 RE100

'RE100'과 친하지 않은 'ESG 경영'이라는 모순

지금으로부터 60여 년 전인 1962년 10월, 미국의 생태학자 레이첼 카슨 (Rachel Carson)은 『침묵의 봄』을 발간했다. 이 책에서 카슨은, "아침이면 새들의 아름다운 합창이 울려 퍼지곤 했는데, 이제는 기묘한 침묵만이 감돈다"고 경고했다. 인간의 살충제 사용을 문제 삼은 것이다. 책은 출간과 동시에 베스트셀러가 됐고, 미국과 유럽의 환경운동을 촉발시키는 계기를 마련했다.

같은 해 2월, 박정희 국가재건최고회의 의장은 울산공업센터 기공식을 치하하는 메시지를 발표했다. 메시지에는 이런 표현이 있었다. "공업 생산의 검은 연기가 대기 속에 뻗어나가는 그날엔 국가와 민족의 희망과 발전이 눈앞에 도래하였음을 알 수 있습니다." 오늘날 우리나라 경제가 세계 10위권 진입, 1인당 국민소득 3만 달러 초과 등을 가능하게 했던 시작점인 그때, 환경에 대한 우리의 인식을 잘 보여주는 대목이다.

독일 통일을 완성한 비스마르크(Otto Eduard Leopold von Bismarck)는 1883년 '복지가 곧 안보'라는 신념으로 사회의료보험을 도입했다. 당시 격렬하게 반대하는 기업가들에게 비스마르크는, "기업가들이 지금 정부에 협조하지 않으면 정부가 더 이상 기업가들을 보호할 능력이 없는 세상이 올 수도 있다"는 말로 설득했다.

그로부터 80여 년이 지난 1963년, 우리나라에는 '의료보험법'이 제정되었다. 이후 경제가 성장하면서 대상 폭을 점점 확대해 오다가 1989년에 전 국민을 대상으로 의료보험이 적용되기 시작했다.

1901년 미국 제26대 대통령으로 취임한 시어도어 루스벨트(Theodore Roosevelt)는 '독점금지법'을 부활시키고, 통상위원회를 강화해 담합이나 독과점에 대한 대대적인 단속을 시행했다. 록펠러(John Davison Rockefeller), 카네기(Andrew Carnegie), JP 모건(John Pierpont Morgan) 같은 쟁쟁한 재벌들을 법정에 세운 것이다. 이는 오늘날 미국의 시장경제가 정착한 계기가 되었다.

80여 년이 지난 1981년, 우리나라에도 '독점규제 및 공정거래에 관한 법률(공정거래법)'이 제정되었다. 이를 통해 재벌의 과도한 지배를 규제하고 공정거래 질서를 확립하는 입법적 장치를 마련하게 되었지만, 그 성과에 대한 견해는 엇갈린다.

1962년 10월 미국
레이첼 카슨 『침묵의 봄』 발간
→ 미국과 유럽 환경 운동 촉발

E

1962년 2월 한국
"공장의 검은 연기가 대기 속에 뻗어나가는 그날에 국가와 민족의 희망과 발전이 도래할 것이다!"

- 박정희 국가재건최고회의 의장
울산공업센터 기공식 치하

1883년 독일
재상 비스마르크 '복지가 곧 안보'
→ 사회의료보험 제도 도입

S

1989년 한국
1963년 '의료보험법' 제정 이후 26년 만인
1989년에 비로소 의료보험 전 국민 혜택

1901년 미국
시어도어 루즈벨트 대통령, '독점금지법'
부활 → 록펠러, 카네기 등 재벌들의 담합
대대적 단속

G

1981년 한국
국내 최초로 재벌의 지배구조를 규제하는
실정법(공정거래법) 제정

무엇을 '했다'는 실적은 없고,
앞으로 '하겠다'는 계획만 무성

사람이 살아가는 세상의 모든 관습과 제도에는 그 나름의 맥락과 역사적 배경이 있다. 앞서 소개한 세 가지 역사적 풍경은 'ESG 경영'의 뿌리를 설명하는 대표적인 사례라 할 수 있다. 모두 자본주의 시스템의 진행에 따라 나타난 경우인데, ESG 경영은 환경(E), 사회적 가치(S), 거버넌스(G)가 우리보다는 80여 년 앞선 서구 사회가 주도하고 있다. 이를 따라가야 하는 우리 입장에서는 당황스러울 수밖에 없다. 상황이 그러하다 보니 잘되지 않는 게 현실이다.

'E에 가려진 S와 G를 찾아서'에서도 다뤘듯이 국내 기업들의 ESG 경영은 주로 친환경 홍보활동에 치중되어 있다(19쪽). 언젠가 한 언론사에서 ESG 경영 특집기사를 게재했는데, 참가한 15개 그룹 중 제조업 12개 그룹이 모두 친환경 활동 위주로 소개를 했다.

LG그룹은 환경 혁신 활동을 다뤘고, 한화그룹은 '그룹 ESG 위원회' 발족과 계열사의 K-RE100(사용 전력의 100%를 국내 재생에너지로 충당) 선언을, 삼성전자는 해외사업장 RE100 전환 계획을, 현대차그룹은 계열사의 '글로벌 지속가능 경영평가(DJSI) 월드지수' 첫 편입을 홍보했다. 다른 기업들도 대부분 친환경 활동 계획을 알리는 데 집중했다.

이처럼 국내 기업들의 ESG 경영이 '환경'에 초점이 맞춰져 있는 것은 세계적 기관투자자의 'ESG 경영 평가기준'을 따라가면서 나타난 현상이다. 물론 그나마 친환경 활동이라도 잘 되면 다행이다. 하지만 우리 기업들의 ESG 경영 보고서를 자세히 살펴보면 '무었을 해냈다'는 건 별로 없고 '앞으로 하겠다'는 내용만 가득하다. 그 다음 홍보를 할 때도 그 전에 홍보한 것에 대한 실적 홍보가 아니라 또 다른 무엇을 하겠다는 내용이 대부분이다.

이러한 친환경 활동 계획 홍보가 얼마나 지속될 수 있을지 걱정이다. 왜냐하면 RE100 자체가 달성하기 어려운 구조이기 때문이다. RE100은 ESG 평가에서 대표적으로 활용되는 환경 평가항목이다. '재생에너지(Renewable Energy) 100%'의 약자로, 2050년까지 사용전력량의 100%를 풍력·태양광 등 재생에너지 전력으로 조달하겠다는 자발적 약속이다. 영국 런던에 있는 국제 비영리기구 더클라이밋그룹(The Climate Group)이 2014년에 시작했다.

현재까지 RE100에 가입한 글로벌 기업은 349곳에 이른다. 애플, 구글, 메타(페이스북), 마이크로소프트, 인텔, 에어비앤비, 3M 등 유수의 글로벌 기업들이 참여하고 있다. 국내 기업들 가운데도 참여하는 곳이 해마다 늘고 있는데, 가장 활발한 곳은 SK그룹이다. SK그룹은 국내 최초로 RE100 가입을 선포한 뒤 SK하이닉스, SK텔레콤, SK실트론, SK머티리얼즈 등이 참여하고 있다. 상장 과정에서 114조 원이 넘는 증거금이 몰렸던 LG에너지솔루션도 2022년 가입해 2030년을 목표로 한다. 이어서 삼성전자, 한국수자원공사, KB금융그룹, 롯데칠성, 현대차그룹의 현대차와 기아, 현대모비스, 현대위아 등도 가입했다.

▶ 전력 다소비 국내 기업 톱 10 (2021년 기준)

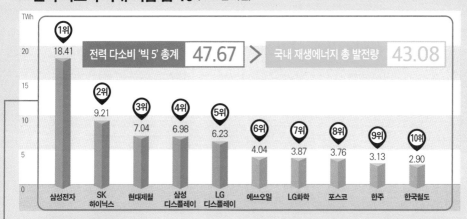

1위 18.41	2위 9.21	3위 7.04	4위 6.98	5위 6.23	6위 4.04	7위 3.87	8위 3.76	9위 3.13	10위 2.90
삼성전자	SK하이닉스	현대제철	삼성디스플레이	LG디스플레이	에쓰오일	LG화학	포스코	한주	한국철도

전력 다소비 '빅 5' 총계 **47.67** > 국내 재생에너지 총 발전량 **43.08**

전력 다소비
국내 30개 기업
총계
102.92

전력 다소비
국내 10개 기업
총계
65.35

국내 재생에너지
총 발전량
43.08

▶ 국내 기업 RE100 가입 현황

가입년도	가입 기업 [RE100 달성 목표년도]
2020년	SK(주) [2040]
	SK실트론 [2040]
	SK하이닉스 [2050]
	SK텔레콤 [2050]
	SKC [2040]
2021년	SK아이이테크놀러지 [2030]
	LG에너지솔루션 [2030]
	아모레퍼시픽 [2030]
	고려아연 [2050]
	롯데칠성음료 [2040]
	미래에셋 [2025]
	한국수자원공사 [2050]
	KB금융그룹 [2040]
2022년	삼성전자 [2050]
	LG이노텍 [2030]
	삼성디스플레이 [2050]
	기아 [2040]
	네이버 [2040]
	삼성SDI [2050]
	인천국제공항공사 [2040]
	현대모비스 [2040]
	현대위아 [2050]
	현대자동차 [2045]
	KT [2050]
	삼성바이오로직스 [2050]
	삼성전기 [2050]

우리 기업이 RE100을 달성하기 위해서는 '국내'에서 직접 재생에너지를 만들어 사용하거나 발전사(한전)로부터 구매해야 한다(K-RE100). 문제는 국내 재생에너지 발전량이 충분치 않다는 점이다. 영국에 기반을 둔 국제 에너지연구기관 엠버(ember)의 〈국제 전력 리뷰 2022〉에 따르면, 2022년 기준 한국의 태양광(4.12%)과 풍력(0.55%)의 발전 비중은 4.7%에 불과하다. 전 세계 태양광·풍력의 발전 비중이 처음으로 평균 10%를 넘어선 것에 비해 한국은 절반도 되지 않는 수준이다.

▶ 국가별 RE100 가입 기업 수 및 목표연도

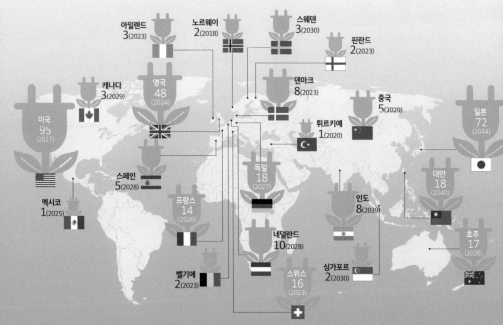

자료 : 황민수 박사의 에너지 인포그래픽(〈이투뉴스〉 2022.8.15)

전 세계에는 이미 전체 발전량의 4분의 1 이상을 재생에너지로 충당하는 국가가 열 곳이나 된다. 그 중에서도 특히 덴마크(51.8%)와 스페인(32.9%), 독일(28.8%), 영국(25.2%) 등 유럽의 국가들이 괄목할 만한 성과를 내고 있다. 재생에너지 절대량이 턱 없이 부족해 기업들이 RE100 가입에 적극적으로 나서지 못하고 있는 우리나라와 큰 대조를 이룬다.

RE100과 점점 더 멀어지고 있는 건 아닐까?

더클라이밋그룹과 지속가능성 평가기관인 탄소정보공개프로젝트(CDP)위원회는 최근 〈RE100 2021〉 연례 보고서를 발간했다. 이에 따르면 LG에너지솔루션의 RE100 전환 실적이 33%로 국내 기업 가운데 가장 높았는데, 대부분이 해외사업장에서 달성한 것이다. 아모레퍼시픽이 5%로 그 뒤를 이었고, 한국수자원공사와 SK하이닉스, SK텔레콤 등은 0%에 그쳤다.

국내 기업들이 RE100 전환에 어려움을 토로하는 여러 이유를 정리해보면 대략 다음 세 가지로 모아진다.

- 제한적인 재생에너지 전력량
- 재생에너지 조달 기회 부족
- 엄두도 못 낼 정도로 비싼 비용

특히 아시아 중에서도 한국에서 재생에너지 조달이 어렵다고 답한 기업이 무려 27곳이다. 일본(24개)이나 심지어 중국(22개)보다도 많은 수준이다. 실제 국내에서 RE100에 가입한 기업이 조달하는 재생에너지는 전체 전력량의 2%에 불과하다. 최근 유통(플랫폼)기업을 포함해 국내 다수 기업들이 RE100 가입을 추진하고 있는데, 이처럼 열악한 국내 상황에서 해당 기업들이 과연 얼마나 RE100 가입에 성공할 수 있을지 의문이다.

설사 일부 기업이 RE100에 가입하더라도 엄청난 원가 부담을 감당할 수 있을지도 걱정이다. 2021년 기준 재생에너지 단가(달러/MWh)는 미국의 경우 육상풍력 43, 태양광 43인데 반해, 우리나라는 각각 123, 117이다.

결국 특단의 대책이 없으면 국내에서 재생에너지는 발전량이 늘어나기도, 원가가 낮아지기도 어렵다. 이러한 현실을 감안하건대, 앞서 소개한 대부분의 국내 기업들은 해외에서 직접 재생에너지 사업을 하거나, 신재생에너지 공급 인증서(REC) 확보로 대응할 것이다. 하지만 이러한 모습은, 국민에게 깨끗한 전기와 맑은 공기를 공급하는 것을 궁극적인 목표로 삼는 ESG 경영의 취지에서 크게 벗어난다.

이렇게 되면 정부가 추진 중인 '2050 탄소중립'(2050년까지 탄소 배출 제로)도 힘들어진다. 윤석열정부 출범에 앞서 대통령직인수위원회(인수위)는 '에너지 정책 정상화를 위한 5대 정책 방향'과 '지속가능한 미래를 위한 정책 방향'을 발표하면서, "2050 탄소중립은 국제적으로 약속한 목표인 만큼 존중하되 실현 가능성을 높이는 방향으로 보완하겠다"고 밝힌 바 있다. 산업계에서 실현 불가능한 목표라는 비판이 많았던 만큼 이를 다시 들여다보겠다는 것이다.

윤석열정부는 2023년 1월 '제10차 전력수급기본계획'에서, 2030년 재생에너지 비중을 기존 30.2%에서 21.6%로 낮췄다. 이어 3월에 발표한 '국가 탄소중립·녹색성장 기본계획(안)'에서는, '2030년 국가 온실가스 감축 목표(NDC)'는 동일한데 산업 부문 감축 목표를 기존 14.5%에서 11.4%로 낮췄다.

그런데 고가의 재생에너지 가격을 낮추려면 한전이 독점하는 전력 판매시장 개방이 절실한데, 정부는 이에 대해서 묵묵부답이다. 재생에너지 비중 및 온실가스 감축 목표를 하향 조정하면서도 전력시장 개방 계획은 나온 게 없으니, 탄소중립과 RE100에서 점점 더 멀어진다는 우려는 비단 필자만의 기우일까? 기업은 목표 하향 보다는 정책의 일관성과 시장 기능 활성화를 원하고 있음을 정부만 모르고 있는 걸까?

▶ RE100 REC 거래 절차도

REC(Renewable Energy Certificate)는 재생에너지 설비를 통해 에너지를 공급했음을 증명하는 인증서로, 한국에너지공단이 발급한다. 재생에너지 공급의무화제도(RPS) 혹은 RE100을 충족시키기 위해 재생에너지 공급이 필요한 기업들이 REC를 구입한다. REC는 글로벌 RE100 참여 기업들이 가장 많이 활용하는 이행 수단이다(REC 42%, 녹색프리미엄 30%, PPA 26%, 자가발전 2%, 2021년 8월 기준).

진정한 거버넌스란 무엇인가? [1]

친환경에 가려진 기업 지배구조의 생태파괴적 현상에 관하여

지금으로부터 20여 년 전인 2001년 경 노르웨이 정유업체인 에소(ESSO) 사의 부사장이었던 오이슈타인 다힐(Øystein Dahle)은 ESG 경영의 본질에 대해서 다음과 같이 말했다.

> "공산주의는 시장가격이 경제적 진실을 은폐했기 때문에 붕괴했다. 자본주의는 시장가격이 생태적 진실을 은폐하고 있기 때문에 붕괴하게 될지 모른다."

여기서 '생태적 진실'이란 자연환경만이 아니라 지구상에서 생명을 가진 모든 동·식물들이 생태계에서 조화롭게 살아가야 한다는 것을 의미한다. ESG적으로 표현하면, 환경도 살리고 이해관계자들과 공존하면서 이러한 것들이 잘 유지되고 진화하도록 이른바 '거버넌스(Governance, 지배구조)'를 제대로 구축하고 운영해야 한다는 뜻이다.

자본주의행 열차에 뒤늦게 올라탄 대가

ESG 경영은 자본주의 진화과정에서 나타난 용어이다. 2003년 유엔환경계획 금융 이니셔티브(UNEP FI)에서 처음 등장했고, 2006년 유엔이 PRI(책임투자원칙)를 제정해 글로벌 투자기관들의 투자 결정 및 자산운용에 ESG를 고려한다는 원칙을 발표하면서 공식화 되었다. 이후 2008년 글로벌 금융위기를 겪으면서 금융의 안정성을 위협할 가장 큰 요인으로 '기후위기'가 지목되었다. 2014년에는 유엔에서 'ESG 공시 의무화'를 결정했고, 2018년에 세계적인 자산운용사 블랙록의 CEO 래리 핑크가 '지속 가능하고 장기적으로 성장할 수 있는 회사에 투자할 것'이라고 주장하면서 급격하게 확산되었다(16쪽).

이처럼 ESG가 알려지는 과정에서 금융과 기후위기가 핵심어가 된 까닭에 특히 환경(E)이 우선시 되고 있다. 세계적인 ESG 평가기관들도 환경의 비중을 높임에 따라 우리나라 평가기관들도 이를 따라가게 된 것이다. ESG 경영을 들고 나온 서구사회는 자본주의 역사가 우리보다 길기 때문

코피 아난(Kofi Atta Annan) 유엔 사무총장은 2006년 4월 뉴욕증권거래소에서
네덜란드공무원연금(ABP), 캘리포니아공무원연금(CalPERS), 뉴욕교원연금(NYCTRS),
영국대학교원연금(USS) 등 주요 연기금의 기관장들과 함께
'책임투자원칙'이라고 하는 아젠다를 발표했다.
 Principles for Responsible Investment의 이니셜을 따 PRI로 불리는 성명서에는,
이윤 추구가 본령인 투자(Investment) 앞에 책임(Responsible)을 강조했다.
PRI는, 연기금들이 수탁자로서 수익을 극대화하기 위해 투자 대상 기업을 판단함에 있어서
재무능력에서 한 걸음 더 들어가 환경(Environmental), 사회(Social), 지배구조(Governance) 등
비재무적 측면까지 살펴야 한다는 내용을 골자로 한다. 위기로 치닫는
자본주의 급행열차에 ESG라는 완충적 브레이크의 설치를
유엔이 공식적으로 제안한 것이다.

에 이해관계자와의 상생(S)이나 환경적 이슈(E)를 컨트롤하는 거버넌스 (G) 측면에서 좀 더 진전된 시스템과 문화를 갖추고 있다.

반면, 뒤늦게 자본주의화의 길을 추격하게 된 우리나라는, '에너지 다소 비 업종을 중심으로 경제 성장을 이루게 되었고(E), 그 과정에서 수많은 인적·물적 자원의 희생(S)과 강력한 거버넌스(G)'라는 그늘이 드리워지 게 되었다. 그러면서도 세계적 공급체계에 깊숙이 얽힌 관계로 글로벌 스 탠더드를 무시할 수도 없는 상황에 놓여 있다.

'생태적 균형'을 상실한 지배구조

우리나라에서 전개되고 있는 ESG 경영에는 두 가지 특징이 있다.

우선, 기업들의 ESG 경영이 친환경 홍보활동에 치중되어 있다는 점이 다. 이러한 현상은 앞서 소개한 것처럼 세계적 기관투자자들이 갑자기 들 고 나온 ESG 경영의 평가기준을 따라가다 보니 나타난 현상이다.

모든 제도에는 역사적 배경과 맥락이 있게 마련이다. ESG 경영도 다르 지 않다. 환경, 사회적 가치, 거버넌스가 우리보다는 80여 년 앞선 나라들 이 본인들에게 유리한 방향으로 주도권을 행사하고 있는 것이다. 결국 이 를 따라가야 하는 우리 입장에서는 적지 않게 당황스럽다. 상황이 이러하 다보니 많은 기업들이 ESG 활동을 한다고 E에 치우쳐서 위원회를 설치 하고, 보고서를 만들고, 홍보활동도 펼치고 있다.

그런데 기업의 홍보 내용을 찬찬히 살펴보면, 무엇을 해냈다는 건 별로 없고 앞으로 하겠다는 계획들이 대부분이다. 그 다음 홍보를 할 때도 마찬가지다. 앞서 홍보한 것에 대한 실적 발표는 미미하고, 앞으로 또 다른 무엇을 하겠다는 계획들이 주를 이룬다(30쪽).

이처럼 나라마다 기업마다 제각각 사정이 있음에도 불구하고, 유엔은 지속가능한 사회를 위한 보편적 기준인 '지속가능 발전 목표(SDGs)'를 설정했다. 따라서 우리로서는 SDGs를 중심에 놓고 ESG 경영을 고민하지 않을 수 없다(296쪽).

SDGs에는 2030년까지 모든 회원국과 이해관계자들이 이행해야 할 17개 목표 및 169개 세부목표가 정해져 있다. 특징적인 것은 국가(정부) 중심이 아닌 시민사회, 기업, 학계 등 다양한 이해관계자 중심으로 거버넌스를 구성하고, 전문가보다 시민참여주의를 강화하며, 누구도 배제하지 않으면서(No one left behind), 경제·사회·환경의 조화로운 해결책을 모색하고 실천하라는 메시지를 던지고 있다는 점이다. SDGs에 담긴 아젠다를 면밀히 살펴보면, 자본주의가 진화하기 위해서는 다양한 이해관계자와의 생태적 균형을 강조하고 있음을 알 수 있다.

우리나라의 ESG 경영에서 나타나는 또 다른 특징은, 거의 모든 기업들이 개별 기업이 아니라 '그룹' ESG 위원회를 구성했다고 홍보한다는 점이다. 하지만 그룹 차원의 ESG 위원회의 필요성에 대해서는 진지한 고민이 필요하다. 많은 부작용과 우려가 있었음에도 우리나라 경제가 빠른 시간에 여기까지 온 것에 '그룹' 중심의 거버넌스(지배구조)가 기여한 사실

2030년까지 회원국과 이해관계자가 이행해야 할 17가지 목표를 담은 유엔 SDGs 인포그래픽.

지난 2015년경 유엔은 2000년부터 2015년까지 시행된 밀레니엄개발목표(MDGs)를 종료하고, 2016년부터 2030년까지 '지속가능 발전 목표(SDGs, Sustainable Development Goals)'를 전 세계에서 가장 중요한 공동 현안으로 마련했다. SDGs는 인류의 보편적 문제(빈곤, 질병, 교육, 성평등, 난민, 분쟁 등)와 지구환경문제(기후변화, 에너지, 환경오염, 물, 생물다양성 등), 경제사회문제(기술, 주거, 노사, 고용, 생산/소비, 사회구조, 법, 대내외 경제) 해결을 위한 다양한 솔루션을 제시하고 있다. 유엔에서는 SDGs의 공식적인 별칭으로 'Global Goals'로 명명하기도 했다.

을 부인할 수 없다. 시간이 돈인 성장의 시대에 사업의 기회를 포착해서 가용자원을 집중 투입하고 순발력 있게 시장을 개척해 나가는데 '그룹'이라는 거버넌스는 아주 유용한 조직이었다. 그러나 그 과정에서 정경유착에 의한 특혜와 경영자원 편중에 따른 그늘 또한 그들이 쌓은 탑만큼이나 길게 드리워져 있는 것도 현실이다.

'그룹 ESG 위원회'라는 문패의 딜레마

어느덧 세계경제는 저성장 시대에 접어들었다. '속도는 느리지만 더 넓게 다 같이 함께 하는' 시대로 가고 있는 것이다. 다양성을 존중하고 이해관계자와의 상생을 요구하는 ESG 경영이 시대의 아이콘으로 자리 잡은 것은 어쩌면 당연한 현상이 아닐 수 없다.

ESG 경영의 핵심은 실행 기초 단위인 개별 기업의 생태력 회복이다. 다양성이 요구되는 개별 기업의 생태적 환경을 존중하지 않고 '그룹'이라는 획일화된 기준에 더하여 계열사별 차별을 고정화시키는 잣대로는 결코 ESG 경영을 해나갈 수가 없다. 더구나 각 계열사들은 그들이 속해있는 동종업계(유럽의 경우 산별노조)의 토대와 경영 여건을 공유하고 있다.

이렇듯 그룹보다는 동종업계와 생태적 연계가 되어 있음에도 주요 경영사항은 그룹의 지침을 따라야만 하니 동종업계 생태계에서 이질적인 존재가 될 수밖에 없는 것이다. 결국 이에 따른 부작용들을 계열사의 이해관계자들이 감수(희생)해야 하는 상황이다.

그렇다고 당장 그룹을 해체하라는 얘기가 아니다. 다만, 계열사에 자율성을 보장해주어야 한다는 것이다. ESG 경영의 모범 사례로 거론되는 A그룹은 석탄발전소에 대해서는 반(反) ESG적 스탠스를 취하고 있다. 또 강력한 중앙통제력을 가진 B그룹은 성과급 문제로 인해 계열사별로 몸살을 앓고 있다. 고통 분담 때는 그룹을 강조하고, 성과를 나눌 때는 그룹의 지침에 따라 차별을 하고 있다는 의구심이 드는 이유다. 이러한 것은 '그룹 ESG 위원회'라는 문패에서 나오는 딜레마이다.

그렇다고 이미 달린 문패를 뗄 수도 없으니 이제부터라도 ESG 경영 취지에 맞게 제대로 한 번 운영을 해 보는 게 좋겠다. '보장을 해주어도 보

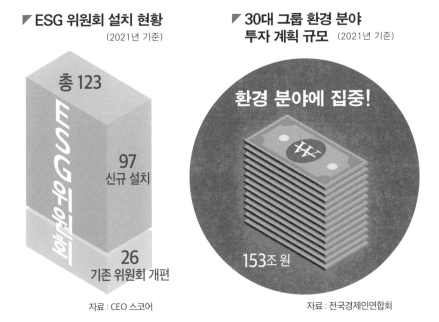

▼ ESG 위원회 설치 현황
(2021년 기준)

총 123

ESG위원회

97
신규 설치

26
기존 위원회 개편

자료 : CEO 스코어

▼ 30대 그룹 환경 분야
투자 계획 규모 (2021년 기준)

환경 분야에 집중!

153조 원

자료 : 전국경제인연합회

장이 어려운 것을 보장이 되도록 해주자는 것'인데, 그것은 바로 계열사의 거버넌스를 제대로 구축하고 운영하는 데 달렸다.

(앞서 언급한) ESG 경영 모범 사례로 칭송을 받는 A그룹의 경우 계열사 임원은 대표이사를 포함해 거의 모두 모회사에서 내려보낸다. 이러한 시스템이 계열사 직원들에게는 마치 운명으로 받아들일 정도로 정착(?)되어 있다. 이때 모회사에서 내려온 임원은 과거(전임자)와 차별화를 위해 존재감을 과시하게 된다. 그들의 고객은 계열사의 이해관계자가 아니라 모회사 고위층이니 그렇게 해야 하는 것이다.

하지만 이러한 사막에서는 새싹이 자라나지 못하니 생태적 순환은 꿈도 꿀 수 없다. 생태계가 죽었으니 창의와 상생이라는 씨앗과 열정이라는 거름으로 크는 ESG 경영이 가능할 수 있을까?

모기업 직원을 계열사 임원으로 무조건 내려보내지 말라는 얘기가 아니다. 내려보내더라도 계열사 이사회에서 엄격히 심사하는 자강력을 갖추도록 하자는 것이다. 이러한 거버넌스가 구축되려면 모기업이 지정(심사)하는 지 위주로 이사회를 구성해서는 곤란하다. 계열사 스스로 선정한 이해관계자들을 중심으로 이사회를 구성하도록 보장해주어야 한다. 그렇게 되면 그 회사는 친환경적이면서도 이해관계자를 존중하는 가치사슬을 구축해 운영해나가는 거버넌스 시스템을 통해 스스로 자리를 잡아나갈 것이다.

ESG 경영은 지식이나 법, 혹은 힘(권력)의 문제가 아니다.
가치사슬을 분해해서 이해관계자들과의 공존 방법을 고민하면
답이 나온다. 답은 상식 수준이다.
ESG 경영 실행의 기초 단위인 개별 기업(계열사)이 자생력을 갖고
생태적 진실 추구가 가능하도록 해주면 된다. 그 출발과 핵심은

회사의 이해관계자들로 구성된
거버넌스 구축이다.

진정한 거버넌스란 무엇인가? [2]

E, S, G의 본질에 관한 진지한 물음

기업이건, 중앙정부나 지자체건, 심지어 학교 같은 교육기관에서조차도 'ESG 경영'을 이야기한다. 이제 ESG에 둔감하면 시대에 뒤떨어진 취급을 받는 것에서 그치지 않는다. 조직을 운영하거나 사업을 해나가는 게 불가능해질 수도 있다. 요즘 말로 뉴 블랙(New Black, 대세)이 된 것이다.

하지만 우리나라에서 ESG는 여전히 과도기에 머물러 있는 걸까? 정작 ESG를 제대로 실천하는 곳은 드물다. 심지어 ESG 개념을 올바로 이해하고 있는 경우도 손에 꼽힌다. 알맹이는 제쳐두고 껍데기에만 열광하다 식어버리는 게 '유행'이라지만, 전문가를 자처하는 사람들조차도 개념에 취약한 ESG는 좀 심하다는 생각이 든다. 수년 전부터 ESG를 다루는 책들이 적지 않게 나왔지만, ESG의 개념을 제대로 다룬 자료를 필자는 아직 보지 못했다. 이번 항목을 ESG의 정확한 개념정의로 시작하는 이유가 여기에 있다.

E는 형용사 혹은 명사?

ESG 개념의 혼선은 'E'를 어떤 품사로 사용할지에서부터 나타난다. 명사(Environment)와 형용사(Environmental)가 혼용되고 있기 때문이다. 그런데 E를 명사로 표기할지, 아니면 형용사로 표기할지에 따라 거버넌스(Governance)의 판단 기준 및 역할(의미)이 달라질 수 있다.

S(사회적 가치 창출)를 'Social(형용사)'로 표현하는 경우 S가 명사인 G(거버넌스)를 수식하듯이, E도 G를 수식하는 구조로 보아 형용사(Environmental)로 표현하는 게 옳다는 주장이 설득력 있다. 이 경우 '친환경적이고(E) 사회적 가치를 창출하는(S) 거버넌스(G)'가 됨에 따라, G가 E와 S를 규정(컨트롤)한다는 해석이 가능하다.

ESG 용어는 2004년 UNGC(UN Global Compact)에서 발간한 〈Who Cares Wins〉이라는 책자에서 처음으로 정확히 규정되었다*. 보고서에서는, 환

---

* "The integration of environmental, social and governance(ESG) issues in investment analysis, processes and decision making."

경적(-al), 사회적(-al), 거버넌스적* 이슈를 통합(integration, 명사)하는 게
'ESG 경영'이라고 명시함에 따라, Environmental(형용사)로 분명히 표기하
고 있다. 다시 말해 친환경적 경영, 사회적 가치 창출, 합리적 거버넌스 운
영을 통합해서 평가 · 판단 · 투자하는 데 ESG의 핵심이 있다는 것이다.

한편, G의 경우 영어식 표현의 발음대로 '거버넌스(Governance)'로 호칭
하는 경우와 아예 우리식으로 '지배구조'라고 표현하는 경우가 있다(흔치
않지만 '정부(Government)'로 이해하는 슬픈 사례도 있다). 아무튼 한국에서는
G를 가리켜 '지배구조'로 부르는데, 이는 IMF 외환위기 당시 우리 기업의
이사회를 비롯한 지배구조가 후진적인 점을 강조한 번역의 영향으로 보
인다.

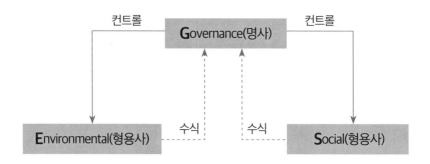

S를 'Social(형용사)'로 표현하는 경우 S가 명사인 Governance(G)를 수식하듯이, E도 G를 수
식하는 구조로 보아 형용사(Environmenal)로 표현 → '친환경적이고(E) 사회적 가치를 창출
하는(S) 거버넌스(G)'가 됨에 따라, G가 E와 S를 규정(컨트롤)해야 한다는 해석이 가능.

---

* governance는 형용사 표현이 없다.

유엔개발계획은, "거버넌스란 한 국가의 여러 업무를 관리하기 위하여 정치, 경제 및 행정적 권한을 행사하는 것을 뜻한다. 거버넌스는 또한 시민들과 여러 집단이 자신들의 이해관계를 밝히고 권리 행사와 의무 이행을 다하며, 서로 간의 견해 차이를 조정하는 기구나 제도로 구성된다"라고 정의했다. 즉, 유엔이 밝힌 장문의 개념정의를 포괄하는 단어가 마땅찮아서 통상 '거버넌스'로 부르게 된 것이다.

G, E와 S를 리딩하다

ESG는 실천하는 것도 어려운 데, 개념까지 깐깐하게 짚고 넘어가야 하는 걸까? 여기저기서 볼멘소리가 들여오는 듯하다. 하지만 E, S, G의 개념을 제대로 이해하지 못한 채, 편의대로 혹은 희망하는 대로 해석할 경우 심각한 문제가 야기된다. 개념의 해석에 따라 ESG의 실천방식이 달라지고, 그 결과 사회적 파장도 커지기 때문이다. 특히 투자자들의 ESG 평가 방식에 미치는 영향은 매우 심각하다.

E, S, G를 각각 독립된 이슈로 판단해서 평가할 경우, 평가항목도 독립적으로 평가를 받게 된다. 반면, 형용사 E와 S가 명사 G를 수식하는 것으로 해석하면 평가항목의 배점이 달라진다. 무엇보다도 거버넌스(정부, 기업 등의 컨트롤타워)의 역할이 크게 바뀌고, 포괄하는 범위도 확연하게 넓어진다.

결국 각 나라가 처한 상황에 따라 해석을 달리하고 싶은 게 인지상정이다. 이를테면 경제 주체의 자율성과 책임성이 높은 나라에서는 독립된 형용사로 해석하고 싶을 것이다. 반면, 강력한 정부 주도의 경제를 지향하는 나라에서는 거버넌스를 명사로 해석해서 E와 S를 규정하는 강력한 지배력을 구사하고 싶을 것이다.

ESG를 어떻게 해석하든 중요한 것은 각 나라가 처한 자본시장의 수준을 레벨업시키는 방향으로 운영되어야 한다는 것이다. 우리나라의 입장에서는, ESG 경영을 선제적으로 주창하는 서구 금융자본주의가 강조하는 환경 이슈가 중요하기 때문에 정부의 역할이 강조된다. 아울러 경제규모에 비해 후진적인 기업의 지배구조 수준 및 뒤떨어지는 사회적 책임의식을 고려하건대, 친환경과 사회적 책임을 리딩하는 거버넌스가 필요한 것이다. 다만, 이러한 거버넌스가 권한남용에 빠지지 않게 하려면 강력한 견제 장치가 요구된다. 외부적으로는 자본에 독립적인 언론과 시민단체, 내부적으로는 노동조합이나 직원협의회 같은 커뮤니티의 합리적인 역할이 중요한 이유다.

G가 무능하면 제대로 된 E와 S를 기대할 수 없다

거버넌스 제도가 제대로 역할을 하기 위해서는 반드시 법적인 뒷받침이 필요하다. 기업이 환경친화적 설비 투자를 하고, 사회적 가치를 높이며,

모범적인 지배구조를 갖추려면 말이다. 관계 법령을 만드는 과정에서 특히 중요한 것은 합리적 타당성과 동기부여 시스템을 갖추는 일이다. 예를 들어 환경오염 배출 허용 기준치를 일정 기간, 일정 수치 이하로 규제를 하는 것보다 기본적 요건(기간, 수치)을 앞서 이행할 경우 인센티브를 주는 식이다. 사회적 가치를 높이는 항목에서도 마찬가지다. 일정 수준 이상(이하)을 막연하게 정해놓기 보다는 합리적으로 단계별 에스컬레이션을 마련해두어야 한다. 지배구조의 핵심인 이사회 구성에 있어서도 사내·외 출신별 몇 명으로 못 박아 놓을게 아니라 사외이사 구성 비율이 높을수록 인센티브를 주면 동기 부여가 될 것이다.

정부의 역할도 빼놓을 수 없다. 민간기업이 ESG 경영을 하고 싶어도 애로사항이 너무 많아 주저하는 분야가 재생에너지 및 친환경이다. 재생에너지를 100% 사용해야 하는 'RE100'이 전 세계적으로 중요한 민간 운동으로 전개되고 있지만, 우리나라는 재생에너지 부족으로 거의 달성이 불가능한 게 현실이다.

RE100 실적이나 온실가스배출 ESG 평가 같은 경우 해당 기업뿐만 아니라 그 기업의 가치사슬 내에서 발생한 간접배출(스코프 1,2)까지 측정 대상이 된다. 따라서 재생에너지의 경우 궁극적으로는 전체 전력량의 55%를 사용하는 산업용 전력량 모두 재생에너지로 충당해야 비로소 제조업의 RE100이 달성될 수 있다. 그럼에도 불구하고 정부부처와 관련 기관에서는 해당 기업의 직접전력 사용량만 염두에 두고 있다.

정부와 기업마다 ESG 컨트롤타워를 어떻게 운영하는지도 관건이다.

ESG 경영의 기본은 '생태계의 자율성 존중'에 있다. 그러나 우리나라는 경제 발전 초창기부터 정부 주도로 정책을 추진해온 탓에 곳곳에 관치의 그늘이 남아있다.

대표적인 것이 낙하산 인사다. 정권이 바뀔 때마다 해당 조직의 생태계와 전혀 무관한 인물이 장(長)이나 감사 혹은 이사로 발령받는 경우가 허다하다. 반대로 조직에서 수십 년을 종사한 사람들은 승진 기회에서조차 배제되는 경우가 부지기수다.

자격요건도 심각한 문제가 아닐 수 없다. 예를 들어 전기위원회 위원의 자격요건을 보면, 전기 업무와 관련이 없음에도 고위 공직자라는 이유로 자격을 부여한다. 위원의 자격이 3급 이상의 공무원이나 판사 · 검사 · 변호사는 전기와 관련이 없어도 가능하도록 되어있는 것이다. 이는 (공정한) 거버넌스의 심각한 결함으로써 ESG 경영에 정면으로 배치된다. 하지만 이러한 부조리가 어디 전기위원회 뿐이겠는가.

결국 거버넌스는 시스템 이전에 철학과 가치관의 문제라 하겠다. 전문성이나 직무적합성이 결여된 보은인사 혹은 코드인사로 운영진을 채우는 정부(지자체)나 기업에게 ESG는 제식구를 챙기기 위해 만들어놓은 자리에 불과하다. E와 S를 결여한 G는 무능하고, 공정함을 결여한 G가 실행하는 E와 S는 무의미하다.

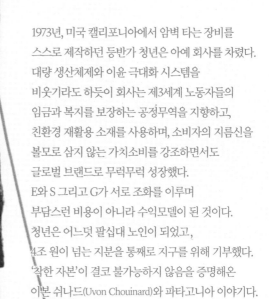

암벽 타는 장비를 스스로 제작하던 청년이 본 하는 드

1973년, 미국 캘리포니아에서 암벽 타는 장비를
스스로 제작하던 등반가 청년은 아예 회사를 차렸다.
대량 생산체제와 이윤 극대화 시스템을
비웃기라도 하듯이 회사는 제3세계 노동자들의
임금과 복지를 보장하는 공정무역을 지향하고,
친환경 재활용 소재를 사용하며, 소비자의 지름신을
볼모로 삼지 않는 가치소비를 강조하면서도
글로벌 브랜드로 무럭무럭 성장했다.
E와 S 그리고 G가 서로 조화를 이루며
부담스런 비용이 아니라 수익모델이 된 것이다.
청년은 어느덧 팔십대 노인이 되었고,
4조 원이 넘는 지분을 통째로 지구를 위해 기부했다.
'착한 자본'이 결코 불가능하지 않음을 증명해온
이본 쉬나드(Uvon Chouinard)와 파타고니아 이야기다.

국민주 1호와 2호, 그 엇갈린 운명

**혁신 이룬 포스코는 흑자 행진,
경쟁력 없는 한전은 적자 수렁**

1960년대 비슷한 시기에 공기업으로 출발한 두 기업이 반세기가 지난 지금은 경영 성과가 완전히 대비되는 회사로 바뀌었다. 한국전력과 포스코 이야기다. 두 회사는 우리나라의 경제 규모가 세계 10위로 성장하는 데 초석을 놓은 곳이다. 두 회사가 없었다면 아마도 산업화를 달성하기가 쉽지 않았을 것이다. 그런데 한 곳은 사상 최대 실적을 이어가고 있는 반면, 다른 한 곳은 최악의 경영 성과를 기록 중이다. 이 두 회사는 어쩌다 이렇게 상반된 처지에 놓이게 된 걸까?

1960년대 정부는 국가 주도의 '경제 발전 전략'을 채택하고 재정·조세·금융 수단을 동원해 주요 산업 활동에 직접적으로 참여했다. 전력산업의 경우 해방 이후 남한에 남아 있던 3개사(경성전기 · 남선전기 · 조선전업)를 통합해 1961년 7월 한국전력주식회사(한전)로 출범시켰다. 포스코의 경우 1960년대 초반 준비 단계를 거쳐 1968년 4월 출범했다. 이후 두 회사는 1980년대 정부의 민영화 정책에 따라 포스코가 국민주 1호(1988년 6월), 한전이 국민주 2호(1989년 8월)로 주식시장에 상장했다. 그리고 2000년 IMF 외환위기를 계기로 포스코는 완전 민영화(2000년 10월)됐고, 한전은 발전부문을 6개사로 분할해 이들을 자회사화 했다(2001년 4월).

경쟁과 독점의 수레바퀴 아래서

이러한 과정을 거친 두 회사의 경영실적은 큰 차이를 보이고 있다. 영업이익(연결기준)을 보면, 2021년에 포스코는 9.2조 원 흑자로 창사 이래 '최대 이익'을 실현했지만, 한전은 발전 자회사를 포함해 약 5.9조 원의 적자를 냈다. 2022년의 경우 포스코는 창사 이래 최대 위기인 태풍 '힌남노'의 피해에도 불구하고 4.9조 원의 이익을 냈다.

반면 한전은 러시아-우크라이나 전쟁으로 급등한 LNG 등 화석연료 가격을 전기요금에 제대로 반영하지 못해 32.7조 원이라는 사상 최대 적자를 기록했다. 물론 공기업으로서 '공익성'이란 존재 목적이 있기에 '수익성'만으로 한전을 폄하해서는 곤란하지만, 상장회사인 관계로 재무상태는 중요하다.

▼ 포스코홀딩스 영업이익 추이 (연결기준)

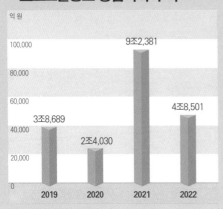

억 원

- 2019: 3조8,689
- 2020: 2조4,030
- 2021: 9조2,381
- 2022: 4조8,501

▼ 포스코홀딩스 영업활동 현금흐름 추이 (연결기준)

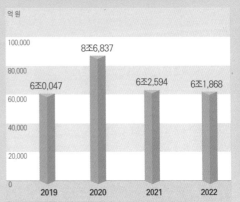

억 원

- 2019: 6조0,047
- 2020: 8조6,837
- 2021: 6조2,594
- 2022: 6조1,868

▼ 한전 영업이익 (손실) 추이 (연결기준)

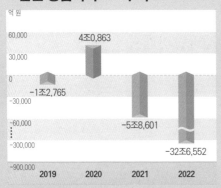

억 원

- 2019: −1조2,765
- 2020: 4조0,863
- 2021: −5조8,601
- 2022: −32조6,552

▼ 한전 부채비율 추이

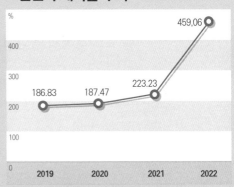

%

- 2019: 186.83
- 2020: 187.47
- 2021: 223.23
- 2022: 459,06

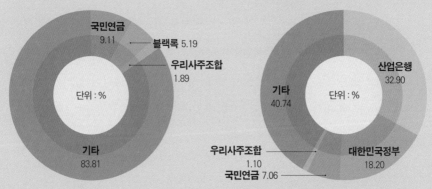

▼ 포스코홀딩스 지분율 2022년 말 기준

단위 : %

- 국민연금 9.11
- 블랙록 5.19
- 우리사주조합 1.89
- 기타 83.81

▼ 한전 지분율 2022년 3분기 기준

단위 : %

- 산업은행 32.90
- 대한민국정부 18.20
- 우리사주조합 1.10
- 국민연금 7.06
- 기타 40.74

왜 이런 결과가 초래되었을까? '포스코는 시황이 좋았고 한전은 전기요금 인상을 못해서 그렇다'고 간단하게 치부해버리면 미래를 위한 대책을 세울 수가 없다. 시황은 과거에도 좋았던 적이 있었고 전기요금 인상을 못하는 것도 그만한 구조적 요인이 있기 때문이다. 두 회사가 가진 차이점을 분석해 앞으로의 경영에 활용할 필요가 있다.

첫째는 시장의 특성에 있다. 포스코는 치열한 경쟁에 노출돼 있다. 철강제품의 수출·입이 자유롭다 보니 전 세계시장을 상대로 경쟁을 해야 한다. 특히 2010년부터 즉, 현대제철 당진제철소 가동으로 국내에 경쟁사가 등장한 이후에는 경쟁이 더 치열해졌다. 포스코는 이러한 위기를 기회로 활용하기 위해 노력한 결과 세계적 철강 평가기관인 WSD(World Steel Dynamics)에서 2010년부터 2022년까지 13년 연속 '세계 최고의 경쟁력 있는 회사'로 인정받았다(251쪽). 반면 한전은 전력시장에서 독점적 지위를 누리고 있다(전기는 수입도 안 된다!).

둘째는 상품의 특성이다. 포스코는 국내외 다양한 고객으로부터 다양한 품질과 규격의 상품을 요청받고 있다. 고객의 요구 조건은 점점 더 까다로워지고 있다. 50년이 넘는 연구개발 성과가 누적되면서 매년 특허 건수가 늘어나고 있다. 이는 갈수록 고객·상품별 품질과 가격이 다양해진다는 것을 의미한다. 반면 한전의 상품인 전기는 전기일 뿐이다. 정전 예방과 일정한 전압관리만 하면 된다. 즉, 모든 고객에게 제공하는 상품의 차별화 요인이 없다.

셋째는 소비자 구조에 있다. 포스코의 소비자는 모두 '중간 소비자'이다. 포스코가 만든 소재(상품)를 구입해 가공한 후 자동차·선박·기계 등을 만든다. 한전의 소비자는 다양하다. 모든 산업과 모든 국민이 필요로 하고, 어디에나 항상 있어야 하는 게 한전의 상품인 전기다. 그렇다 보니 전기요금을 책정하는 고객 그룹도 산업용(기업), 일반용(빌딩·상가), 주택용(개인), 교육용, 농업용, 심지어 가로등용에 이르기까지 다양하다. 또 계절별, 시간대별로도 다르다. 고객은 대기업부터 개별 소비자까지 다양한데 상품의 차별화 요인이 없다 보니 여기저기서 이해관계자들의 민원이 발생하게 된다. 그 결과 '전기요금'은 '정치요금'이 되었고 '전기세(稅)'라는 표현까지 등장하게 된 것이다(144쪽).

또 하나 중요한 차이점은 혁신의 욕구(motivation)이다. 포스코는 전 세계 철강사와 치열한 경쟁을 하다보니 혁신하지 않으면 살아남을 수가 없는 구조이다. 따라서 매년 IR 행사 때마다 신제품 개발이나 원가절감을 강조한다. 반면 한전은 판매단가 산정 시 '총괄원가주의'를 채택하고 있다. 이는 전기를 생산, 판매하는데 들어간 모든 비용에 법인세와 적정이윤까지 포함된 원가를 말한다(142쪽). 따라서 내부적으로 비용을 절감할 유인 동기가 없다. 전기요금 인상 발표 시 연료비 등 비용 증가만 호소하지, 원가절감 노력 같은 것은 설명할 필요도 없고 내부적으로 이를 유인하는 메커니즘도 없다. 한전은 최근에도 전기요금을 올리려는 명분을 쌓기 위해 원가절감 계획을 발표했지만, 과거 사례를 비춰볼 때 실현 여부는 불투명하다.

마지막 차이점은 최고경영자(CEO)다. 포스코는 창사 이래 단 한 번을 제외하고는 모두 자사 출신이 CEO를 역임했다. 반면 한전은 거의 모두

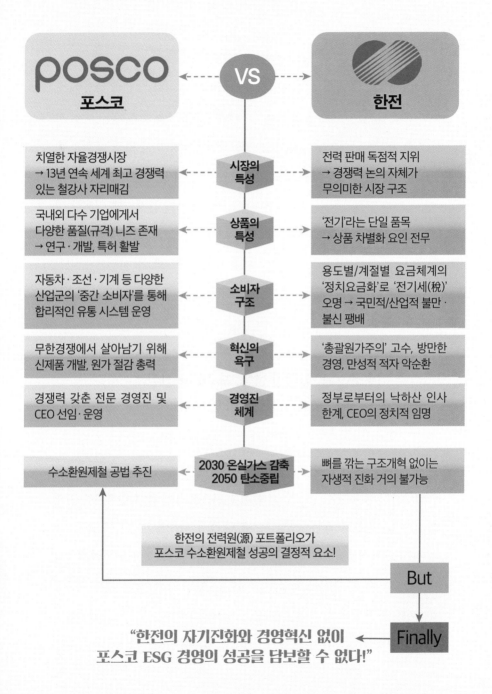

POSCO 포스코	VS	한전
치열한 자율경쟁시장 → 13년 연속 세계 최고 경쟁력 있는 철강사 자리매김	시장의 특성	전력 판매 독점적 지위 → 경쟁력 논의 자체가 무의미한 시장 구조
국내외 다수 기업에게서 다양한 품질(규격) 니즈 존재 → 연구·개발, 특허 활발	상품의 특성	'전기'라는 단일 품목 → 상품 차별화 요인 전무
자동차·조선·기계 등 다양한 산업군의 '중간 소비자'를 통해 합리적인 유통 시스템 운영	소비자 구조	용도별/계절별 요금체계의 '정치요금화'로 '전기세(稅)' 오명 → 국민적/산업적 불만·불신 팽배
무한경쟁에서 살아남기 위해 신제품 개발, 원가 절감 총력	혁신의 욕구	'총괄원가주의' 고수, 방만한 경영, 만성적 적자 악순환
경쟁력 갖춘 전문 경영진 및 CEO 선임·운영	경영진 체계	정부로부터의 낙하산 인사 한계, CEO의 정치적 임명
수소환원제철 공법 추진	2030 온실가스 감축 2050 탄소중립	뼈를 깎는 구조개혁 없이는 자생적 진화 거의 불가능

한전의 전력원(源) 포트폴리오가
포스코 수소환원제철 성공의 결정적 요소!

But

Finally

"한전의 자기진화와 경영혁신 없이
포스코 ESG 경영의 성공을 담보할 수 없다!"

정부에서 낙하산으로 임명되고 있다.

이러한 큰 차이가 지금의 경영성과로 이어진 것이다. 그런데 중요한 것은, 이 두 회사가 2030년 온실가스 감축목표(NDC)와 '2050 탄소중립'의 대표주자라는 사실이다. 포스코는 지금까지 그래왔듯이 탄소 배출을 획기적으로 줄일 수 있는 수소환원제철 기술 개발에 적극 나서고 있다. 그러나 '2050 탄소중립'은 물론 우리나라 모든 산업의 경쟁력에 지대한 영향을 미치는 한전은 앞서 설명한 다섯 가지 이유로 자기진화가 거의 불가능하다. 더구나 포스코의 수소환원제철 성공을 위해서는 한전의 전력원(源) 포트폴리오가 매우 중요한 데도 말이다.

부조리 제거, 품질 향상, 지주회사 전환······ 포스코 혁신의 밑거름

이렇게 중요한 전력산업을 지금과 같은 상태로 둘 수는 없다. 그렇다고 전력산업의 중요성을 생각할 때 한전을 포스코처럼 완전 민영화하는 것도 쉽지 않다. 결국 차선책으로 포스코의 성공 사례를 타산지석(他山之石) 삼아 다양한 상품을 판매하는 시장이 형성되도록 해야 한다. 기저발전과 송전은 지금처럼 한전이 독점해 공적인 역할을 하고, 배전 이하 부문은 전력시장을 개방해 소매경쟁체제를 도입하는 것이다.

내부 원가절감을 유인하는 시스템도 도입해야 한다. 재생에너지 공급

확대, 천문학적인 자금이 필요한 전력 수요 유연성 자원개발도 시장 참여자들이 담당하도록 해야 한다. 소매경쟁을 통해 다양한 옵션의 상품을 개발하고 소비자들에게도 선택의 기회를 주어야 한다.

국가 안보 및 기간산업의 대표격인 한국통신을 민영화시키고(1994년) 신규 사업자를 개방해 오늘날 우리나라의 이동통신산업은 세계적인 수준이 되었다. 이러한 기술력이 앞으로 전력시장과 융합함으로써 4차 산업혁명의 기반이 되고, 신산업을 일으키는 계기가 되도록 제도를 설계하고 확실하게 추진해야 한다. 이렇게 해야만 정부 정책의 목표(분산전원 · 탄소중립 · 에너지효율성 향상)도 달성할 수 있다.

포스코가 완전 민영화된 2000년 10월 이후의 과정은 철저한 몸부림(Self Evolution)이었다. 다른 회사의 벤치마킹을 고려해 대표적인 몇 가지를 소개하면 이렇다. 우선 PI(Process Innovation)가 있다. 1999년 광양제철소 완공으로 '1사 2제철소' 체제가 되자 고객 만족에 초점을 둔 강력한 업무 재설계를 추진했다. 놀라운 것은 이러한 시스템을 활용해 포스코에 기생하던 각종 부조리를 해소한 일이다.

두 번째는 파이넥스(FINEX) 공법 추진이다. 쇳물을 생산할 때 용광로에는 가루 형태의 철광석과 석탄을 덩어리로 만들어 투입해야 하는데, 파이넥스 공법은 별도의 가공 공정을 거치지 않고 가루 형태의 철광석과 일반 석탄을 이용해 쇳물을 만드는 것이다. 용광로 내부 연소에 공기 대신 산소를 사용해 기존 공법보다 황산화물(SOx) 및 질소산화물(NOx)을 대폭 줄일 수 있는 공법이다. 문제는 경제성이 부족했다는 점이다. 그럼에도 포스코는 이를 과감히 상용화 했다. 유럽에서 시작돼 산업혁명의 기폭제가 된 '200년 쇳물'의 역사를 다시 쓴 것이다. 이 공법은 최근 '2050 탄소중립' 달성의 궁극적 목표인 수소환원제철로 가는 중간 단계 공법으로 다시 주목을 받고 있다.

또 다른 한 가지는 바로 지주회사 전환이다. 포스코는, '철강을 넘어 전기차, 2차전지 소재, 수소 등 친환경 사업 선도 기업으로 발돋움해야 한다'고 선언한 뒤, 지주회사(포스코홀딩스)를 설립하고 기존 포스코 등은 물적분할해 자회사로 배치하겠다고 발표했다.

물론 이러한 발표에 대해 시장에서는 '자회사 포스코를 비상장으로 두 겠다고 하는데, 이럴 경우 '50조 원 이상 소요되는 수소환원제철 투자 자 금은 어떻게 조달할 것인가', '안전·보건·환경, 비정규직 보호 등 ESG 경영이 후퇴하는 게 아닌가' 하는 우려가 있는 것이 사실이다. 하지만 그 럼에도 불구하고 포스코의 스스로 진화하려는 노력은 평가받을 만하다.

　반면 한전은 걱정이 태산이다. 지금의 전력산업 구조에서는 CEO가 할 수 있는 것이 없다. 이미 지난 2021년 2분기부터 연료비 인상분을 반영해 킬로와트시(kwh)당 9.8원을 인상했지만, 그렇다고 적자가 해소되는 게 아 니다. 지난 20년간 산업용 전기요금은 80% 이상 인상했고 일반용 전기요 금도 지속적으로 인상해 원가회수율이 100%를 넘어섰다(2020년 기준). 이 문제를 바로 잡으려면 적자로 판매하고 있는 주택·농업·심야용 전기 요금을 올려야 한다. 하지만 전기요금은 이미 '정치요금'으로 변질돼 한 전 경영진의 손을 벗어나 있다. 정치권력에서 자유롭지 못한 한전의 지배 구조와 전력시장의 독점적 구조를 근본적으로 바꾸지 않는 한 어쩔 도리 가 없다. 하지만 해결책은 있다. 다음 항목에서 이 문제를 집중 탐사했다.

파이넥스 공법은 용광로 내부 연소에 공기 대신 산소를 사용해 기존 공법보다 이산화탄소 를 크게 줄일 수 있어, '2050 탄소중립' 달성의 궁극적 목표인 수소환원제철로 가는 중단 단계로 주목받고 있다. 왼쪽 사진은 포스코 파이넥스 공장 전경.

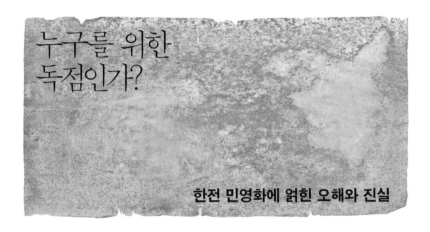

누구를 위한 독점인가?

한전 민영화에 얽힌 오해와 진실

지난 2022년 8월 1일 전국전력노동조합(전력노조)은 긴급 성명을 내고 "한전 민영화에 대한 일련의 정책을 중단해야 한다"고 강조했다. 이 '긴급' 성명은 그 며칠 전인 7월 21일 전국경제인연합회(전경련)가 '전력산업의 독점구조를 해소하고 시장경쟁 원리를 도입해 혁신을 이끌어야 한다'는 보도자료에 대한 반박이다. 전경련은 보도자료에서 "우리나라도 전력 소매부문 경쟁 도입을 시작으로 시장친화적, 혁신주도형 전력산업으로 한 단계 발전해야 한다"고 밝혔다.

당시 전경련이 해당 보도자료를 낸 배경은 같은 해 7월 5일 정부가 발표한 '새정부 에너지 정책 방향'에 대한 반응이었다. 이 발표에서 정부는,

'시장 다원화', '가격기능 강화' '경쟁여건 조성' 등 경쟁과 공정의 원리에 기반한 전력시장을 구축하겠다고 밝혔다. 구체적으로는 전기 도매가격 결정방식(계통한계가격, SMP, 106쪽)을 전기 판매사업자 등 수요 측이 참여하는 양방향 입찰제로 전환하고, 한전의 독점 판매구조를 점진적으로 해소하기 위해 전력 송·배전망 이용의 중립성을 높이겠다는 것이다.

'판매처 다변화'가 '한전 민영화'는 아니다!

그런데 정부의 발표에도, 전경련의 보도자료 어디에도 한전의 민영화 내용은 없었다. 그런데 전력노조는 왜 '한전의 민영화 중단'이라는 표현을 쓴 걸까? 전력노조는 성명에서 "공적 주체인 한전이 전담하던 전력산업 영역을 재벌에 열어준다는 것은 그들의 시장장악력을 높임으로써 궁극적으로는 전력산업을 넘겨주는 것"이라고 주장했다.

하지만 전력노조의 주장은, 정부의 정책 방향 발표에서 독점 판매구조를 개선하기 위해 '전력 송·배전망 이용 중립성을 높이겠다'고 한 부분을 곡해한 것으로 보인다. 송·배전망 이용 중립성 제고는 쉽게 말해 민간도 전기를 팔 수 있도록 하겠다는 의미이다.

예컨대 A라는 기업이 대규모 시설 투자를 통해 에너지저장장치(ESS)를 설치하고, 요금이 싼 심야에 충전을 한 뒤 전기 사용량이 많은 낮에 전기 소비자에게 판매하는 방식이다. 아파트 단지에서 입주민들이 ESS를 설치해 똑같은 방식으로 전기요금 부담을 낮추는 것도 가능하다. 지금은 이런 식의 전기 판매가 관련 법상 불법이지만, 정부는 법제도를 보완해 전기 판매처를 다양화해 나가겠다는 것이다.

전기 판매처 즉, 전기의 소매판매망을 늘리는 일은 반드시 필요하다. 판매처를 다변화하면 그 지역에서 생산해 그 지역에서 소비하는 '분산전원'이 가능해지고, 전기 생산과 소비 시간 사이의 간격을 메울 수 있는 '스마트그리드(Smart Grid)'도 활성화 할 수 있다.

하지만 지금은 어떤가. 생산된 전기에 맞춰 소비를 해야 하는 구조여서 생산과 소비의 불일치에 따른 비효율이 심각하다. 모든 전기 소비자는 요금이 비싼 줄 알면서도 낮에 생산되는 전기로 에어컨을 사용해야 한다.

소매판매망을 늘리면 이 문제를 차츰 해결해 나갈 수 있다. 소비자는 최적의 전기 소비를 할 수 있게 되기 때문에 비효율을 제거할 수 있다. 시간대별 전기부하율이 안정됨에 따라 발전소 추가 건설도 억제할 수 있다. 재생에너지로 공장이나 사무실을 돌리는 'RE100' 달성률도 높일 수 있다. 환경친화적인 ESG 경영도 가능해진다.

그런데, 이게 쉽지 않다. 전력노조와 일부 시민단체의 반대가 심하기 때문이다. 전력노조는 전기 판매처의 다변화가 곧 한전의 민영화라고 주장한다. 그래서 이전 정부에서도 전기 판매처 다변화를 시도한 적이 있었지만 실패했다. 정부는 2016년 전력 소매시장 개방을 위해 관련 법을 만들어 발의했다. 이 법안은 2017년 정기국회에서 논의되었으나, 당시 민주당 이훈 의원이 발의한 '한전의 전력판매시장 독점 명문화' 법안과 묶여 함

▶ 스마트그리드를 적용한 스마트홈 구조도

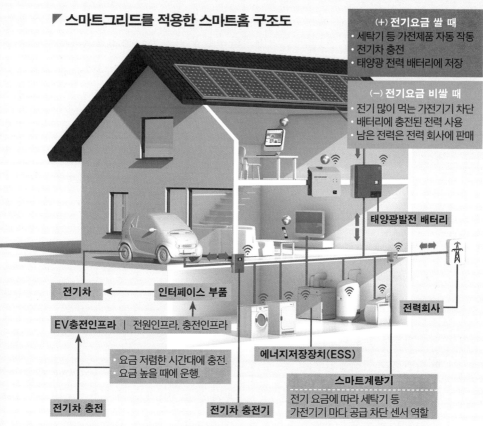

(+) 전기요금 쌀 때
- 세탁기 등 가전제품 자동 작동
- 전기차 충전
- 태양광 전력 배터리에 저장

(-) 전기요금 비쌀 때
- 전기 많이 먹는 가전기기 차단
- 배터리에 충전된 전력 사용
- 남은 전력은 전력 회사에 판매

태양광발전 배터리

전력회사

전기차 ← **인터페이스 부품**

EV충전인프라 | 전원인프라, 충전인프라

- 요금 저렴한 시간대에 충전.
- 요금 높을 때에 운행.

전기차 충전

전기차 충전기

에너지저장장치(ESS)

스마트계량기
전기 요금에 따라 세탁기 등
가전기기 마다 공급 차단 센서 역할

자료 : 『4차 산업 투자지도』

▶ 기존 전력망 vs 스마트그리드

	기존 전력망	스마트그리드
방식	아날로그/기계식	디지털/지능형
체계	중앙 집중	분산
구조	방사(放射)	네트워크
복구	수동	자동
요금	고정	변동(실시간)
정보흐름	단방향	양방향
소비자서택권	없음	다양한 선택 가능

께 논의되다가 결국 두 법안 모두 폐기되고 말았다(2017년 9월 21일 국회회의록). 이훈 의원이 발의한 법안은 '사실상' 전기의 소매시장 즉, 전기판매처 다변화를 막기 위한 법안이었던 셈이다.

전기판매처 다변화를 반대하는 전력노조 등은 판매처 다변화가 궁극적으로 전력산업의 민영화이고, 전기요금이 비싸질 것이라고 주장한다. 하지만 민영화하고는 거리가 멀다. 일반적인 공기업의 민영화는,

- 경영권의 일부를 민간에 매각하거나
- 정부 소유 지분을 민간에 매각하거나
- 사업부문(조직)의 일부를 민간에 이양하는 것

을 말한다(김윤자 외, 『에너지 전환과 전력산업 구조 개편』 참조).

그런데 어떻게 전기판매처 다변화가 민영화라는 말인가? 오히려 판매처 다변화는 한전에 기회가 될 수 있다. 민간은행뿐 아니라 우체국에도 예금과 보험 상품이 있다. 금융시장을 개방해 민간이 예금·보험을 팔고 있는데, 이 때문에 우체국 금융이 위축됐다고 하는 사람은 없을 것이다. 오히려 '안전성'에서 민간보나 더 나은 신뢰를 받고 있다.

결국 '시장'과 '가격'에 달렸다!

판매처를 다변화 해야 하는 이유는 더 있다. 탄소중립을 위해서는 재생에너지를 늘려야 하는데, 비용이 적지 않게 든다. 재생에너지 공급량

을 2030년까지 20%로 늘리는 데만 100조 원이 필요하다(산업통상자원부, 2017년). 재생에너지를 늘리기 위해서는 재생에너지의 단점인 간헐성 및 변동성을 보완하는 ESS가 필요하고, 스마트그리드를 위해 스마트계량기(AMI) 등 인프라를 구축해야 하기 때문이다.

스마트그리드는 2010년 확정한 국가 로드맵에서 2030년까지 국가 단위의 구축을 목표로 했지만, 지금도 돈이 없어서 시범 사업(2010~2013년 제주도, 2019~2022년 광주광역시 8000가구, 서울시 3000가구)만 하고 있다. 한해 30조 원 적자가 나는 한전의 독점체제로는 감히 넘볼 수 없는 사업이다. 하지만 민간에 전기 판매를 허용하면 시장이 경쟁체제가 되면서 자연스럽게 인프라 구축이 이뤄질 것이다. 한전은 기존 한전의 역할을 그대로 하면 된다.

판매처를 다변화하면 전기요금이 비싸질 것이라는 주장도 근거가 없다. 전력노조 등은 ESS 등 설비투자가 늘어나기 때문에 전기요금 인상이 불가피하다고 주장한다. 그러나 이는 기우에 불과하다. 오히려 경쟁이 붙으면 가격은 내려갈 수 있다.

정부의 발표를 보면, 스마트그리드를 통해 소비자는 필요한 시간에 전기를 사용하게 되므로 에어컨을 사용하는 여름철에는 전기요금이 월 1만 2150원(50kwh) 절감할 수 있다고 한다(2019년 10월 21일 보도자료). 2021년 당시 월평균 307kwh를 사용하는 4인 가족 기준 전기요금이 3만3512원이었는데, 이를 기준으로 하면 약 36% 절감되는 것이다. 이는 밤에 남는 전기를 ESS에 저장했다가 낮에 사용하기 때문에 가능한 것이다. 낮에 전기

▶ 재생에너지 연계 ESS

| 태양광 연계 가정용 ESS |

❶ 태양광으로 만들어진 교류전력이나 한전에서 보내는 교류전력을 인버터로 모음.

❷ 인버터에서 교류전력을 직류로 전환한 뒤 ESS로 보내 저장.

❸ 전기차 충전이나 가전제품 사용을 위해 ESS에서 교류전력을 내보냄.

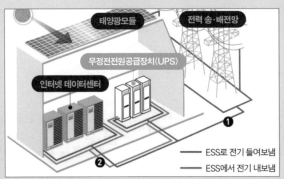

| 태양광 연계 산업용 ESS |

❶ 데이터센터 내 ESS의 하나인 UPS(무정전 전원 공급장치)로 전기를 들여보냄.

❷ 정전 등 비상사태 때 UPS를 가동해 전기를 공급.

자료 : 『4차 산업 투자지도』

▶ 세계 스마트그리드 시장 규모

억 달러

세계 스마트그리드 시장은 연평균 18.2%씩 성장해 오는 2030년에 약 1600억 달러 규모의 시장을 형성할 것으로 전망

2021	2022	2023	2024	2025	2026	2027	2028	2029	2030
360	423	499	588	695	822	972	1152	1367	1624

자료 : 한국무역협회

생산이 넘쳐서 강제로 가동을 중단하고 있는 태양광 전력을 ESS에 저장했다가 사용하면 더 내려갈 것이다.

이 모든 것의 핵심은 가격신호, 즉 '시장'이다. 시장에 의해서 수요가 조절되고 그것이 전기 생산을 변화시키고 수익자가 비용을 부담하고 혜택을 누리도록 해야 한다. 한전을 쪼개서 민간에 매각하라는 게 아니다. 신규 수요조절 산업에 민간의 참여가 가능하도록 하면 된다.

소비자는 한전의 기존 요금제도와 신규 요금제도 중 유리한 것을 선택하면 그만이다. 그렇게 하면 시장에서 자발적인 혁신 경쟁이 일어날 것이다. 이러한 체제를 만들기 위해서는 정부가 나서야 한다. 정부의 존재 이유가 여기에 있다.

전력산업, 공급보다 수요가 중요하다!

지난 1911년 '전기사업법'이 제정된 이후 현재까지 한 세기 넘게 전력산업의 구조개편은 늘 '정부 주도'로 추진돼 왔다. 1960년 출범한 제2공화국 장면(張勉)정부는 국영·민영 경쟁체제를 기본으로 하는 구조개편에 방점을 찍었다. 당시 주무부처였던 상공부가 반대하자 태완선(太完善) 당시 부흥부장관이 구조개편을 주도했다. 그러나 상공부가 계속 반대하면서 급기야 장면 총리는 태완선을 상공부 장관에 임명했다(1961년 5월 4일).

태 장관의 구상은 복잡하게 난립된 발전·송전·배전 회사를 하나의 회사로 통합해 국영화 하되, 신규 민영회사를 진입시켜 경쟁체제를 구축하는 것이었다. 이 구상은 5·16 군사정변으로 중단되었고, 이후 출범한 군사정부가 이어 받아 1961년 7월 100% 국영 한국전력산업주식회사가 출범했다. 같은 해 말에는 대한전원개발 등 5곳의 민간 전기회사가 등장했다. 이후 20여 년이 지난 1982년 1월 정부는 경영실적이 부진한 전력회사의 지분을 인수하기 시작해 한국전력산업주식회사와 합병, 한국전력공사(한전)로 개편했다(오진석, 『한국 근현대 전력산업사, 1898~1961』 참조).

이렇게 출범한 한전은 1997년 말 IMF 구제금융을 계기로 민영화를 전제로 하는 전력산업 구조개편을 진행했다. 이에 따라 발전부문을 한국수력원자력과 석탄 5개사로 분할했다(2002년 4월 2일). 당시 구조개편(안)은 2008년 12월까지 배전부문을 분할 및 민영화하고, 2009년 이후 완전한 소매경쟁체제도 담고 있었다. 하지만 발전부문만 6개사로 분할돼 있고 나머지 분할·민영화는 중단된 상태이다. 그 대신 2010년 이후 급격한 전력 예비율 하락에 따라 민간 LNG발전이 늘어났고, 재생에너지시장이 확대되고 있는 중이다.

그럼에도 불구하고 전력 판매는 여전히 한전 독점으로 운영되고 있다. 지난 100여 년 간의 전력산업 구조개편의 특징은 국가 주도로 진행되었다는 점과 안정적이고 경제적인 전력을 이유로 주로 '공급자' 측 입장에서 논의되고 진행되었다는 점이다.

하지만 앞으로의 전력산업 정책은 '공급'이 아니라 '수요조절' 방식으로 바뀌어야 한다. 지금과 같은 공급 정책은 생산된 전기에 맞춰 소비를 해야 하기 때문에 생산과 소비의 불일치가 매우 심각하다. 수요조절 시장에서는 이 같은 문제가 자연스럽게 해결돼 소비자는 최적의 전기 소비를 할 수 있게 된다.

결국 계절별·시간대별 전력 수요 변화가 전력 공급원을 선택하는 시대로 가야 한다. 그리고 그 과정은 자연스럽게 관련 산업을 육성시킬 것이고, 이는 다시 석탄발전의 정의로운 전환에 필요한 일자리 창출로 이어질 것이다.

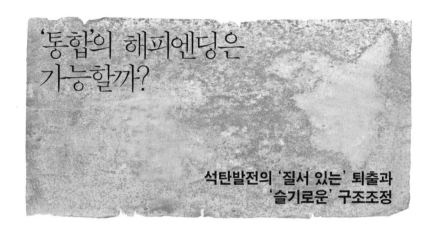

'통합'의 해피엔딩은 가능할까?

석탄발전의 '질서 있는' 퇴출과 '슬기로운' 구조조정

1898년 한성전기회사 설립 이후 일제 강점기와 해방, 제2공화국 장면(張勉) 정부까지 전력산업은 '통합과 분할', '공영화와 민영화'라는 긴 논쟁 끝에 5·16 군사정부에서 한국전력으로의 단일화 및 공영화 정책을 수립했다.

이후 수십 년에 걸친 산업화 과정을 겪은 뒤 2000년대 초에 정부는 발전부문을 한국수력원자력과 석탄발전 5개사로 분할하고 민영화를 추진했으나 매각 불발로 중단되고 말았다.

그리고 어느덧 '2050 탄소중립 시대'에 돌입하면서 재생에너지 확대와 분산전원이라는 전력산업의 패러다임 시프트에 맞닥트리게 되었다. 이에 따라 석탄발전 5개사를 재통합해 원가 절감 및 질서 있는 퇴출을 마무리하고, 그에 따른 인력 재배치를 위해 재생에너지 사업으로 전환하는 정책의 수립과 실행이 필요한 상황이다.

1887년 건청궁을 밝힌 불빛

1887년 3월 6일 밤, 명성황후 시해(1895년) 장소로 잘 알려진 경복궁 안쪽 건청궁의 백열전등에 불이 밝혀졌다. 우리나라 최초로 전등이 점화된 것이다. 중국 자금성과 일본의 궁성보다 2년이나 앞섰다. 에디슨(Thomas Alva Edison)이 백열전등을 발견한 지 8년 만에 서울에 전등이 켜졌으니 당시로서는 획기적인 사건이었다.

조선정부는 외교 사절단(보빙사)의 미국 파견(1883년)을 계기로 전력산업의 발전 방향을 직접 체험하고 큰 관심을 갖게 되었다. 이후 갑신정변

1887년 3월 6일 밤, 명성황후 시해(1895년) 장소로 잘 알려진 경복궁 안쪽 건청궁의 백열전등에 불이 밝혀졌다. 우리나라 최초로 전등이 점화된 것이다.

(1884년)으로 한 차례 연기됐으나, 1887년 에디슨의 대리인인 프레이저(Everett Frazer)로부터 전등설비를 구매해 건천궁에 750개의 백열전등을 설치한 것이다.

이렇게 전등은 일찍 밝혔으나 정작 전기를 본격 생산할 한성전기회사는 10여 년이 지난 1898년에 설립된다. 아관파천(1896년) 전후 중국, 일본, 러시아의 경쟁적 이권 개입에 고심하던 고종은 이를 탈피하고자 자신의 개인 자금 10만 원과 미국 차관 10만 원으로 한성전기회사를 설립했다. 그러나 러·일전쟁(1904년) 승리 후 일본은 노골적으로 이를 빼앗고자 했고, 결국 통감 이토 히로부미(伊藤博文)의 적극적인 지원 하에 1909년 8월 일한와사(주)가 한성전기회사를 인수하게 된다. 이후 1930년대 초 한반도

일제 강점기 당시 종로 2가 풍경을 담은 사진엽서. 왼쪽 끝의 시계탑 건물은 1901년에 준공된 옛 한성전기 사옥(종로 2정목 8번지)으로 사진 촬영 시점에는 종로경찰서로 쓰였다.

전역에 무려 63개의 전력회사가 영업할 정도로 전력산업은 양적으로 성장한다.

그러나 1945년 남북 분단으로 남한은 극심한 전력난을 겪게 된다. 해방 당시 발전능력은 북한 88.5%, 남한 11.5%였고, 남한의 화력발전은 북한의 수력발전에 비해 효율이 떨어져 남·북한의 발전 실적이 각각 95.7% 대 4.3%로 극명한 차이를 보였다. 1948년 5월 14일 북한은 남한으로의 송전마저 중단했다. 이후 미군정과 이승만정부, 장면정부를 거치면서 수력과 화력 발전을 지속적으로 확충해 어느 정도 수요를 충당할 수 있게 되었다. 하지만 전기 3사(조선전업, 경성전기, 남선전기)의 끝없는 경영 악화로 구조조정에 봉착한 상황이었다.

당시 구조조정은 두 가지 방향에서 논의되었다. '3사를 하나의 회사로 통합할지' 및 '국·공영화 대 민영화'가 쟁점이었다. 치열한 논쟁 끝에 장면정부는 통합과 민영화 방침을 세웠으나, 곧이어 등장한 군사정부는 1961년 7월 1일 3사 통합 및 국영화한 한국전력주식회사(한전)를 발족시켰다(오진석, 『한국 근현대 전력사업사, 1898~1961』 참조).

민영화 혹은 국·공영화, 백년 넘게 이어진 논쟁

한전은 지난 1978년부터 원자력 발전을 추가하면서 우리나라 산업 경쟁력을 뒷받침하고 국민에게 전력 서비스를 제공해 왔다. 한편 정부는 공기업 구조조정을 지속적으로 추진하면서 민영화 정책에 따라 1989년 한전 주식 21%를 국민주로 매각했다.

정부는 1994년 7월 '한국전력공사 경영진단반'을 구성해 한전 민영화의 필요성을 제시하고, 1999년 1월 '전력산업 구조개편 기본계획'을 발표했다. 이에 따라 2001년 4월 2일 한전의 발전부문을 6개사(한국수력원자력, 남동·동서·중부·서부·남부 발전)로 분할했다. 아울러 발전부문을 경쟁 시장으로 하는 전력거래소(도매시장)를 개설했다.

또한 민영화 추진 일정에 따라 1차로 남동발전 매각을 발표했으나 (2002년 9월 7일) 투자수익률에 대한 불확실성으로 유찰되고 말았다. 이후 모든 매각 일정이 차질을 빚었다. 배전부문도 당초 2004년 5~6개사로 분할한 뒤 2008년 12월까지 민영화 한다는 게 기본 계획이었으나 중단되었다.

▌ 4차 산업혁명 기술이 적용된 전력 서비스 프로세스

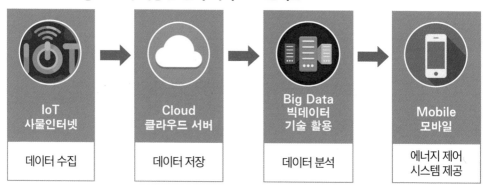

IoT 사물인터넷	Cloud 클라우드 서버	Big Data 빅데이터 기술 활용	Mobile 모바일
데이터 수집	데이터 저장	데이터 분석	에너지 제어 시스템 제공

한전 발전부문 분할 이후 20여 년이 지난 지금, 전력산업 패러다임 시프트(탄소중립, 분산전원, 산업융합)를 맞아 이전과는 차원이 다른 구조개편이 불가피해졌다. '2050 탄소중립'에 따라 현재 37%(269.6백만CO$_2$eq)인 발전부문의 이산화탄소를 감축해야만 한다. 그리고 재생에너지 중심으로 분산전원을 확대해야 한다. 2050년이 되면 전기 수요는 지금의 두 배 (1215TWh)로 늘어나게 되는데, 송전탑을 두 배로 늘리는 것은 현실적으로 불가능한 일이다.

또한 변동성이 높은 재생에너지를 확대하기 위해서는 4차 산업혁명과의 융합이 필수적이다. 사물인터넷(IoT), 인공지능(AI), 클라우드(Cloud), 빅데이터(Big Data) 분석 기술 등이 적용돼 최적화된 에너지 사용을 자동으로 제어하는 시스템을 구축해야만 한다. 그렇게 해야 재생에너지 활용률을 높일 수 있다. 이러한 패러다임 시프트에 적응하고, 일자리를 창출하기 위해서는 소매경쟁시장 도입을 통한 경쟁적 전기요금체계가 필수적으로 수반되어야 한다.

석탄 발전 퇴출 가속화 …… 전력산업 개편 적기

그러면 전력산업 패러다임 시프트에 따라 발전부문은 어떻게 해야 할 것인가? 앞에서 설명한 대로 발전부문은 전력산업 민영화를 위해 '인위적으로 분할'했으나 이제 매각은 중단됐고, 오히려 탄소중립을 위해 노후

발전기를 철수하고 있다. 애초 분할 목적이 상실됐으므로 당연히 원복(한수원+석탄발전 5사 통합사)시켜야 한다. 다만, 원복을 하더라도 바뀐 패러다임을 활용하면서 미래를 위한 준비과정이 되도록 해야 한다. 패러다임 전환기는 위기이기도 하지만 도약의 기회이기도 하기 때문이다.

| 전력산업 패러다임 변화 |

	기존 산업	에너지 신산업
에너지 관리체계	공급 관리 중심	수요 관리 중심
산업 유형	단일 산업형	다수 산업 융합형
기후변화 영향	온실가스 배출	온실가스 감축
전력회사 역할	일방향 전력 공급자	기술·산업 간 융합 및 통합 운영자

자료: 한국전력

한전은 지난 2021년 11월에 탄소중립 비전 'ZERO for Green'을 선포해 2050년까지 석탄 발전을 전면 중단하기로 결정했다. 문제는 석탄 발전 퇴출을 '질서 있게' 해야 한다는 점이다. 즉, 발전기별 퇴출 기준을 투명하게 정하고 그에 따라 발전사 종사자들의 직업 전환도 예측 가능하게 해야 한다. 이러한 작업은 발전 5사가 분리된 상태보다는 통합 이후 진행하는 것이 효율적이다.

발전기별 퇴출 순서는 설계 수명, 경제성, 환경성(발전 단위당 이산화탄소 배출), 송·배전 여건, 지역 편재성 등을 종합적으로 검토해 결정하되 그 과정이 투명하게 공개되어야만 한다. 그에 따른 직업 전환도 마찬가지다. 협력사(비정규직) 직원의 직업 전환을 보장해주고 예측성을 높여야 한다.

석탄발전소 폐쇄에 따라 단기적으로는 액화천연가스(LNG)발전소를 건설하고, 아울러 발전 5사에 분산된 재생에너지 사업을 통합 추진해야 한다. 즉, 재생에너지 사업은 석탄발전소 퇴출에 따른 직업 전환과 연계해서 체계적으로 확대해야 한다. 이 과정에서 각 근무자가 언제 어느 곳으로 옮기게 되고, 따라서 본인은 어떤 직업 전환 교육을 준비해야 하는지 충분한 설명이 뒷받침 되어야 한다.

이렇게 투명하게 결정하고 예측성을 높여주기 위해서는 반드시 발전 5사를 통합해 퇴출과 전환을 체계적으로 진행해야 한다. 그리고 이번 기회에 석탄발전소 퇴출과 LNG발전 신규 가동에 따른 전환 배치가 마무리됨에 따라 2024년부터 예상되는 '일자리 쓰나미(대량 해고사태)'는 배전부문 분할 및 민영화에 따른 일자리 창출과 연계해서 대비해야 한다.

발전 공기업의 방만한 경영을 바로잡을 기회

통합은 회사를 형식적으로 하나로 묶는 것에 그쳐서는 곤란하다. 통합 과정에서 기존 발전 사업의 잘못된 경영 행태를 바로잡고 미래를 위한 준비가 되도록 힘써야 한다.

2018년 12월 한국서부발전 태안화력발전소의 김용균 씨 죽음을 계기로 특별노동안전조사위원회가 구성되었다. 그런데 특조위 보고서를 보면, 민영화를 전제로 수직분리한 외주화가 도대체 어떤 효과를 이뤘는지 이해할 수 없다.

당초 한전에서 발전, 송·배전, 판매 사업을 일괄 수행하고, 정비 사업은 한전 자회사(1차 협력사)인 한전KPS가 독점해왔다. 연료·환경설비 운전 사업도 한전 자회사(1차 협력사)인 한전산업개발이 도급을 받아 수행해 왔다. 그러나 2001년 민영화를 전제로 하는 발전사 분할 이후 생산비용 절감을 명분으로 1차 협력사 주관으로 추가 공개 입찰이 이뤄졌다.

문제는 비용 절감을 명분으로 시작했지만 발전사가 협력사에 지급하는 도급단가는 지속적으로 상승했음에도 불구하고 오히려 하청 협력업체들의 미숙련 인력 채용, 저임금과 고용 불안은 늘어났다. 이로 인한 대표적인 사고가 김씨의 안타까운 죽음으로 이어졌음은 부정할 수 없는 사실이다. 특히 운전업무는 전형적인 사내하청으로, 본질은 파견관계(불법 파견)였던 것이다.

심지어 도급단가의 지속 상승으로 협력사의 영업이익률은 상장회사 평균(6%)의 2배가 넘는 15% 수준을 보였는데, 이 기간 인건비는 원계약서 대비 50%만 지급한 것으로 밝혀졌다. 협력사주의 고수익을 소비자가 모두 부담한 셈이다. 당초 명분과 달리 비용은 상승시키면서 미숙련, 저임금, 고용 불안을 방치해온 외주화 관행이 발전사 통합을 계기로 하루속히 사라져야만 한다.

전력산업의 미래를 준비하는 과정에서 한 가지 더 강조해야 할 점은, 발전사 통합을 계기로 신입사원부터라도 '직무급제'를 도입해야 한다.

비정규직 문제를 해결하기 위해서는 '동일 노동 동일 임금', '동일 회사 다른 임금' 체계를 만들어줘야 한다(266쪽). 기업이 부담할 수 있는 인건비 총액을 직무 난이도에 따라 세분화하고, 노동자는 자신에게 맞는 직무와 근무 조건을 선택하도록 해야 한다. 그렇게 하면 비정규직 없이 모두가 정규직이 될 수 있다.

저숙련, 여성 노동에 대한 차별도 해소할 수 있다. 또한 중대재해의 많은 요인이 정규직과 비정규직의 소통 부족에서 발생하는데, 직무 선택을 자원해 입사할 경우 출신 성분(소속 신분)에 따른 배타적 집단 형성을 해소할 수 있다. 입사와 동시에 직무 구분 없이 일률적으로 정해지는 지금의 호봉제는, 패러다임 시프트로 바뀐 생태계에 맞지 않는 임금체계라 하겠다. 직무 간 이동성을 높여주기 위한 교육 프로그램을 준비해 고임금 업무로의 이동 욕구도 충족시켜줄 필요가 있다.

결국 이것이 따뜻한 복지이고 사회적 가치를 높이는 진정한 ESG 경영이 아니겠는가?

적자가 나도 보상?……잘못된 정책 손질해야

발전 5개사를 통합해야 할 또 하나의 이유는 바로 '비용 절감'이다. 당초 발전사를 분할해 경쟁시키면 수익성 창출을 위해 치열한 경쟁이 이뤄질 것으로 예상했지만, 현실은 전혀 그렇지 않았다. 2001년 구조개편 설계대로 발전사 간 경쟁이 이뤄져 전력 도매시장이 형성되고, 배전분할이 이뤄져 판매 경쟁을 통한 소매시장이 마련되어 소비자 효용도 올라가고 가격도 인하될 것으로 기대를 모았다. 또한 이러한 시장 기능(가격신호)은 자원 배분의 합리성을 높여줄 것으로 전망했다.

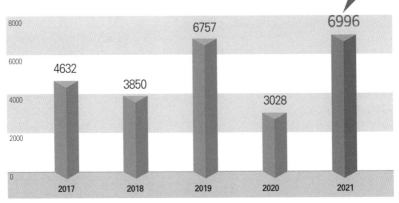

▶ **한국전력 재정 낭비 추이**

억 원

> 한전의 재정상 조치 금액은 매년 감사를 받아도 좀처럼 줄지 않고 있다. 2021년의 경우 내부 감사로 6956억 원, 외부 감사로 40억 원 등 총 6996억 원의 재정상 조치가 취해졌는데, 이는 최근 5년새 최대 규모다. 회수할 수 없는 예산절감 금액만 보면 2017년 4113억 원에서 2021년 5389억 원으로 31% 증가했다.

	2017	2018	2019	2020	2021
	4632	3850	6757	3028	6996

자료 : 한국전력에서 공개한 데이터를 바탕으로 <조선일보> 2022.05.23.자 참조
※ 내 · 외부 감사 재정상 조치 실적 합산(재정상 조치 : 추징·회수, 변상, 감액, 예산절감, 환불 등 기타 합산)

그러나 이 모든 계획은 발전사 분할과 동시에 중단되었다. 전기요금도 '총괄원가주의'에 따라 무조건 한전의 모든 비용(배당금, 법인세, 적정이윤을 포함한 비용)을 보상해주고 있다(58쪽). 이로써 발전사들은 원가 절감 노력을 할 필요가 없게 된 것이다.

특조위 보고서에 따르면, 발전원가의 80~90%를 차지하는 연료비가 글로벌 단가를 웃돌고 있다. 종전에는 통합구매로 구매 파워가 있었으나 분할 이후 경쟁구매로 연료 단가가 높아졌기 때문이다. 협력사의 과도한 영업이익도 마찬가지다. 분할로 인한 발전 5사의 중복되는 인건비와 간접비도 아무런 규제 없이 전기요금에 그대로 반영된다. 고위 퇴직자들이 자회사에 일감을 몰아주고 그 회사에 재취업하는 품앗이도 다반사로 일어나고 있다.

그렇게 하고서도 소비자에게는 콩 값(연료비)보다 두부(전기) 값이 싸니 전기요금을 올려달라고 요구한다. 총괄원가주의에 따라 달라는 대로 다 주게 돼 있는 구조가 지금의 전기요금체계인 것이다.

탄소중립과 재생에너지 확대를 통한 분산전원 실현은 거스를 수 없는 지향점이다. 이를 위해 전력산업과 4차 산업혁명의 융합은 피할 수 없이 함께 가야 할 길이다. 이 길을 가는 데 극복해야 할 에너지 전환과 직업 전환의 허들은 석탄발전 5사 통합 및 소매경쟁체제 도입으로 뛰어넘을 수 있을 것이다.

Chapter 2

유아독점(唯我獨占) 에너지의 함정
- 재생에너지, 수소경제, 전력시장에 관하여 -

햇빛과 바람을
멀리하는 나라

한국에서 재생에너지가 어려운 이유

2022년 7월경 삼성전자가 〈2022 지속가능경영보고서〉를 내자 주요 언론이 뜨겁게 반응했다. 언론마다 발표한 기사의 문구는 달랐지만, 주요 골자는 대체로 '삼성전자가 최근 재생에너지 사용을 대폭 늘렸다'는 얘기로 모아졌다. 즉, 당시 삼성전자가 낸 〈2022 지속가능경영보고서〉를 토대로 작성된 기사들의 요지는 이렇다.

삼성전자가 지난해(2021년) 전 세계 각 사업장에서 사용한 재생에너지는 전년(2020년)보다 31% 증가한 5278GWh(기가와트시)였다. 삼성전자는 미국과 중국, 유럽 사업장에서 사용전력의 100%를 재생에너지로 전환했다. RE100(기업이 사용 전력의 100%를 재생에너지로 충당하는 캠페인)을 달성한 것이다.

그런데, 보고서를 자세히 살펴보면 눈에 띄는 게 있다. 해외에서 RE100을 달성한 삼성전자의 국내 재생에너지 사용량이 극히 저조하다는 사실이다. 보고서에 따르면, 한국전력공사에 웃돈(프리미엄)을 주고 태양광·풍력 등으로 생산된 재생에너지를 구매하는 '녹색 프리미엄' 제도로 490GWh를 구매한 것이 사실상 전부이다. 삼성전자는 기흥·화성·평택·온양 등 국내 주요 사업장에서 자체적으로 태양광 발전과 지열 발전 시설을 운영하고 있지만 전체 발전량은 10GWh가 채 안 된다. 삼성전자의 한국형 RE100(K-RE100) 성적은 왜 이렇게 저조한 걸까?

재생에너지 비중, OECD 꼴찌

결론부터 말하면 국내 재생에너지 비율이 낮기 때문이다. 삼성전자가 〈2022 지속가능경영보고서〉를 발표하기 얼마 전인 2022년 5월 19일, 국회에서 의결된 제2차 추가경정예산에서 기후 대응 예산이 본예산 대비 대폭 삭감됐다. 특히 재생에너지 확대의 핵심인 기술·개발(R&D) 예산이 2972억 원에서 2653억 원으로 11% 줄어들었다.

이러한 삭감은 지난 정부에서 '2050 탄소중립'과 '2030 국가온실가스 감축목표(NDC) 40%'를 무리하게 수립했다는 비판 여론이 높은 상황에서 나온 조치라 재생에너지의 미래에 대한 우려감을 높였다.

실제로 우리나라의 전기 생산량에서 재생에너지가 차지하는 비중은 절망적인 수준이다. 국제에너지기구(IEA)가 2021년 발표한 '2020년 국가별 재생에너지 발전 비중(양수발전 제외)'을 살펴보면, 노르웨이 98.6%, 덴마크 81.6%, 캐나다 67.9%, 스웨덴 67.5%, 미국 19.7%, 일본 19% 순이다. 우리나라는 5.8%로 OECD 37개 국가 중 37위로 최하위에 머물러 있다.

그런데, 재생에너지는 탄소중립을 위한 주요 이행 수단으로 우리나라도 지향해야 할 최종 목표이다. 문재인정부도 재생에너지 확대를 위해 적지 않은 노력을 기울였다. 그럼에도 불구하고 어째서 우리나라의 재생에너지 수준은 OECD 최하위에 머물러 있는 걸까?

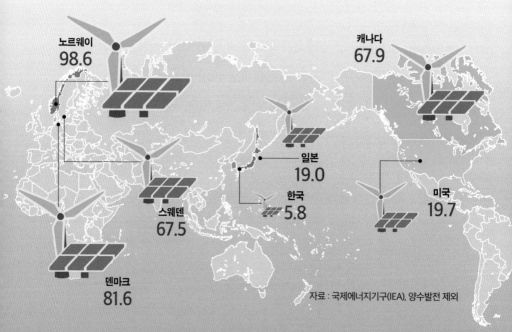

▶ **주요 국가별 재생에너지 발전 비중** (단위 : %, 2020년 기준)

노르웨이
98.6

캐나다
67.9

일본
19.0

한국 5.8

미국
19.7

스웨덴
67.5

덴마크
81.6

자료: 국제에너지기구(IEA), 양수발전 제외

우리나라의 자연조건을 고려하면 그나마 유의미하게 키울 수 있는 재생에너지는 태양광과 풍력 발전이다. 그런데 이 마저도 유럽 등지에 비하면 결코 유리한 상황이 아니다. 우리나라 태양광 발전의 '정격용량 대비 이용률'은 하루 3.6시간(15%)이다. 이탈리아는 무려 20.1%, 프랑스는 20%에 이른다. 우리나라의 풍속은 초당 6.2m인데 독일은 초당 7.6m이다. 유럽에 비해 자연 조건이 뒤처지기는 하지만, 그렇다고 아예 재생에너지를 생산하기에 부적합한 것도 아니다. 다만 규제로 인해 땅을 확보하기가 쉽지 않다.

재생에너지를 얻으려면 태양광·풍력 발전소를 지어야 한다. 발전소를 건설할 땅이 필요한데 '이격거리' 규제가 발목을 잡고 있는 것이다. 지자체 조례에 따라 태양광·풍력 발전 설비를 설치하기 위해서는 주민 생활 시설과 일정거리를 둬야 한다. 2018년 보성군은 태양광 설치를 위해 주택과 도로의 이격거리를 500m에서 200m로 완화하는 조례 개정을 추진하다가 주민들의 반발로 실패한 바 있다. 그 해 주민들은 토사 유출, 자연경관 훼손, 환경 파괴 등을 이유로 인근 야산에 들어설 10MW(메가와트)급 태양광 발전 시설의 설치를 강력히 반대하기도 했다.

곳곳에서 태양광 발전 설비를 둘러싸고 논란이 일자 고흥군은 태양광 설치를 위한 도로와 주택과의 이격거리를 100m에서 500m로 강화하기도 했다. 국내에서는 규제나 주민 반대로 태양광·풍력 발전소를 짓는 것조차 쉽지 않다는 얘기다. 해당 지역 주민들이 발전소를 짓는 데 직접 참여하는 주민참여형 사업도 일부 있지만 극히 드물어 일반화하기는 어렵다.

이런 난관을 극복하고 태양광·풍력 발전소를 지었다고 해도 문제는 남는다. 재생에너지 운영 시스템이 복잡해 민간사업자 입장에서는 수익을 내기가, 기업과 같은 전기 소비자 입장에서는 경제성을 확보하기가 어렵다. 발전소를 포함한 대규모 발전사업자에게는 재생에너지 의무량(RPS)이라는 게 있다. 이를 위해 대규모 발전사업자가 자체적으로 재생에너지를 생산하기도 하지만, 대부분 민간이 생산한 재생에너지를 사들인다. 이를 '재생에너지인증서'(REC, 1REC=1MWh)라고 하는데(35쪽), 대규모 발전사업자들은 이 REC를 구입해 RPS를 맞춘다.

경남 합천댐, 충남 보령댐, 충북 충주댐에 한국수자원공사가 조성한 수상 태양광 발전 설비가 2020년에 국내 최초로 환경성적표지 인증서를 받았다. 이곳 수상 태양광 발전 설비에서 전력을 생산하는 과정에서 발생하는 이산화탄소는 1KWh당 합천댐 0.099kg, 보령댐 0.112kg, 충주댐 0.075kg으로 각각 나타났다. 평균은 0.095kg으로, 석탄화력발전 0.992kg을 크게 밑도는 수치다. 수상 태양광 발전 시설은 다양한 형태로 설치할 수 있고, 유휴(遊休) 수면에 설치돼 자연환경 훼손을 최소화 할 수 있다(사진은 경남 합천 수상 태양광 발전 설비).

값이 적정해야 생산과 소비 모두 유인 가능

문제는 이 REC가격이 정부에 의해 왜곡돼 있다는 점이다. 2017년 12만 8585원이었던 REC가격은 정부 정책으로 민간 재생에너지 발전사업자가 늘어나면서 2021년 11월 기준 3만8846원으로 70% 하락했다. 이에 기존 민간사업자들의 수익이 확 줄어들자, 문재인정부는 RPS 비율을 대폭 상향해 가격을 급등시켰다.

당시 정부는 2021년 9%이던 RPS 비율을 2022년 12.5%로, 이후 매년 2.5%씩 올려 2026년 26%로 설정했다. 그 결과 2022년 2월 기준 재생에너지 구입비용(수력 제외)은 4561억 원으로 원자력(9048억 원)의 절반을 넘어섰다. 그런데 이 기간 재생에너지 구입량은 2243GWh로 원자력(1만 3307GWh)의 6분의 1 수준에 불과했다. 이를 KWh당 가격으로 환산하면 재생에너지는 106.88원, 원자력은 56.28원이다. 가격이 올랐지만 민간 재생에너지 사업자를 늘리지도 못했다. 민간사업자 입장에서는 가격이 일정해야 신규 투자나 재투자를 하는데, 가격이 정부에 의해 왜곡되면서 수익성을 예측하기가 어려워진 것이다. 또 대규모 발전사업자의 REC 비용 부담 증가로 이어져 전기요금 인상 압박도 커지게 되었다.

재생에너지 보급과 기업의 RE100을 위한 제도인 전력구매계약(PPA)도 되레 재생에너지 확대의 걸림돌이다. PPA는 재생에너지 사업자와 기업 전기 소비자와의 거래를 유도하기 위한 제도인데(135쪽), 한국전력이 국내 전력망을 사실상 독점하고 있어 부작용이 나타나고 있다. 전기 소비

▼ 단위면적당 재생에너지 자원량 비교 좌표

(자료 : 한전경제경영연구원)

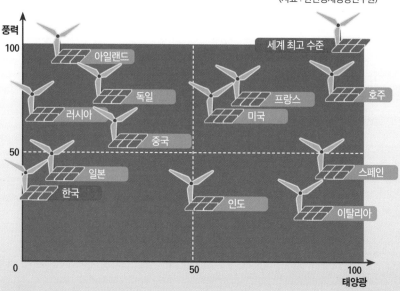

▼ '2050 탄소중립' 달성하려면 태양광 발전 시설을 얼마나 더 지어야 하나

(자료 : 산업통상자원부 '2050 탄소중립 시나리오')

(설비 용량 기준)

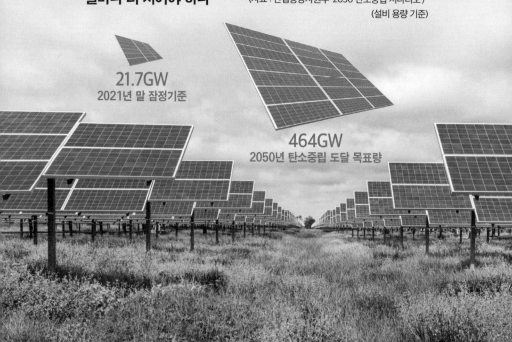

21.7GW
2021년 말 잠정기준

464GW
2050년 탄소중립 도달 목표량

자가 한전을 통해 재생에너지를 구입할 때 한전은 전력망 사용료(KWh당 8~24원) 등을 포함한 부대비용을 받아간다. 이 때문에 전기 소비자가 한전을 통해 재생에너지를 구입하면 비용 부담이 일반 전기요금의 두 배 가까이 된다. 그러다 보니 기업을 위한 제도임에도 불구하고 이 제도를 이용하는 기업이 없는 것이다(2021년 11월 기준).

재생에너지를 생산할 수 있는 자연조건이 열악할수록 기술 개발과 시장 운영시스템은 중요하다. 지금까지 운영되어온 RPS 및 PPA 제도처럼 현실을 무시한 재생에너지 정책은 탄소중립의 길을 요원하게 만든다. 특히 RPS, PPA 모두 계약단가가 실시간 전력도매가격(SMP)에 각종 부대비용이 추가됨에 따라 변동성이 심하고 실제 원가보다 비싸지는 것이다. 결국 시장참여자들은 경쟁을 통한 부가가치 창출 보다는 잿밥(제도 이용)에 주목하게 되고, 한전 독점 하에서 모든 비용을 보장해주는 '총괄원가주의'는 두부(전기요금)값보다 싼 콩(원료)을 구할 동기 부여가 없게 된다.

윤석열정부는 국정과제에서 실현가능한 탄소중립과 '시장원칙'에 기반한 에너지시장 구조를 확립하겠다고 했다. 하지만 이율배반적인 현재의 전력시장 운영시스템을 어떻게 개선해서 기술 개발과 열악한 자연조건 극복으로 연결되도록 할 것인지 그 방안이 궁금하다. 윤석열정부가 2023년 1월 공고한 제10차 전력수급기본계획에는 재생에너지를 포함한 전력산업 구조개편에 대한 구체적인 내용이 없다. '시장 기반 수요 효율화' 방침 하에 몇 가지 방향성만 제시하고 있을 뿐이다. 햇빛과 바람을 달가워하지 않는 나라에서의 고민이 깊어지는 순간이다.

에너지 곳간을 채우는 법

**ESS는 재생에너지의
생산변동성 문제를 해결할 수 있을까?**

엄동설한 한파가 한창일 때 갑자기 전기가 끊긴다면 어떻게 될까? 생각만 해도 끔찍하다. 그런데 겨울철에 전기가 끊어지는 일은 어느덧 연중행사가 돼버렸다. 실제로 체감온도가 영하 15도 안팎으로 떨어졌던 2022년 12월 22일 오전 10시 30분경 서울 마포구 상암동에 위치한 모 아파트 단지의 전력이 갑자기 끊어지는 일이 발생했다.

심지어 지난 해 12월에만 전국에서 70건이 넘는 정전이 발생해 2만 3000여 가구가 피해를 입은 것으로 나타났다. 이는 1년 전 같은 기간보다 60% 이상 급증한 수치다. 이러한 대규모 정전 사태, 즉 블랙아웃(blackout)은 겨울철에만 발생하지 않는다. 지난 2020년 연간 기준 전국에서 발생한 대규모 정전 사례가 무려 235건이나 된다.

전기안전공사에 따르면, 겨울철 한파 및 여름철 폭염이라는 계절적 요인과 코로나19 장기화에 따른 재택근무 증가로 2020년 들어 전기 수요가 폭발적으로 증가했다고 분석했다. 전기 수요가 늘면서 변압기 용량을 초과해 차단기 등 보호장치가 작동했거나, 설비 수명 저하로 인해 정전이 발생했다는 것이다.

다시 말하면 '전력 계통(grid)'에 과부하가 일어난 것이다. 그런데 정전은 반대의 경우에도 생길 수 있다. 즉, 전기 생산(발전)이 넘쳐날 때도 전력 계통에 과부하가 생기면서 정전이 일어나기도 한다. 이럴 때는 발전을 강제로 중지시킨다.

에너지의 생산만큼 중요한 저장과 관리

제주도의 사례를 보면 쉽게 이해할 수 있다. 제주도는 육지에서 들어오는 전기가 있고, 자체적으로 생산하는 재생에너지(풍력·태양광)와 화력·LNG 발전이 있다. 재생에너지 발전 비중은 2015년 9.3%에서 2020년 16.2%로 크게 증가했다.

재생에너지 발전 비중이 높아지자 바람이 많이 불거나 태양광이 좋은 날이면 발전량이 확 늘어나면서 전력 계통에 과부하가 걸린다. 이때는 풍력·태양광 발전을 멈춰야 한다. 발전을 강제로 중지시키는 '출력제한(curtailment)'은 2015년 3회에 그쳤으나, 2020년에는 77회로 급증하더니

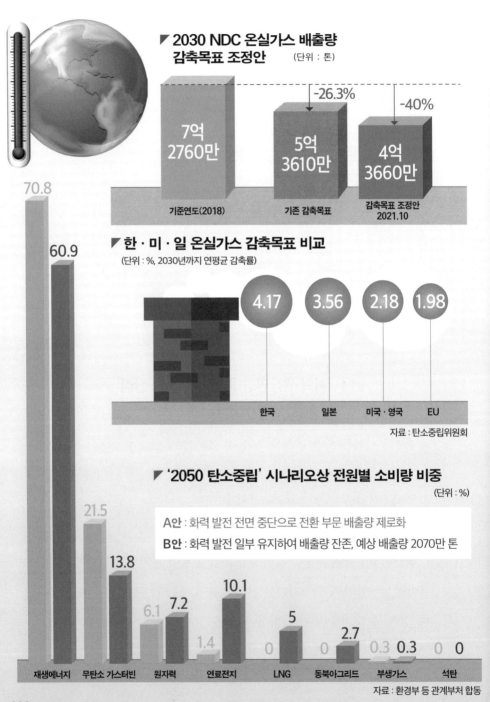

▼ 2030 NDC 온실가스 배출량
감축목표 조정안 (단위 : 톤)

7억 2760만
기준연도(2018)

-26.3%
5억 3610만
기존 감축목표

-40%
4억 3660만
감축목표 조정안
2021.10

▼ 한·미·일 온실가스 감축목표 비교
(단위 : %, 2030년까지 연평균 감축률)

70.8
60.9

4.17 한국
3.56 일본
2.18 미국·영국
1.98 EU

자료 : 탄소중립위원회

▼ '2050 탄소중립' 시나리오상 전원별 소비량 비중
(단위 : %)

A안 : 화력 발전 전면 중단으로 전환 부문 배출량 제로화
B안 : 화력 발전 일부 유지하여 배출량 잔존, 예상 배출량 2070만 톤

21.5
13.8
6.1 7.2
1.4
10.1
5
0
2.7
0 0.3 0.3 0 0

재생에너지   무탄소 가스터빈   원자력   연료전지   LNG   동북아그리드   부생가스   석탄

자료 : 환경부 등 관계부처 합동

2021년에는 200회를 훌쩍 넘어섰다. 출력제한은 남은 것을 보관할 수 없는 전기 특성과 전력 계통상 꼭 필요한 조치이다.

출력제한이 빈번해진 건 재생에너지의 생산변동성이 크기 때문인데, 재생에너지 발전 비중이 높아질수록 전력 계통의 '주파수 안정(일정한 전력량을 흘려보내는 것)'이 매우 어려워진다. 주파수 안정을 위해서는 전력 생산이 적은 날을 대비한 보조 발전소가, 넘칠 때를 대비한 주파수 조정용 에너지저장장치(ESS, Energy Storage System)를 갖춰야 한다.

제주도는 2020년 11월 남제주복합발전소에 150MW급 LNG발전소를 추가로 들였다. 이어 한 달 뒤에는 서제주변전소에 40MW급 주파수 조정용 ESS를 설치했다. 그리고 2021년 8월에는 금악변전소에 50MW급 ESS를 마련했다.

정부는 지금까지 원자력 발전과 석탄 발전을 24시간 가동해 전기를 생산해 왔다. 전기 수요가 많은 낮에는 LNG · 중유 발전소를 가동해 보충했다. 그러던 중에 '2050 탄소중립(온실가스 배출 제로)'이라는 거역할 수 없는 미션에 마주하게 된 것이다.

탄소중립을 위해 정부가 찾은 해법은 석탄 발전을 줄이고 재생에너지 비중을 대폭 끌어올리는 것이다. '2030 국가 온실가스 감축 목표(NDC)'에 따르면 2018년 41.9%였던 석탄 발전 비중을 2030년 19.7%로 줄여야 한다. 대신 재생에너지를 6.2%에서 21.6%로 끌어 올려야 한다.

그런데 제주도의 사례에서도 확인할 수 있듯이 재생에너지 발전 비중을 높이기 위해서는 재생에너지의 발전 변동성을 해결해야 한다. 이 문제

▶ **글로벌 ESS시장 규모**

GWh

ESS
Energy Storage System

전 세계

북미

	2019	2020	2021	2022	2025
전 세계	11.1	19.9	29.5	43.0	94.2
북미	3.6	8.4	12.7	18.0	36.9

자료: SNE리서치

2021년 2월 기록적 한파로 인해 미국 텍사스 지역(배경 사진)에 대규모 정전이 발생했다. 석유와 가스 등 풍부한 자원과 따뜻한 기후로 한파에 대비하지 않았던 텍사스는 당시 알래스카보다 낮은 영하 20도와 마주하면서 전력망 붕괴와 맞닥뜨렸다. 200명 이상이 사망한 최악의 한파 속에서 전력이 부족해지자 일시적으로 도매가격 대비 전기요금이 200배나 뛰었다. 텍사스 샌안토니오 지역에서 태양광을 직접 운영하는 국내 재생에너지 기업은 당시 ESS에 비축해둔 전력 1MW를 40만 달러에 팔았다. 가격이 평상시 1만 달러 대비 무려 40배가 뛴 것이다. 텍사스 한파를 계기로 삼성SDI 등 국내 ESS 제조회사들이 재조명 받았고, 테슬라의 일론 머스크는 자회사 갬빗에너지스토리지를 통해 텍사스주 휴스턴에서 남쪽으로 약 64km 떨어진 앵글턴에서 100MW 이상의 에너지 저장 프로젝트를 건설한다고 밝혔다. 100MW는 한여름 약 2만 가구에 전력을 공급할 수 있는 양이다.

를 해결할 수 있는 설비가 바로 ESS이다. ESS는 제주도가 설치한 '주파수 안정용 ESS' 및 발전한 전기를 저장할 수 있는 '저장용 ESS'로 나뉜다. 후자는 쉽게 얘기하면 배터리로, 한여름 태양열이 뜨거울 때 생산한 전기를 모아뒀다가 전기 수요가 증가할 때 사용하는 데 필요한 장치를 가리킨다.

주파수 안정용과 함께 저장용 ESS를 설치한다면 재생에너지의 발전변동성도 일정 수준으로 관리할 수 있고, 전기 사용의 효율도 높일 수 있다. 예컨대 밤 시간에 발전한 전기를 모아놓았다가, 수요가 많은 낮에 흘려보낸다면 그만큼 발전 비용을 아낄 수 있는 것이다(70쪽 '재생에너지 연계 ESS').

그런데 불행하게도 전기의 수요·공급 시차를 해소해 줄 저장용 ESS는 거의 무관심 상태로 방치돼 있는 실정이다. ESS 충전은 전기가 남아도는 시간에 해야 하는데, 심야 전기요금 할인제도는 아예 일몰됐고(2020년), ESS 설비 자금 지원도 2018년 72억 원에서 2020년 35억 원으로 대폭 줄어들었다. 무엇보다 ESS 화재가 자주 발생한 2018년 5월 이후 아직까지 화재 원인 규명조차 이뤄지지 않은 탓에 보급이 잠정 중단된 상태이다. 문재인정부에서는 2021년 6월경 저장용 ESS 개발 및 확충에 2025년까지 3100억 원을 투입하겠다고 발표한 바 있다.

방향만 좇다 절벽을 만나는 어리석음

정부는 저장용 ESS 이외에도 전기 수요를 재생에너지 생산 시간대에 맞추는 '수요 반응 자원(DR, Demand Response)' 관리도 시도하고 있다. 이는 공장 가동 시간 등을 조절해 재생에너지 발전량이 많은 시간대로 전기 수요를 재배치하는 방식을 가리킨다.

DR은 쉽게 말해서 공급(발전)에 맞게 수요를 조절하겠다는 것인데, 현실성이 떨어지는 게 문제다. 말이 쉽지, 노동력 등 기업의 생산자원 투입 시간을 재생에너지 변동성에 맞추자는 것으로 실현 가능성이 낮다. 재생에너지 공급이 많은 시간이라고 갑자기 퇴근해 청소기나 세탁기를 돌릴 수는 없지 않겠는가.

또 다른 대안으로는 공급과 수요의 간극을 조금이라도 줄일 수 있는 '스마트그리드'가 거론되고 있다. 스마트그리드는 기존의 전력망에 정보기술(IT)을 접목해 전기 공급자와 소비자가 양방향으로 실시간 정보를 교환하는 '지능형 전력망'이다. 한마디로 전기 공급자는 전기를 저장해 두었다가 전기 수요가 많을 때 비싸게 팔고, 소비자는 전기 공급이 많아 가격이 쌀 때 소비하는 것이다(66쪽).

스마드그리드를 운영하려면 두 가지 전제가 필요하다. 하나는 저장용 ESS가 있어야 하고, 둘째는 전력시장을 민간에 개방해 판매 경쟁을 도입해야 한다. 다시 말해 한국전력의 전력망을 개방해서 가격 신호를 통해 새로운 사업자가 나타날 수 있도록 해야 한다.

2011~2013년 제주도에서 시범적으로 실시된 스마트그리드가 흐지부지된 것도 판매 경쟁이 이뤄지지 못했기 때문이다. 2020년 10월부터 광주광역시(8000세대)와 서울(3000세대)에서도 스마트그리드 시범 사업이

진행 중이지만, 역시 판매 경쟁이 이뤄지지 않아 이렇다 할 성과를 내지 못했는데, 이는 앞으로도 전망이 어둡다. 경쟁이 이뤄지지 않는 지금과 같은 한전의 독점적 시장 운영체계에서는 경제성을 논하는 것 자체가 넌센스이다.

기업이 사용하는 전기의 100%를 재생에너지로 조달하자는 캠페인인 'RE100'도 지금과 같은 한전의 독점적 체계에서는 거의 불가능하다. 정부도 이러한 필요성을 인식하고 2016년 6월 전기의 소매경쟁 법안을 발의했으나 이듬해 9월 국회 법안 심사과정에서 일부 의원들의 반대로 해당 조항이 삭제되고 말았다(68쪽).

'2050 탄소중립'과 '2030 NDC'는 누구도 반대할 수 없는 '방향'이다. 그러나 방향만 쫓아가다가 늪을 만나 허우적거리거나, 절벽을 만나 낭떠러지로 떨어지면 어떻게 할 것인가? 어렵게 쌀농사 잘 지어놓고 추수를 못 하면 무엇으로 먹고 살 것이냔 말이다.

탄소중립을 위해 재생에너지 발전 비중을 높이는 것은 미룰 수 없는 일이지만, 그보다 '전력 계통'과 전력시장 운영체계에 대한 개편이 반드시 선행되어야만 한다. 제주도의 현실을 타산지석 삼아 우리 앞에 놓인 늪과 절벽이 무엇인지를 제대로 파악하고 현명하게 대처했으면 하는 바람이다.

그리드 패리티를 비웃는 한국의 에너지가격

순 토종 재생에너지는 왜 LNG가격에 휘둘리는가?

국제에너지기구(IEA)가 최근 공개한 〈2023년 전력시장 보고서〉에 따르면, 향후 3년간 세계 전력 수요는 연평균 3% 가량 크게 증가하는 것으로 예측됐다. 이번 보고서의 특이점은 향후 3년 동안 추가 전력 수요의 평균 90% 이상을 재생에너지와 원자력이 충당하는 것으로 전망했다는 것이다.

많은 논란에도 불구하고 원자력 발전량이 늘어나는 것은 최근 러시아-우크라이나 전쟁으로 에너지 안보(자립)에 대한 필요성이 대두되었기 때문일 것이다. 여기에 더하여 원자력 발전은 발전원가가 국제 에너지가격과 관계없이 안정적이라는 점도 있다.

재생에너지의 가격경쟁력을 훼손하는 전력가격 결정구조

이러한 측면에서 보면 재생에너지는 더 많은 장점이 있다. 무엇보다 무탄소 · 무연료 · 무방사능이다. 따라서 국제 에너지가격은 물론 환율 영향도 받을 필요가 없는 '순 토종 에너지'인 것이다. 다만 발전량이 일기에 영향을 받다보니 간헐적이고 변동성이 많다는 단점이 있다. 그럼에도 불구하고 많은 나라들이 이미 재생에너지 전기가격이 화석에너지 전기가격보다 싸게 되는 그리드 패리티(Grid Parity)에 도달했다. 따라서 이들 나라는 사용 전기를 100% 재생에너지로 조달하는 'RE100'도 달성하고 있다.

문제는 우리나라다. 우리나라도 재생에너지 '균등화발전단가(LCOE, Levelized Cost of Electricity)'가 점점 싸지고 있다. 균등화발전단가란 에너지원별 발전단가를 비교하기 위해 사용하는 개념으로, 예를 들어 '태양광의 균등화발전단가가 석탄보다 저렴하다'고 하면, 그만큼 태양광 발전이 경제적이라는 뜻으로 해석할 수 있다.

2021년 kWh당 LCOE(20MW 기준)를 보면, 지상태양광은 123.4원으로 전년 대비 9%나 싸졌고, 육상풍력 발전단가는 164.0원으로 전년 대비 2% 정도 싸졌다*(에너지경제연구원, 『기본연구』 21-24 참조). 발전단가에 송 · 배전 원가 14원, 영업비용 3원을 더하면 판매단가는 지상태양광 140원선, 육상풍력 180원선이 된다. 그런데 현실은 그렇지 않다는 게 문제다.

---

* 재생에너지 단가는 지역 및 설비 용량에 따라 매우 편차가 크다.

| SMP 大해부 |

SMP(전력도매가격)의
결정구조 → 전력 수요와 공급이 일치하는 지점에서
가장 비싼 발전기의 변동 비용으로 결정

그리드 패리티 달성?

재생에너지가격이
그리드 패리티를 달성해도
SMP 제도의 전력가격
결정구조에 따라 재생에너지
가격 상승
↓
결국 다른 화석연료와의
가격경쟁력 상실!

가장 비싼
LNG가격
대비 차액

횡재
(windfall)

(Kwh/원)   **재생에너지   LNG   석탄   원자력**

발전기를 돌리는 순서는
발전 비용이 가장 저렴한
원자력 → 석탄 → LNG 순

러시아-우크라이나 전쟁으로
국제 LNG가격이 급등하면서
국내 SMP도 덩달아 상승

▼ SMP 추이
(단위 : kwh/원, 2022년 기준)

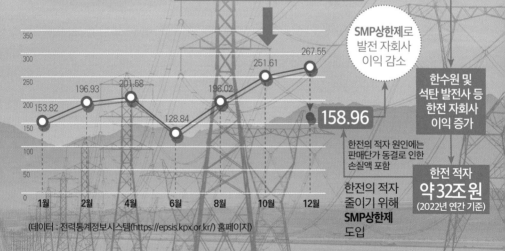

SMP상한제로
발전 자회사
이익 감소

한수원 및
석탄 발전사 등
한전 자회사
이익 증가

350
300
250
200
150
100
50
0

153.82
196.93
201.58
128.84
196.02
251.61
267.55

158.96

한전의 적자 원인에는
판매단가 동결로 인한
손실액 포함

한전의 적자
줄이기 위해
SMP상한제
도입

한전 적자
약 32조 원
(2022년 연간 기준)

1월   2월   4월   6월   8월   10월   12월

(데이터 : 전력통계정보시스템(https://epsis.kpx.or.kr/) 홈페이지)

문제 많은 SMP, 도대체 왜 방치할까?

2022년 한국전력은 약 32조 원의 적자를 기록했다. 이유인즉 국제 연료가격(LNG) 상승으로 전력 도매가격(SMP)은 급등하는데 소비자가격은 동결되어 그 갭을 고스란히 한전이 부담했기 때문이다. 여기서 우리는 SMP(System Marginal Price, 계통한계가격)에 대해 명확히 이해할 필요가 있다. SMP는 한국전력이 전력거래소를 통해 발전사업자로부터 전력을 구입하는 가격으로, '전력도매가격'이라고도 불린다. 단위는 kWh로 환산한다.

SMP는 전력산업 민영화를 전제로 2001년 도입한 제도이다. 한국전력의 발전 부문을 6개 사로 분할하고 전력거래소를 개설했다. 전력거래 방법은 발전원가를 고정비와 변동비로 나눈 다음, 고정비는 사전에 평가한 금액으로 지급하고, 변동비는 발전 하루 전 결정한 시간대별 발전계획에 따라 지급한다. 문제는 변동비가 가장 싼 발전기부터 가동을 하는데, 매 시간대별 가장 늦게 가동한 발전기(변동비가 가장 비싼 발전기)의 변동비가 SMP가 된다는 점이다.

2000년 당시 발전연료별 변동비(원/kWh)는 원자력 4원, 석탄 13원, 유류 52원, LNG 87원이었다. 어떤 시간에 전력 수요를 충당하기 위해 LNG발전기를 마지막으로 가동하면 그 전부터 발전한 모든 발전기에도 87원을 준다. 그러면 원자력은 83원, 석탄은 74원, 유류는 35원의 '횡재(windfall)'를 얻게 된다. 2021년의 경우 가장 비싼 LNG 발전이 SMP의 90.2%를 결정했다. 이는 횡재가 늘 발생하고 있다는 의미다.

이러한 SMP 제도는 1990년 전력산업을 민영화한 영국에서 도입했는데, 당시 영국은 자국 내에서 원자력, 석탄, 석유, LNG가 다 생산되므로 장기적으로 시장에서 균형가격이 형성될 것으로 보고 이 제도를 도입했다. 그러나 영국에서도 SMP를 시행하면서 여러 제도적 결함이 속출하자 결국 2001년 폐지했다. 그런데 우리는 2001년 이 제도를 도입해 지금까지도 운영하고 있다. 문제가 많음에도 근본적인 개폐(改廢)를 못하고 계속해서 수정·보완만 하고 있다.

대표적으로 한전 발전 자회사인 한국수력원자력과 석탄 발전사에 횡재가 몰리다보니 2008년에 이들의 이익을 강제로 빼앗는 '정산조정계수'를 도입했다. 2022년에는 러시아-우크라이나 전쟁으로 LNG가격이 급등하자 SMP가 290원까지 올라가 발전사 이익을 환수하는 'SMP상한제'를 마련하기도 했다. 포스코홀딩스의 삼척블루파워 투자와 삼성물산의 에코파워 투자(강릉)도 이러한 '횡재(!) 시스템'을 보고 결정한 것이다.

문제는 또 있다. 발전 하루 전 SMP가 결정되는데, 다음날 실제 발전과 차질이 생겨 보상해준 돈이 2019년의 경우 무려 1조2500억 원이나 되었다. 이러한 비용은 앞으로 이런저런 명분을 만들어 줄일 계획이다. 시장을 만들어 놓고 반(反)시장 행위가 일상화되고 있는 것이다.

더 큰 문제는 순수 토종 발전인 재생에너지가격도 SMP와 연동되어 있다는 점이다. 재생에너지 확산을 위해 도입된 제도가 RPS(대규모 전력 생산자의 재생에너지 의무 생산량)와 PPA(한전을 통한 재생에너지 거래 계약)인데, 두 제도 모두 가격이 SMP에 각종 부대비용을 부가하는 방식으로 결정되고 있다.

RPS 해당 발전사는 직접 재생에너지를 생산하기도 하지만 대부분의 전기를 REC(재생에너지 인증서)를 구입해서 충당한다. 1RPS가격은 'SMP+1REC'로 구성된다. 또한 기업은 RE100을 충족하기 위한 수단으로 PPA를 이용하게 되는데, PPA가격은 '계약단가+망이용료+전력산업기반기금+제비용'이 된다. 이때 계약단가는 'SMP+REC'가 기준이 되고, 망이용료는 한전의 기존 비용보다 2배 가까이 비싸게 부과된다. 이렇게 불안정한 SMP에 연계되고 다양한 부대비용으로 재생에너지가격은 실제보다 훨씬 비싸지게 되는 것이다.

그런데, 문제점이 속출하는 SMP 제도가 전력시장의 가격결정 원리로 지속되는 이유는 왜일까? 제도 도입의 전제인 발전 민영화에 대한 미련 때문만은 아닐 것이다. 무엇보다 산업통상자원부 소속 전기위원회가 제 역할을 못하고 있기 때문이다. 전기위원회의 존재 목적은 전력산업 구조개편과 공정한 경쟁질서 조성에 있다('전기사업법' 제56조). 시장감시자의 부재도 심각한 문제이다. 담당 공무원과 국회 상임위는 2년마다 교체되니 굳이 나설 필요도 없다. 이런 가운데 복잡한 제도를 오히려 고수익 기회로 이용하는 시장참가자들은 늘고 있다.

결국 시민단체가 철저하게 분석하고 불합리한 제도를 개혁하는 행동에 나서야 한다. '구호'는 '제도'로 완성되어야 의미가 있다. 재생에너지는 반드시 가야 할 길이기 때문이다.

정부는 과연 수소경제를 원하는 걸까?

수소경제 육성 로드맵 발표 이후 놓치는 것들

지난 2022년 11월 9일 국무총리 주재로 제5차 수소경제위원회가 열렸다. 이전 정부의 에너지 정책과의 차별화가 주목을 받았던 터라, 새 정부 출범 이후 수소경제위원회가 지속된 것에 사회적 이목이 쏠렸나. 물론 2020년 제정된 '수소경제 육성 및 수소 안전관리에 관한 법률(이하 수소법)'에 따라 개최했지만, 새 정부 나름 의욕을 내비치고자 '청정수소 공급망 구축 및 세계 1등 수소산업 육성'이라는 국정과제를 제시했다. 이를 달성하기 위한 정책 방향으로 '규모·범위의 성장', '인프라·제도의 성장', '산업·기술의 성장'을 내걸었다.

그러나 이런 의욕적인 계획을 볼 때마다 정권 교체와 관계없이 떠오르는 건 에너지 정책의 일관성 결여다. 필자의 기억이 늘 '용두사미 정책'으로 새겨지는 이유다.

탄소경제에서 수소경제로의 전환

정부는 2004년을 수소연료전지, 태양광, 풍력 등 재생에너지 원년(元年)으로 선포했다. 2010년에는 5년 안에 세계 5대 재생에너지 강국으로의 도약을 선포했고, 2030년까지 국가 단위 스마트그리드 구축을 완료하겠다고 발표했다.

2023년 현재의 모습은 어떨까? 정부의 거창한 정책 발표의 현주소는 초라하기만 하다. 우리나라의 재생에너지 발전 비중은 5.8%(2021년 기준)로 경제협력개발기구(OECD) 국가 중 꼴찌 수준인데다, 스마트그리드는 도시 한 곳도 아닌 고작 1만1000세대의 시범 사업에 그치고 있다.

불행하게도 지금 정부의 수소 정책도 이 같은 전철을 밟고 있다. 무려 20여 년 전인 2003년 8월, 정부는 대통령 주재 '차세대 성장동력 보고회'를 통해 수소연료전지를 10대 차세대 성장동력산업으로 선정한 바 있다. 당시 정부는 2012년까지 2차전지 확보 세계 1위, 수소연료전지 분야 글로벌 시장점유율 15% 달성을 목표로 정하고, 전체 전력생산량 중 재생에너지 발전 비중을 8.4%까지 늘리기로 했다.

이어 2년 뒤인 2005년에는, '친환경 수소경제 구현을 위한 마스터플랜'

▶ 수소경제 이행 계획 주요 내용

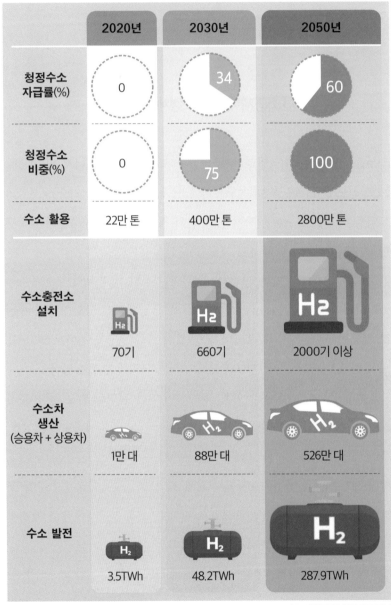

	2020년	2030년	2050년
청정수소 자급률(%)	0	34	60
청정수소 비중(%)	0	75	100
수소 활용	22만 톤	400만 톤	2800만 톤
수소충전소 설치	70기	660기	2000기 이상
수소차 생산 (승용차 + 상용차)	1만 대	88만 대	526만 대
수소 발전	3.5TWh	48.2TWh	287.9TWh

자료: 산업통상자원부(2021년)

을 통해 2013년까지 스택(stack, 연료전지를 여러 장 겹쳐 쌓아 놓은 묶음으로 여기에 수소를 주입하면 전기와 물이 생성된다), 운전장치, 수소탱크 등 모든 기술 국산화를 목표로 세웠다. 여기에는 수소연료전지 자동차를 2020년까지 200만 대, 2030년까지 500만 대, 2040년까지 국내 전체 자동차의 절반(54%)에 해당하는 1250만 대를 보급하겠다는 목표도 포함되어 있었다.

이로부터 15년이 지난 2019년 1월, 정부는 또 다시 '세계 최고 수준의 수소경제 선도국가'로 도약하는 것을 목표로 '수소경제 활성화 로드맵'을 발표했다. 수소차 누적 생산량을 2018년 2000대에서 2040년 620만 대(내수 290만 대, 수출 330만 대)로 확대하고, 수소차 및 수소연료전지 글로벌 시장점유율 1위를 목표로 내걸었다. 수소차 충전소도 2018년 14개에서 2022년 310개, 2040년 1200개소를 설치한다고 발표했다. 연간 수소공급량도 2018년에는 탄소연료에서 추출하는 그레이수소 13만 톤이지만, 2022년에는 수전해를 활용한 그린수소 47만 톤, 2040년에는 해외생산 포함 그린수소 526만 톤 공급을 목표로 했다.

탄소경제에서 수소경제로의 전환을 위한 정부의 노력은 다행히 진행 중이다. 세계 최초로 '수소법'을 제정했고(2020년 2월), 수소경제위원회를 출범시켜(2020년 7월) 정기적으로 점검도 하고 있다. 2021년 11월에는 '제1차 수소경제 이행 기본계획'을 발표했다. 그 구체적 내용을 살펴보면, 수소 공급량을 2020년 22만 톤에서 2030년 400만 톤(그린수소 25만 톤, 블루수소 75만 톤 포함), 2050년 2800만 톤으로 늘린다. 국내에서 500만 톤(그린수소 300만 톤, 블루수소 200만 톤)을 생산하고 나머지 2300만 톤은 해외에서 수입한다는 계획이다. 동시에 그린수소 생산단가도 2030년에 1kg당 3500원, 2050년에는 2500원을 목표로 설정했다. 현재 국내 그린수소 생산단가는 1kg당 1만1895원(2020년 기준)인데, 2026년 생산량 1000톤을 목표로 준비 중이다.

기후위기 극복을 위한 유일한 수단

수소경제는 인류가 에너지를 사용하는 데 있어 단연코 궁극적 목표가 되어야만 한다. 산업혁명을 계기로 시작된 탄소경제가 물질문명 발달과 함께 기후위기를 초래했다면, 이제는 수소경제가 물질문명을 유지해가면서 기후위기를 극복할 유일한 수단이 되었다. 지구가 탄생할 때 태양, 바람, 물, 공기가 모든 생물체를 생장시켰듯이, 수소가 병든 지구를 치유하고 생명체를 생장시킬 수 있다.

당장 우리에게 선결과제로 다가온 탄소중립과 이를 달성하기 위한 재생에너지도 궁극적으로는 수소경제로 가기 위한 중간 단계이다. 그리고 수소경제 중에서도 '그린수소' 경제가 목표가 되어야 한다. 화석연료에서 수소를 추출한 그레이수소나 여기서 발생하는 탄소를 포집해 만든 블루수소가 대안이 될 수는 없기 때문이다.

그렇기 때문에 재생에너지 활성화가 우선시 되어야 한다. 재생에너지가 있어야 전력 사용과 수전해를 이용한 그린수소 생산이 가능하기 때문이다. 이런 과정을 거쳐 종국에는 산업경쟁력을 갖춘 수소경제를 달성해야만 한다.

하지만 지난 20년간 추진된 정부의 재생에너지 및 수소경제 정책은 신뢰하기가 어렵다. 재생에너지는 제자리걸음인데다, 수소경제 달성 목표는 늘 세계 최강을 외치면서도 실질적 기술 수준은 세계 평균에 한참 뒤쳐진 상태이다. 그 결정적 이유는 그린수소를 생산할 재생에너지가 없기 때문이다.

도대체 재생에너지는 왜 없는 걸까? 실질적으로 재생에너지를 필요로 하는 '시장'이 없기 때문이다. 당장 RE100(재생에너지로 전력 100% 생산)도 해야 하는 상황에서 시장이 형성되지 못하는 건(수요가 없는 건), 한국전력이 송·배전망을 독점해 송·배전 요금이 소비자 부담 수준보다 비싸기 때문이다. 이러한 이유로 현재 재생에너지를 PPA(전력시장을 통하지 않고 생산자와 소비자가 직거래, 135쪽)로 구매하면, 송·배전 요금은 기존보다 거의 2배가량 비싸진다. 다시 말해 시장이 형성되려면 송·배전 요금을 기존과 같게 해 전기 소비자의 부담을 줄여줘야 한다.

하지만 정부는 시장 형성에 있어 미동조차 보이지 않고 있다. 그 이유는 그동안 비교적 성공적이었다고 자부하는 정부 관료들의 잘못된 믿음 때문이다. 그 믿음은 경제성장 시기에 전력 공급을 목말라하며 수요가 있던 시절에서 비롯된 것이다. 그때는 늘 전기가 부족했었다. 하지만 당시의 전기는 탄소에 관심 없던 시절, 탄소를 배출하는 탄소전기였다. 그래서 가장 저렴한 에너지원으로 생산한 전기부터 공급하는 '경제급전'

이 가능했던 것이다.

그런데 미세먼지가 이슈로 부상하면서, 환경에 부정적 영향을 주는 에너지원을 배제하자는 '환경급전'이 중요해졌다. 석탄발전을 줄이고 액화천연가스(LNG)발전을 늘렸다. 우리에게는 갑작스러웠을지라도, 선진국들은 이미 재생에너지로 전력을 공급하는 '청정급전'으로 가고 있었다. 그리고 그 과정에서 선진국들은 탄소전기보다 청정전기가 더 싸지는 '그리드 패리티'를 달성했다. 당연히 RE100을 주장하고, 탄소국경조정제도(CBAM)도 앞장서 추진하고 있다. 자국 산업(기업)에 더 유리하기 때문이다.

해외 투자자들이 삼성전자에게 한국형 RE100을 요구하지 않는 이유도 이와 같다. 자기들의 재생에너지 인증서(REC)를 구매하라는 것이다. REC 구매는 RE100 이행 수단 가운데 하나다. 이러한 제안이 오히려 삼성전자에게는 더 좋을 수 있다. 국내 REC보다 훨씬 저렴하기 때문이다. 이미 국

▎ 에너지의 시대적 변천사

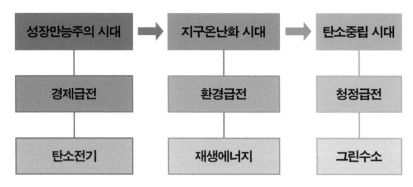

내 대부분의 글로벌 기업들은 REC의 상당 부분을 해외 REC로 채우고 있다. 국내에는 REC가 거의 없는데다, 있다 해도 양도 적을 뿐더러 한국전력이 너무 비싸게 받고 있기 때문이다.

여건이 이렇게나 바뀌었는데도 정부는 과거의 전력 부족 시대의 정책을 마중물인 양 부으면서, 여기에 펌프질을 하면 에너지가 콸콸 나올 것으로 착각하고 있다. 전기는 가격 이외에 어떠한 제품 차별화 요인도 없는데, 정부는 '시장'도 없이 정말로 이 마중물로 '세계 최강'이 가능하다고 여기는 걸까?

시장도 없이 세계 최강이 가능할까?

에너지산업의 패러다임도 크게 바뀌었다. 재생에너지는 기상조건으로 인한 변동성과 간헐성이 매우 크다. 원료를 안정적으로 공급해 생산하는 전기하고는 차원이 다르다. 따라서 재생에너지는 기후를 최대한 정확하게 예측해 전기 생산량을 적절하게 판단하고, 전기 소비자들의 소비 패턴을 치밀하게 분석해 들쭉날쭉한 전력 생산량과 소비 패턴을 연결하는 게 중요하다.

이를테면, 양방향 정보(빅데이터)를 클라우드에 모아 인공지능(AI)을 통해 수급을 일치시켜주고, 그 사이 간극은 에너지저장장치(ESS)로 조정하는 식이다. 소위 4차 산업과의 융합을 활용하는 것이다. 이를 가장 기본적

▼ 2050 글로벌 수소 소비량 전망

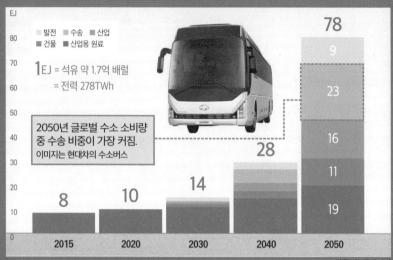

EJ

- 발전
- 수송
- 산업
- 건물
- 산업용 원료

1EJ = 석유 약 1.7억 배럴
= 전력 278TWh

2050년 글로벌 수소 소비량
중 수송 비중이 가장 커짐.
이미지는 현대차의 수소버스

연도	값
2015	8
2020	10
2030	14
2040	28
2050	78 (9 / 23 / 16 / 11 / 19)

자료: SNE리서치

▼ 수소경제 진입 효과

에너지 수요 비중	연간 CO_2 저장	연간 시장가치 창출	누적 고용 효과
약 18%	60억 톤	2.5조 달러	3,000만 개

자료 : 현대차그룹

으로 구현한 게 바로 스마트그리드다. 하지만 우리는 시장이 없어 추진조차 못하고 있다.

패러다임 변화에 적응하더라도 산업 융합을 통한 신성장산업으로 육성하려면 엄청난 투자가 필요하다. 누가 투자에 나설지가 관건일 텐데, 정부 예산이나 한전 자금으로는 불가능하다. 결국 민간이 나서야 하는데, 시장을 만들어줘야만 가능한 일이다. 대부분의 OECD 국가들은 이렇게 해서 그리드 패리티도 달성했고, 그린수소 기술도 앞서가고 있는 것이다.

그리고 다시 한 번 강조하건대, 정책의 일관성이 수반되어야 한다. 하지만 지금은 정책을 일관되게 추진하고 점검받는 제도(기구)조차 없다. 2년마다 정책 담당자와 국회 상임위원회가 바뀌는 것도 문제이다. 전문적인 관리와 독립된 기관은 아무리 강조해도 지나치지 않다.

불행하게도 이번 정부에서도 희망을 접어야 할 것 같다. 새 정부 인수위원회 보고서에 있던 '전력 정책 독립규제기관 도입' 약속이, 불과 9개월 만에 나온 제10차 전력산업기본계획에서 희미해지고 있기 때문이다. 우리나라만 독립된 기관이 없는데도 말이다.

철강의 구원자들

그린수소와 수소환원제철에 관하여

2019년 말 전 세계를 강타한 코로나19로 사람과 물자의 이동이 제한되자 세계 각국 경제에 비상이 걸렸다. 우리나라도 예외가 아니었다. 정부는 2020년 4월 22일 대통령 주재 제5차 비상경제회의를 열어 기업 지원 대책을 발표했다. 이날 발표한 내용은, 은성수 금융위원장이 보고한 '일자리를 지키기 위한 기업안정화 지원방안'이었다.

이미 정부는 100조 원 이상의 '민생 · 금융 안정 패키지 프로그램'을 통해 대응하고 있었다. 그러나 계속된 경제 위축으로 기업들의 연쇄 도산 위기까지 대두되자 기업 안정화 목적으로 40조 원 이상의 기금을 추가로 마련하겠다고 발표했다. 기금의 지원 대상은 항공, 해운, 조선, 자동차, 일반기계, 전력, 통신 등 7대 기간산업이었다.

국가대표 기간산업의 추락

그런데 이날 발표에서 기간산업의 대명사로 불리던 철강, 정유, 석유화학 등 3대 산업은 빠져 있었다. 해당 산업들은 몇 가지 공통점이 있는데, 우선 원료를 100% 수입하는 소재산업인데다 생산제품의 절반 이상을 수출해야 한다. 자본집약 산업으로 저고용·고임금 구조를 취하고 있으며, 자동차 같은 전방산업에 비해 저부가가치라는 점도 동일하다. 또 막대한 물동량으로 안전한 해상운송을 신경 써야 하는 지정학적 리스크 부담이 매우 크다는 지적도 있다. 공교롭게도 이들 3대 산업은 제조 과정에서 오염물질을 대량 방출하는 치명적인 난점까지 다르지 않다.

사정이 이렇다보니 그간 정부(기획재정부)는 이러한 소재산업은 산업안보상 필요한 규모만큼만 유지하고 그 이상은 구조조정의 필요성을 늘 염두에 두고 있었던 것으로 보인다.

그 당시 발표가 난 직후 철강업계가 받은 충격은 컸다. 오늘날 우리나라가 세계 10대 경제강국이 된 것은 철강과 전력의 뒷받침이 있었기에 가능했다고 철강업계는 믿어 왔다. 실제로 철강산업의 전방효과는 3.08(석유화학 2.17, 자동차 1.1), 후방효과는 1.4(자동차 1.29, 조선 1.21)로 다른 어떤 산업보다 국민경제 기여도가 높다.

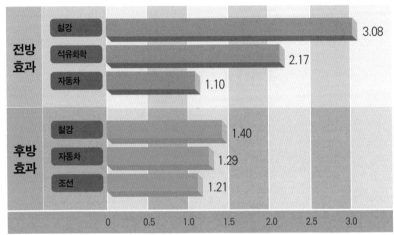

▼ 철강산업 전·후방 효과

전방효과		
철강		3.08
석유화학		2.17
자동차		1.10

후방효과		
철강		1.40
자동차		1.29
조선		1.21

0   0.5   1.0   1.5   2.0   2.5   3.0

자료: 산업연구원

철강산업은 이러한 정부의 인식 변화와 함께 엎친 데 덮친 격으로 새로운 위기를 맞았다. 바로 '탄소중립'이라는 패러다임의 전환이다. 2021년 기준 철강산업의 온실가스 배출량은 국가 전체 배출량의 19.7%를 차지한다. 이 중 대부분은 철강 생산의 70%를 차지하는 일관제철소 용광로에서 연료와 원료로 사용하는 석탄(코크스)에서 나온다.

다행히 철강산업이 탄소중립을 달성할 수 있는 기술적 대안은 있다. 철광석에 함유된 철과 산소를 분리시키는 환원제를 탄소 덩어리인 석탄 대신 수소로 사용하는 '수소환원제철 기술'로, 현재 상용화를 앞두고 있다. 환원제로 쓰이는 수소는 재생(무탄소)에너지로, 물을 수전해(수소와 산소로 분리)한 그린수소이다.

하지만 우리는 이러한 그린수소 확보가 사실상 불가능하다. 2021년에 발표한 산업통상자원부의 '제1차 수소경제 이행 기본계획'에 따르면, 2050년 국내 수소 필요량 2800만 톤 가운데 국내 생산량은 화석연료에서 추출한 블루수소 200만 톤과 그린수소 300만 톤이 전부다. 나머지 2300만 톤은 해외에서 수입해야만 한다. 그런데 국내 제철소에서 코크스 대신 필요한 그린수소만 해도 약 400만 톤이다. 정부 계획대로라면 제철소에서 필요로 하는 그린수소는 대부분 수입해야 한다.

　수입한 수소를 사용하려면 먼저 기체 상태의 수소를 영하 253도로 액화시켜야 하는데, 이 과정에서 벌써 수소 에너지의 35%가 소모된다. 이 때문에 그린수소를 영하 33도로 낮춰 그린암모니아(NH_3)로 변환시킨 후 운송하는 방법이 가장 유력한 대안으로 거론된다. 이렇게 그린암모니아로 혼합한 후 '저장 → 선박운송 → 하역(저장) → 암모니아와 분리 → 운송 → 제철소 저장 → 사용'의 단계를 거쳐야 한다. 한마디로 엄청난 물류비용이 들고 이 과정에서 에너지 손실도 많아 수입 그린수소를 사용한 철강은 경쟁력이 떨어질 수밖에 없다.

탄소는 뱉고 물은 삼킨다!

한편에서는 철광석과 재생에너지가 풍부한 호주나 브라질에서 그린수소를 환원제로 해서 생산한 HBI(주먹 크기의 무쇠 덩어리)를 수입하자는 방안도 나오고 있다. 보통 철강생산 공정은, '철광석(코크스) 용해 → 무쇠 덩어리(Iron) → 제강(Steel) → 슬라브(장방형의 두꺼운 철판) → 후판·열연·냉연 강판'으로 이어진다. 후판은 선박건조·고층건물·교량 등에 사용되고, 열연 강판은 각종 건축물과 기계산업에, 냉연 강판은 자동차·건물 내장재·가전제품 등에 사용된다.

국내 철강산업 경쟁력의 50%는 다양한 연료와 원료를 조합해 무쇠를 만드는 과정에서, 30%는 필요로 하는 철강 소재의 성분을 만드는 제강에서, 20%는 나머지 공정에서 나온다. 한국의 철강산업이 세계 최고의 경쟁력을 유지하는 것은 연료 및 원료의 투입부터 최종 제품까지 한 공장에서 일관되게 생산하면서 공정별로 최고 기술을 보유하고 있기 때문이다.

그런데 우리나라에 그린수소가 없어 해외에서 HBI를 수입해야 한다면 철강 경쟁력의 50%는 사라지게 된다. 특히 철광석을 그린수소로 환원해 생산하는 초기에 '수소 HBI' 생산기술을 해외에 의존한다면 경쟁력 대부분을 상실하는 것과 다르지 않다.

문제는, 자원보유국은 물론이고 자금을 무기로 한 종합상사들이 이미 발 빠르게 움직이고 있다는 사실이다. 철광석 산지 인근의 광활한 부지에서 태양광 전기를 생산하고, 그린수소를 만들어 수소환원제철로 쇳물에서 슬라브까지 생산할 계획을 세우고 있는 것이다. 해수담수화 기술이 발전해 수전해에 필요한 물 확보가 쉽다는 건 그들에게 있어서 더없이 유리한 조건이다. 반대로 우리나라 철강산업 경쟁력의 80%는 날아가게 된다.

연쇄 작용으로 국내 제철소 종사자의 절반 이상은 일자리를 위협받게 될 것이다. 후방산업의 위축에 이어 자동차·조선·기계 등 전방산업

철강산업의 온실가스 배출량은 국가 전체 배출량의 19.7%를 차지한다. 이 중 대부분은 철강 생산의 70%에 해당하는 일관 제철소 용광로에서 연료와 원료로 사용하는 석탄(코크스)에서 나온다. '탄소중립의 방해자'란 주홍글씨가 철강에 붙여진 이유다.

의 경쟁력 또한 급격히 상실될 것이 뻔하다. 보통 고객사는 철강사와 자동차 강판의 경우 신차 기획 단계에서부터, 조선은 수주를 할 때부터 소요 철강재 개발을 협의하고 시생산과 테스트 과정을 반복한다. 이러한 EVI(Early Vendor Involvement) 과정을 통해 고객은 최고의 제품을 가장 저렴하고 원하는 타이밍에 공급받게 된다. 하지만 이제는 이런 강점이 사라지는 것이다. 국내 기간산업들이 무너지는 건 시간문제다.

과연 철강의 위기는 기회가 될 수 있을까?

세계는 이미 '탄소국경제도(CBAM)'와 '인플레감축법(IRA)'으로 자국 최우선의 보호무역 시대에 진입했다. 자국 기술력 확보에 속도를 내야 하는 이유다. 수소환원제철 기술의 경우 소요되는 자금만 약 68조 원으로 추정되는데, 당장 이 막대한 자금을 확보하는 것부터 쉽지 않다.

가령 국내 철강업계 1위 포스코의 경우도 자금 조달이 아주 어렵게 됐다. 2022년 1월 지주회사(포스코홀딩스) 출범 당시 주주들은 자회사 포스코의 상장(기업공개)을 강력하게 반대했다. 물적분할에 따른 주주가치 하락 때문이다. 결국 지주회사 출범 후 자회사 포스코를 상장하지 않겠다고 정관에 명시했고, 수소환원제철에 필요한 천문학적 금액은 대부분 차입으로 조달해야 하는 상황에 처했다.

예산 지원마저 각박하다. 철강산업을 경시하는 정부의 인식이 여실히 반영된 탓이다. 미국은 10년간 4000억 달러(460조 원) 지원, EU는 2030년까지 그린딜 기금 1조 유로(1300조 원) 조성, 일본은 탄소중립 기금 2조 엔(21조 원) 조성을 발표했다. 우리 정부의 지원 규모는 저탄소·친환경 철강을 위해 2030년까지 1414억 원, 수소환원제철 R&D에 2023년부터 3년간 269어 원에 불과하다.

정부가 편파적으로 산업용 전기요금을 인상시켜 철강사들의 경제적 부담을 키운 것도 지적하지 않을 수 없다. 평소에도 산업용 전기요금은 평균 이상을 부담하고 있었는데, 2022년 10월 전기료 인상 당시 산업용 고압전기는 일반용(2.5원/kwh)보다 5배 비싼 11.7원/kwh을 올렸다. 불경기일 때 부담할 여력이 있다면 더 부담하는 건 감당해야 할 몫이겠지만, 원칙 없이 강압적으로 떠넘기는 식은 곤란하다.

고철 정책이 해방 이후 지금까지 수십 년 째 제자리걸음인 점도 되짚어야 할 문제다. 수명을 다한 철은 탄소환원 과정이 필요없기 때문에 재활용할 경우 이산화탄소가 발생하지 않는다. 전 세계는 이런 고철을 중요 자원으로 여기고 있다. 이미 고철 보유국은 수출을 통제하고 있을 정도다. 그러나 우리는 아직도 고철을 폐기물로 분류해 산업자원으로 육성하지 못하고 있다(176쪽).

하지만, 리스크와 기회는 공존하기 마련이다. 위기와 기회는 동전의 양면이다. 정부에서 우려했던 철강산업의 걱정거리는 탄소중립 시대를 맞아 오히려 새로운 산업 부흥의 씨앗이 될 수 있다. 이를 결정짓는 핵심은 재생에너지와 그린수소 확보에 달려있다.

재생에너지를 육성할 경우 에너지 자립(안보)과 탄소중립도 달성할 수 있다. 이 과정에서 전력의 수요·공급을 조절하는 스마트그리드, 빅테이터와 AI를 활용하는 4차 산업과의 융합을 통해 새로운 산업이 육성될 수 있다.

또한 국내에서 그린수소를 활용한 수소환원제철 기술 활용이 가능하게 된다면 철강산업과 연관 산업의 경쟁력도 함께 유지될 것이다. 2050년까지 국내 그린수소 생산량을 기존 계획량 300만 톤에서 최소한 1000만 톤 이상으로 높여 에너지 자립률을 높임으로써, 국내 수소환원제철이 경쟁력을 갖도록 해야 한다. 적어도 수입 제비용이 포함되는(CIF) 그린수소보다는 국산(EXW) 그린수소가 경쟁력을 가질 수 있도록 하는 것에 정책의 초점을 맞춰야 한다.

▶ 수소산업 밸류체인

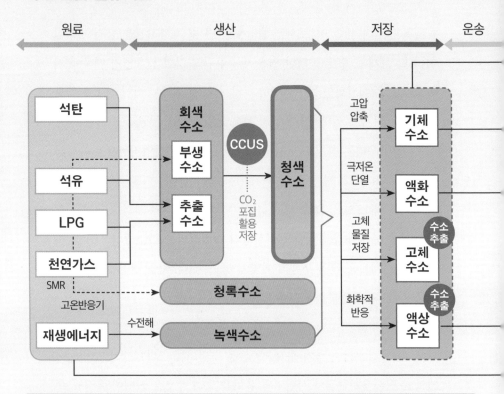

▶ 2050년까지 국내 수소 공급량 계획

300만
그린수소

200만
블루수소

단위 : 톤
총2800만

2300만
해외 수입

그린수소

태양광이나 풍력 등 재생에너지에서 나온 전기로 물을 분해하여 생산함에 따라 탄소가 배출되지 않는 친환경 수소. 현재는 생산단가가 높아 경제성이 취약하지만 궁극적으로 가야할 목표.

블루수소

이산화탄소 포집·활용·저장(CCUS) 기술을 활용해 탄소를 포집함으로써 탄소 배출 감축. 탄소 배출을 60% 가량 절감하고 그린수소에 비해 경제성이 있지만, 미래의 대안이 되기에는 부적합.

자료: 제1차 수소경제 이행 기본계획(2021년)

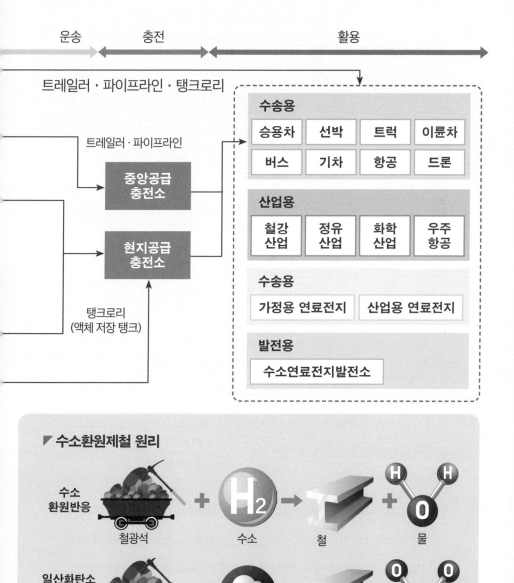

트레일러 · 파이프라인 · 탱크로리

트레일러 · 파이프라인

중앙공급
충전소

현지공급
충전소

탱크로리
(액체 저장 탱크)

수송용

승용차	선박	트럭	이륜차
버스	기차	항공	드론

산업용

철강 산업	정유 산업	화학 산업	우주 항공

수송용

가정용 연료전지	산업용 연료전지

발전용

수소연료전지발전소

▶ **수소환원제철 원리**

수소
환원반응

철광석 + H₂(수소) → 철 + H₂O(물)

일산화탄소
환원반응

철광석 + CO(일산화탄소) → 철 + CO₂(이산화탄소)

재생에너지가 살 길은 한전의 전력망 개방에 달렸다!

**'전망의 덫'에 걸린
재생에너지의 역발상 전략**

정부는 지난 2023년 1월 12일 제10차 전력수급기본계획(기본계획)을 공고했다. 2년마다 수립하는 기본계획은 향후 15년의 중·장기 전력 수요를 예측하고, 그에 맞는 전력 설비와 전원 구성, 전력 계통, 전력시장 운영계획 등을 담는다.

당시 발표가 초미의 관심사였던 이유는, 문재인정부가 수립한 제9차 기본계획(2020년 12월)과 '2030 국가온실가스 감축 목표(NDC) 상향안'(2021년 10월)에서 원자력 발전 비중을 크게 줄이고, 재생에너지를 확대했던 것이 논란이 되었기 때문이다. 문재인정부의 제9차 기본계획과 NDC 상향안은 한마디로 '탈(脫)원전' 레토릭에 지나지 않았다. 탄소중립 목표 달성은커녕 재생에너지 목표 달성도 현실적으로 불가능하다는 비판이 거셌던 이유다.

'전망'이 아니라 '전략'!

그렇다면 제10차 기본계획은 어떨까? 윤석열정부는 '2030년 전원별 발전량' 비중을 2030 NDC 대비 원자력은 23.9%에서 32.4%로 8.5%포인트 늘리고, 재생에너지는 30.2%에서 21.6%로 8.6%포인트 낮췄다. 석탄은 21.8%에서 19.7%로, LNG는 19.5%에서 22.9%로 조정함으로써, 탄소 배출이 많은 석탄 발전 감축 기조는 유지했다. 달라진 건 원전 비중은 늘리고 재생에너지 비중은 낮췄다는 점이다.

재생에너지 확대는 누구도 반대하지 않는, 미래 세대를 위해 반드시 가야 할 방향이다. 탄소 배출을 줄여 궁극적으로 탄소중립을 달성하고, 에너지 자립을 위한 방편이기도 하다. 에너지 생산지와 소비지를 붙이는 '분산전원'을 위해서도 반드시 가야할 길이다.

그런데 제10차 기본계획에는 재생에너지에 대한 적극적인 '전략'이 보이지 않는다. 재생에너지에 대한 문제의식도 없고, 의지도 보이지 않는다. 정부는 재생에너지 비중을 '2030 NDC'보다 줄이면서 "주민 수용성, 실현 가능성 등을 감안해 합리적 수준인 21.6%로 조정 전망했다"고 밝혔다. '전망'이라는 표현을 썼는데, 원자력이나 석탄 · LNG와 같은 전통 에너지

연도별 최대 전력 전망

단위 : GW(10차는 사업용 전력 수요 추가)

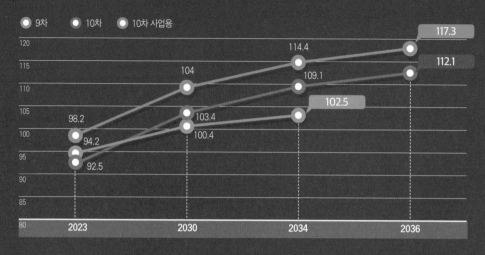

- 9차
- 10차
- 10차 사업용

연도	값
2023	98.2 / 94.2 / 92.5
2030	104 / 103.4 / 100.4
2034	114.4 / 109.1 / 102.5
2036	117.3 / 112.1

기본계획 차수별 2030년 발전량 비중 전망

단위 : %

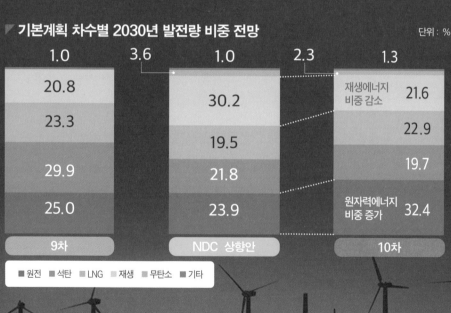

9차

- 1.0
- 20.8
- 23.3
- 29.9
- 25.0

NDC 상향안

- 3.6
- 1.0
- 30.2
- 19.5
- 21.8
- 23.9

10차

- 2.3
- 1.3
- 재생에너지 비중 감소 21.6
- 22.9
- 19.7
- 원자력에너지 비중 증가 32.4

■ 원전 ■ 석탄 ■ LNG ■ 재생 ■ 무탄소 ■ 기타

134

는 전망을 하고 '계획'을 세우면 된다.

그러나 재생에너지는 전망이 아니라 분명한 '목표'를 정하고, 그 목표를 달성하기 위한 '전략'이 필요한 분야이다. 전망은 '있는 자원을 효율적'으로 활용하면 되지만, 전략은 '목표 달성을 위해 없는 자원을 만든다'는 점에서 다르다.

21.6%라는 수치를 제시했지만, 정부를 믿기도 어렵다. 정부는 20여 년째 목표만 제시하고 한 번도 목표를 달성한 적이 없기 때문이다. 앞서 정부는 2004년을 '신재생에너지 원년(元年)'으로 선포했다. 당시 이희범 산업자원부 장관은 수소·연료전지, 태양광, 풍력 등 3대 핵심 분야 총 40개 과제에 대해 대기업과 협약을 체결하고, 400여억 원을 지원하는 '신재생에너지 기술개발 사업'을 본격 추진키로 했다(2004년 9월 21일). 2010년에는 2015년까지 40조 원을 투자해 세계 5대 신재생에너지 강국으로 도약하겠다고 밝혔다. 당시 최경환 지식경제부 장관은 구체적인 발전전략으로 태양광을 제2의 반도체, 풍력을 제2의 조선업으로 육성하겠다고 했다. 하지만 제대로 되지 않았다.

2010년에는 스마트그리드 국가로드맵을 발표했다. 지식경제부는 '스마트그리드 국가로드맵 총괄위원회'(위원장 김영학 차관)를 구성해 2030년까지 국가 단위의 스마트그리드 구축 완료를 목표로 설정했다. 현실은 어떨까? 스마트그리드는 2010~2013년 제주도에서, 2019~2022년 광주광역시 8000가구와 서울시 3000가구에서 아직도 시범 사업만 하고 있다.

지금까지 정부는 거창한 계획만 발표하고 한 번도 이에 대한 분석이나 평가, 피드백을 한 적이 없다. 그러다 보니 재생에너지 원년이었던 2004년 이후 19년 가까이 지난 지금도 재생에너지 발전 비중은 5.8% 수준에 그치고 있다. 태양광은 물론 풍력도 국내 제조 기반과 기술 경쟁력을 대부분 상실했다.

판매할 시장이 없다는 게 큰 문제

어쩌다 이렇게 됐을까? 이유는 비교적 간단하다. 재생에너지를 판매할 '시장'이 없기 때문이다. 시장이 없으니 경쟁이 없고, 경쟁이 없으니 노력할 필요가 없다. 노력을 안 하니 쇠락할 수밖에 없다.

정부도 이를 모르는 건 아니다. 정부는 매번 전기 판매시장이 원활히 작동할 수 있는 여건을 만들겠다고 장담했다. PPA(전기 생산자와 소비자 간 직거래 제도) 등 일부 전기 판매시장 활성화를 위해 노력한 흔적도 있긴 하다. 하지만 PPA마저 재생에너지에 대해서만 적용하고 있고, 이 경우 한전이 전기요금과는 별도로 전력망(grid) 이용료를 받고 있어 사실상 실적이 없는 것이다.

재생에너지 판매시장을 활성화하려면 한전의 송·배전 전력망을 개방하면 된다. 이에 대해 일각에서는 한전의 민영화라고 주장하는데, 민영화를 하라는 게 아니라 돈을 받고 민간에 빌려주라는 제안이다. 한전의 망을 민간 재생에너지 발전사업자 누구나 편리하게 이용할 수 있게 되면 민간 발전사업자 사이에 판매 경쟁이 벌어질 것이고, 이 경쟁 속에 재생에너지 발전량이나 제자리를 맴돌고 있는 ESS 관련 기술도 획기적으로 개선될 것이다. 이를테면 전기차용 배터리만 해도 경쟁이 치열해지면서 기술 발전 속도가 더 빨라지고 있다. 더불어 소비자를 위한 서비스의 질도 좋아질 것이다. 그러나 어찌된 일인지, 정부는 한전의 전력망 개방을 망설이고 있다.

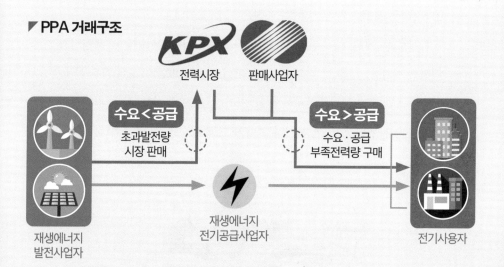

▶ **PPA 거래구조**

KPX
전력시장　판매사업자

수요<공급
초과발전량
시장 판매

수요>공급
수요·공급
부족전력량 구매

재생에너지
전기공급사업자

재생에너지
발전사업자

전기사용자

| **PPA란?** |
- 재생에너지를 이용해 생산된 전기를 전기사용자가 직접 구매하는 제도.
- 발전량이 소비량보다 많아 전기가 남으면 전력시장에 판매하고, 반대로 부족한 전기는 전력시장 또는 한전을 통해 구입.
- 현재 직접거래가 허용되는 발전원은 태양에너지, 풍력, 수력, 바이오, 지열, 해양에너지 등 재생에너지에 한정.

출처 : 산업통상자원부

이제는 반대로 생각해야 한다. 재생에너지를 어떻게 늘릴 것인지가 아니라, 재생에너지가 시장에 먹히는 방법을 만들어줘야 한다. 그러면 수요가 생기고, 이 수요는 공급을 자극시켜 수요와 공급 사이에 필요한 각종 기자재 · ESS · 플랫폼 발전으로 이어질 것이다. '판매시장'만 활성화해주면 자연스럽게 흘러갈 수 있다는 얘기다. 유럽과 미국이 2030년 목표 재생에너지 발전 비중을 70~80%까지 설정할 수 있는 것도 전력망 개방으로 민간기업 사이에 경쟁이 치열하게 벌어지고 있기 때문이다. 우선 판매시장을 활성화하고, 이를 통해 민간 발전사업자의 참여를 늘려간다면 21.5%라는 목표치가 넘기 어려운 산은 아닐 것이다.

현재 모든 에너지는 '전기'로 모아지고 있다. 가정에서는 가스레인지가 인덕션(전기레인지)으로 바뀌고 있다. 아마도 재생에너지 생산(이용)이 높아지면 난방도 전기가 대체하게 될 것이다. 수송 분야도 이미 전기화가 급속도로 진행되고 있다. 전기차 판매가 크게 늘고 있기 때문이다.

재생에너지가 늘어나면 수소전기차도 늘어날 것이다. 재생에너지로 수소를 만들면 이 수소는 제철소의 이산화탄소 주범인 코크스를 대체하는 수소환원제철(철 생산 때 석탄이 아닌 수소를 사용)도 가능해진다. 미래 세대를 위해서도 깨끗한 에너지인 전기로의 전환은 반드시 필요하다. 생각을 바꾸고, 결정을 해야 할 때다.

급성장 중인 전기차시장은 현재 모든 에너지가 '전기'로 모아진다는 말이 결코 과장이 아님을 깨닫게 한다. 그러나 전기차가 처음 등장한 건 최근의 일이 아니다. 푸조, BMW, 닛산 등 글로벌 브랜드들은 이미 수십 년 전에 전기차를 개발했지만, 화석연료차가 대세를 이루자 전기차는 '화석화'되고 말았다. 수십 년 전 어느 누가 뜨거워지는 지구표면 위에서 전기차의 시동을 걸게 될 거라고 생각했겠는가? 생각을 바꾸고 실행에 옮기지 않았다면 지금의 전기차시장은 존재할 수 없었을 것이다. '포르쉐'라는 이름이 생기기 전인 1898년 창립자 페르디난트 포르쉐는 '에거 로너 C.2 페이톤(Egger-Lohner C.2 Phaeton, 사진 왼쪽)'이란 이름의 전기차를 만들었다. 페이톤은 차체의 뒤쪽에 팔각형의 전기모터로 뒷바퀴를 굴렸다. 주행거리 79km에 배터리 무게만 500kg에 달했다. 포르쉐의 조상은 전기차였던 셈이다. 사진 오른쪽은 2022년형 포스쉐 전기차 타이칸(Taycan).

'전기요금' 혹은 '정치요금' 논쟁 [1]

전기요금에 얽힌 문제들 톺아보기

전기가 현대 인류 문명에 있어서 '피' 같은 존재라면, 전기의 흐름 즉, 전류는 '혈류'라 할 수 있다. 우리 몸에 잠시라도 혈류가 막히면 응급상황이 발생하는 것처럼, 전기가 흐르지 않으면 세의 모든 산업이 정지되면서 암흑 세상이 되고 만다.

이러한 전기는 다른 필수재와는 달리 고유한 특성을 지니고 있다. 따라서 전기에 대한 올바른 정책을 수립하기 위해서는 전기라는 재화가 가진 특성을 제대로 이해할 필요가 있다.

전기만의 고유한 특성은 다음과 같다.

① 눈에 보이지 않는 '무형재'이다.

② '대체재'가 없다. 오히려 가정의 가스레인지가 인덕션으로 전환되거나 전기차 수요가 증가하는 등 전기화가 늘어나고 있다.

③ 앞으로 에너지저장장치(ESS)가 증가하겠지만, '재고 보관'이 용이하지 않다.

④ 우리나라의 경우 전력산업 종사자들의 노력 덕분에 전압 불안정 같은 '품질 차이'가 크지 않다. 따라서 전기는 '가격'이 유일한 차별화 요소가 된다.

⑤ '수출·입'이 불가능하다. 전력산업에 대한 규제와 경쟁을 조화시켜야 하는 고도의 정책이 필요한 이유다.

⑥ 장기적으로는 전기 수요가 가격에 영향을 받겠지만, 단기적으로는 '가격이 비탄력적'이다. 전기는 가격이 싸다고 더 사용할 필요도 없고, 아무리 전기료가 비싸져도 써야 할 때는 써야만 한다.

⑦ '항상 공급'되어야 한다. 병원에서 시급을 다투는 수술을 해야 하는데 갑자기 전기 공급이 끊기면 어떻게 되겠는가. 다시 말해 써야 할 때는 반드기 써야 하는 재화이다.

⑧ '생존 필수재'이다. 인류는 전기 없이 단 한순간도 생존할 수 없는 시대가 되었다.

전기는 '인권'이다!

여러분은 혹시 고퀄리티 럭셔리 전기상품을 구입해 본 적이 있는가? 당연히 없을 것이다. 전기에는 품질 차이가 존재하지 않기 때문이다. 바꿔 말하면, 전기는 가격 말고는 차별화 요소가 없다. 전기에 관한 정책 논의의 기준이 항상 요금인 이유가 여기에 있다.

전기는 누구든 필요로 하는 경우에는 언제든지 공급받을 수 있어야 하는 재화이다. 전기의 수요가 급변하고 가격이 급등하더라도 공급에 차질

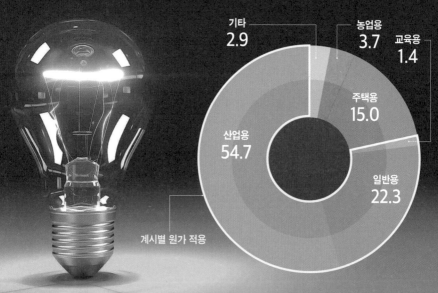

■ 국내 전기 수요 비중
(단위 : %, 2021년 기준)

기타
2.9

농업용
3.7

교육용
1.4

주택용
15.0

산업용
54.7

일반용
22.3

계시별 원가 적용

이 없도록 충분한 설비가 갖춰져 있어야 한다. 다시 말해 누구든 차별 없이 전기를 사용할 수 있어야 한다. 전기를 '인권'에 비유하는 이유다.

하지만 공교롭게도 전기는 계절별·시간별(계시별) 수요의 차이가 큰 탓에 계시별 원가 차이도 크다. 결국 전기요금 정책의 핵심은, 어떻게 하면 양질의 전기를 안정적이고 합리적이며 공평하게 공급할 것인가로 모아진다. 여기서 비롯한 원칙이 바로 '전기요금 결정 3원칙', 즉 '원가주의', '공평주의', '공정보수주의'이다.

원가주의는 전기요금에 계시별 원가를 반영해야 한다는 원칙이다. 현재는 전기 수요의 3분의2 이상을 차지하는 산업용(54.7%)과 일반용(22.3%), 교육용(1.4%)에 계시별 원가가 적용되고 있다. 나머지 주택용(15.0%), 농업용(3.7%) 등에는 적용하지 않고 있는데, 앞으로 스마트그리드를 위한 스마트계량기(AMI)가 도입되면 모든 영역에 걸쳐 계시별 원가가 적용될 것이다.

공평주의는 전기를 필요로 하는 모든 사람에게 공정하고 평등하게 적용되어야 한다는 원칙이다. 그러나 현재 공평주의는 잘 지켜지지 않고 있다. 주택용과 농업용이 대표적인데, 물가안정이나 선거를 의식해서 전기요금 인상 요인을 제때 반영하지 못하고 있고, 또한 전기차(EV), 에너지저장장치(ESS), 재생에너지 지원 등 정책적 목적에 따라 각종 특례(할인)를 남발하는 탓이다. 이 금액이 무려 연 4조 원이나 된다. 2021년 기준 한전의 적자 5.2조 원의 대부분이 특례요금 때문이었다.

공정보수주의는 일반 기업과 다른 한전만의 톡특한 원가구조에서 비롯한다. 전기, 가스, 철도 등의 망(network) 산업은 생산량을 늘릴수록 평균 비용이 감소하는 규모의 경제가 존재하므로 여러 생산자가 나누어 생산하는 것보다 하나의 생산자가 생산하는 것이 유리하다. 이러한 산업의 경우, 규모의 경제로 인해 어쩔 수 없이 독점이 발생한다고 해서 '자연독점(Natural Monopoly)'이라고도 한다.

자연독점은 반대로 경영 적자 등의 이유로 공급 차질이 생기면 다른 대체자(재)가 없어서 소비자들의 피해가 클 수밖에 없다. 따라서 원가를 책정할 때 재투자비용이 보장되도록 투자보수율(자기자본과 타인자본에 대한 적정 수익)을 보장해 주는 것이다. 이러한 것이 반영된 원가를 가리켜 '총괄원가주의'라고 부른다(58쪽). 쉽게 말해 기업이 적자가 나더라도 전력 공급을 위한 설비 재투자 예산을 보장해 주는 것이다. 따라서 원가회수율이 100%라고 하면, 여기에는 일반기업회계와 비교해서 약 5% 수준의 세후이익이 반영된 원가가 된다.

다만 총괄원가주의의 맹점은 모든 비용이 보장되므로 원가절감 노력을 아예 하지 않거나 게을리 한다는 데 있다. 일례로 과거 한전의 사장 중 한 사람은, "전기요금 인상을 못해서 적자가 나면 두부(전기)값 보다 콩(원료)값이 싸서 문제"라고만 불평했다. 자신들이 좀 더 싼 콩을 구할 노력은 하지 않는다. 총괄원가주의에 인센티브 제도를 반영하자는 주장이 나오는 배경이다. 즉, 한전의 원가절감분의 일부를 직원들에게 돌려줘 동기 부여를 해주자는 것이다.

전기요금은 전기 '세(稅)'가 아니다

전기요금은 ① 기본요금, ② 전력량요금, ③ 연료비조정요금, ④ 기후환경요금 등 4가지로 구성되어 있다. ① 기본요금은 전기공급 설비의 고정비를 회수하기 위한 것으로, 전기를 사용하든 안 하든 내야하는 요금이다. ② 전력량요금은 사용하는 전력량만큼 내는 요금이다. 이는 다시 기준연료비와 기타비용으로 나뉘는데, 전년도(2021년) 연간 연료비(석탄, 천연가스, 유류) 증감에 따라 kwh당 5원까지 인상 또는 인하하도록 되어 있다.

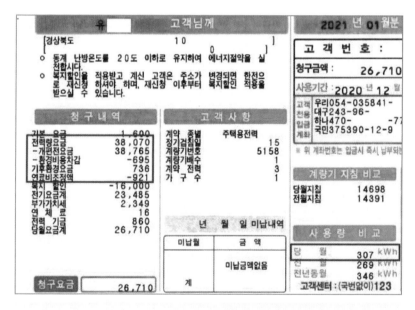

소비자가 부담하는 전기요금 =
[기본요금 + 전력량요금 + 연료비조정요금 + 기후환경요금]
+ 부가가치세(10%) + 전력산업기반기금(4가지 요금의 3.7%)

따라서 2022년 ③ 연료비조정요금은 분기별 연료비 증감에 따라 kwh당 5원까지 인상 또는 인하해야 한다. ④ 기후환경요금은 깨끗하고 안전한 전기 제공에 소요되는 비용으로 1년에 한번 조정된다. 2022년에는 kwh 당 7.3원을 부담하고 있다. 구체적으로는 재생에너지 의무구입비용(RPS), 배출권거래비용(ETS), 미세먼지가 심할 경우 석탄발전 중단 비용으로 이뤄져 있다.

한편 소비자가 부담하는 전기요금은, 이러한 4가지 요금의 합계금액(A)에 부가가치세(A의 10%) 및 전력산업기반기금(A의 3.7%)을 더해서 책정된다.

전기요금이 결정되는 과정도 중요하다. 한전은 전기요금 조정안을 만들어 이사회 승인을 받아 산업통상자원부 전기위원회(전기위)에 신청을 한다. 이때 전기위는 소비자보호전문위원회의 자문을 받아 '물가안정법'에 의거해 기획재정부와 협의한다.

문제는 관례적으로 여당과도 협의를 하게 되는데, 이 과정에서 전기요금이 이해집단의 요구를 감안하는 등 정치적으로 조정을 받는다. 전기요금이 '정치요금' 혹은 '전기세(稅)'란 별칭을 갖게 된 이유다. 즉, 전기요금은 용도에 따라 산업용, (빌딩·상가)일반용, 교육용, 주택용, 농업용, 가로등용, 심야요금 등 7가지가 있는데, 국회의원을 비롯한 다양한 이해관계자들의 민원이 개입되어 한전의 요청대로 전기요금이 결정되지 않는 것이다. 이는 다시 한전의 재정 악화를 초래하는 원인 가운데 하나로 작용한다.

표면적 단가보다 원가회수율이 중요하다

전기의 용도별 분류 방식(용도별 요금제)은 거의 모든 나라가 대동소이한데, 우리나라도 일제강점기부터 채택해 적용해오고 있다. 이처럼 전기요금의 용도별 구분이 오랜 세월 이어져온 이유는 왜일까? 한마디로 전기요금을 정책적 수단으로 이용해왔기 때문이다.

앞서 말했듯이 전기요금은 가격 말고 차별화 요소가 없다보니, 정부 입장에서는 가격으로 정책적 배려를 하게 된다. 즉, 저소득층이나 농·어민 보호 차원으로 주택용 요금과 농업용 요금을 싸게 해주고, 물가안정을 위해 어느 순간 인상을 억제하기도 한다. 또 에너지소비 절약을 위해 피크 시간대에 누진제를 도입하게 된다.

정부는 산업의 국제경쟁력을 높이기 위해 산업용 요금에도 혜택을 주었다가, 2003년부터 2013년 동안 지속적으로 인상한 바 있다. 그리고 지금은 오히려 주택용이나 농업용에 교차보조를 해주고 있다. 좀 더 구체적으로 살펴보면, 2003년부터 2013년까지 산업용 요금은 총 12회, 누계로 80.6%를 인상했다(같은 기간 주택용 요금은 6회 인상, 3회 인하 누계로 4.2% 인하했다). 지난 2022년 10월 인상 때도 주택용은 kwh당 2.5원 올린 데 비해 산업용(고압)은 거의 5배인 11.7원을 올린 바 있다.

산업용 전기의 특징은 고압전기를 사용하므로 송·배전 원가가 저렴하고 전기 수요(부하)가 24시간 일정해서 피크관리를 위한 발전소의 추가 건설을 줄일 수 있다. 반면 주택용은 저압으로 산업용보다 송전 손실이

OECD 국가별 전기요금 비교 (2020년 기준)

산업용			가정용		
국가명	$/MWh	수준	국가명	$/MWh	수준
이탈리아	185.1	170	독일	333.9	193
일본	164.3	151	덴마크	321.3	186
칠레	159.5	146	벨기에	316.2	183
영국	147.1	135	이탈리아	289.3	167
슬로바키아	146.8	135	스페인	287.7	166
독일	146.0	134	아일랜드	258.5	150
벨기에	134.9	124	일본	253.5	147
아일랜드	128.8	118	네덜란드	249.8	145
포르투갈	128.2	118	포르투갈	242.4	140
라트비아	124.3	114	영국	233.8	135
스페인	122.7	113	오스트레일리아	232.1	134
스위스	119.7	110	오스트리아	221.4	128
프랑스	117.8	108	스위스	212.0	123
리투아니아	116.9	107	핀란드	205.6	119
오스트리아	109.6	101	프랑스	199.1	115
튀르키예	105.8	97	칠레	196.2	114
체코	104.0	96	스웨덴	195.1	113
에스토니아	99.8	92	룩셈부르크	193.1	112
폴란드	98.9	91	체코	192.3	111
뉴질랜드	98.7	91	뉴질랜드	191.7	111
그리스	96.9	89	라트비아	191.0	111
네덜란드	96.6	89	그리스	185.3	107
한국	94.8	87	슬로바키아	182.2	105
이스라엘	93.9	86	슬로베니아	179.2	104
슬로베니아	93.4	86	폴란드	155.8	90
캐나다	90.5	83	이스라엘	153.5	89
멕시코	89.5	82	에스토니아	151.2	88
헝가리	87.7	81	리투아니아	142.9	83
룩셈부르크	81.7	75	미국	130.4	75
덴마크	80.1	74	노르웨이	125.7	73
핀란드	75.5	69	헝가리	122.2	71
스웨덴	70.5	65	캐나다	112.5	65
미국	68.3	63	아이슬란드	106.3	62
노르웨이	60.0	55	튀르키예	105.8	61
오스트레일리아	-	-	한국	102.4	59
아이슬란드	-	-	멕시코	62.9	36
OECD 평균	108.0	100	OECD 평균	172.8	100

많고 가가호호까지 전선을 연결해야 한다. 따라서 전봇대, 변압기, 계량기 설치비용과 유지보수비, 관리비, 검침 인건비 등이 추가로 발생하게 된다. 또한 주택용은 전기 수요가 계시별 변화가 심해서 피크에 대비한 예비 전력발전소 건설 비용이 증가할 수 있다.

이들 특징을 각각 송·배전 원가에 반영하면, 산업용 원가가 주택용보다 kwh당 10원 정도 더 낮다. 또한 산업용은 대량 수요(전체 전기사용량의 54.7%)로 인해 단위당 고정비가 주택용보다 역시 kwh당 10원 정도 저렴하다. 러시아-우크라이나 전쟁이 발발하기 이전, 전기요금 원가가 안정적이던 2018년 자료를 보면, kwh당 주택용은 공급원가 129.21원에 판매단가 106.87원으로 원가회수율이 82.71%였고, 산업용은 공급원가 109.04원에 판매단가 106.46원으로 원가회수율이 97.63%였다.

정부는 대체로 2010년 전까지는 산업용 전기요금을 원가보다 싸게 공급했다. 당시는 산업경쟁력을 키워야 한다는 정책적 배려로 가능했지만, 이제는 어렵게 되었다. 그럴 경우 보조금으로 간주되어 교역상대국으로부터 상계관세(CVDs, Countervailing Duties)* 판정을 받을 수 있기 때문이다.

한편, 주택용 요금 판매단가가 산업용보다 비싸기 때문에 주택용 소비자가 산업용에 교차보조해 준다고 오해하는 경우가 적지 않다. 하지만 이는 산업용 전기의 공급원가가 주택용보다 kwh당 약 20원 싸다는 사실을

---

* 수출국으로부터 장려금이나 보조금을 지원받아 가격경쟁력이 높아진 물품이 수입되어 국내 산업이 피해를 입을 경우, 이러한 제품의 수입을 불공정한 무역행위로 보아 이를 억제하기 위해 부과하는 관세를 가리킨다.

모르기 때문이다.

따라서 표면적인 단가보다는 원가회수율을 봐야 한다. 농업용의 경우 원가회수율이 47.43%에 불과해 심각한 부작용을 낳고 있다. 이를테면 국내 건고추 유통량 가운데 40% 이상이 중국산이다. 중국산이 20년 사이 40배 증가한 것이다. 가격은 국산의 절반을 좀 넘는 수준이다. 원래 건고추는 국내로 수입되기 힘들다. 270% 고관세를 물어야 하기 때문이다. 그런데 고관세를 피하는 방법이 있다. 고추를 냉동 상태로 들여와 해동시킨 후, 전기로 작동하는 고추건조기로 말려 건고추를 만드는 것이다. 냉동고추 관세는 27%밖에 되지 않는다. 심지어 요즘에는 암호화폐 채굴에도 농업용 전기가 동원된다. 농민을 보호한다고 싸게 해준 전기요금 제도가 오히려 농민에게 피해를 주는 일이 벌어지고 있는 것이다.

용도별 요금제는 지금까지 나름 제 역할을 해왔지만, 날로 부작용이 심각해지고 있다. 전문가들은 용도별 요금제를 폐지하고 원가가 제대로 반영되는 '전압별 요금제'로의 전환을 주장한다. 이 과정에서 정책적 배려가 필요한 부분은 전기요금이 아니라 다른 방법으로 지원해주면 된다. 예를 들어 저소득층에게는 에너지바우처 제도*를 확대하고, 독일의 사례처럼 자원재활용 산업에는 전기요금을 다 받되 그 절반 가까이를 별도로 보조해주는 방식도 있다.

---

* 겨울 난방비를 감당할 수 없는 생계급여 수급자 등에게 난방 에너지를 구입할 수 있는 카드 형태의 바우처(voucher)를 지급하는 제도를 말한다.

'전기요금' 혹은
'정치요금' 논쟁 [2]

전력산업 패러다임 시프트를 위한
몇 가지 제언

전력산업은 지금 당장 해결해야 할 과제도 녹록치 않지만, 그 못지않게 가까운 미래에 펼쳐질 거대한 에너지 전환국면(패러다임 시프트)을 어떻게 대비해야 할지도 큰 고민거리다. 지구 전체가 심각한 기후위기를 겪으면서 각 나라마다 재생에너지로의 전환에 촉각을 다투고 있는 이유다.

이러한 전력산업의 패러다임 시프트에서 가장 많이 회자되는 아젠다는 단연 '2050 탄소중립'이다. '2050 탄소중립'의 핵심은 현재 37%(269.6백만 CO_2eq)인 발전부분의 화석에너지원을 감축하는 것이다. 다음으로는 분산전원 확대이다. 2050년이 되면 전기 수요는 지금의 2배(1,215TWh)로 늘어나게 되는데, 송전탑을 지금의 2배로 늘리는 것은 불가능하다. 따라서 전기 수요지와 공급지를 최대한 가깝게 해야 한다. 또한 에너지 효율성도 지금 수준보다 대폭 향상시켜야 한다. 따라서 전력산업에서 가장 중요한 전기요금 정책 역시 탄소중립과 분산전원, 에너지 효율성 향상을 중심으로 수립되어야 한다. 이를 위해서 몇 가지 제도 개선이 필요하다.

전력 판매에서 소매경쟁을 더 이상 미룰 수 없는 이유

가장 먼저 바뀌야 할 것은 전기요금의 탈(脫)정치요금화다. 전기는 물과 공기 다음으로 모두에게 필요한데, '가격' 말고는 상품의 차별화 요인이 없다 보니 항상 수많은 민원 압력에 맞닥트린다. 특례요금으로 인한 손실이 연 4조 원이나 된다. 도대체 왜 이런 일이 끊이질 않을까? 공기업 한전의 '판매 독점' 때문이다.

그런데 선진국들과는 반대로 우리는 에너지산업을 새로운 먹거리로 육성하지 않아도 괜찮은 걸까? 탄소중립을 강압적으로 해도 된다면, 그래서 우리 경제가 낙후되어도 좋다면 지금처럼 전기요금을 원가에 따라 배분하는 방식으로 해도 상관없다. 하지만 이러한 방식은 글로벌 에너지 패러다임에 역행하는 길이다.

다수의 판매사업자가 시장에 진입하게 되면 다양한 옵션의 상품을 개발하게 되고, 이렇게 되면 전력산업에도 더 이상 원가에 기준한 배분이 아니라 수요와 공급에 의한 상품시장이 형성될 것이다. 그렇게 되면 전기요금에 더 이상 정치가 개입할 수 없게 되는 것이다.

한국통신을 민영화하고 경쟁체제를 도입(1994년)한 후 이동통신은 세계적인 먹거리 산업이 되었다. 휴대폰이 통신수단을 넘어 인생의 반려기기가 된 사실을 반면교사로 삼아야 한다.

소매경쟁체제 도입으로 생길 수 있는 취약계층이나 특례가 필요한 부분은 정부 예산으로 지원하거나 인센티브 시스템으로 적절하게 보완하면 된다. OECD 대부분의 나라에서 소매경쟁을 하고 있는데, 독립된 전기요금 규제기관을 두고 소비자들에게 소매경쟁 요금과 기존 요금체계 중 선택이 가능하도록 하고 있다.

▌ 주요국 전력산업 구조 비교

국가	영국	일본	독일	프랑스	한국
주요 전력회사	민영(5개)	민영(10개)	민영(4개)	국영(1개)	국영(1개)
발전	경쟁	경쟁	경쟁	경쟁	경쟁
송·배전망	독립법인	독리법인	독립법인	독립법인	미독립
소매	경쟁	경쟁	경쟁	경쟁	독점

소매경쟁이 이뤄지지 않으면 한전의 부담은 갈수록 커질 것이다. 재생에너지 발전량 목표를 달성한다고 RPS 비율을 높일수록 한전의 적자는 쌓일 수밖에 없다(2020년 약 3조 원 규모. 현 전기요금의 기후환경요금에 해당). 전력 피크수요 분산을 위해 전력 저장용 ESS 지원을 할수록 한전의 매출은 줄어든다. 재생에너지 공급을 늘이기 위해 전력 주파수 안정용 ESS를 설치할수록 한전의 적자 폭은 커질 수밖에 없다.

전력 수요의 유연성을 높이는 분산전원 확대를 위한 여러 시도들인 열부문 전환, 수소부문 결합, 수송부문 결합, 플러스 DR(Demand Response) 등은 천문학적인 자금이 소요된다. 스마트그리드는 인프라 부족으로 수천억 원을 들여서 시범 사업만 되풀이 하고 있다. 시장이 형성되지 않았기 때문이다.

소매경쟁이 도입되면 시장에서 투자가 경쟁적으로 일어날 것이다. 한국의 전기차 배터리가 세계를 선도하고 있음에도 ESS는 아직 화재 원인조차 밝히지 못하고 있는데, 이 역시 시장이 없기 때문이다. 하지만 ESS 없이는 새생에너시 확대도 분산전원도 수소연료전지 사업도 불가능하다.

독립 규제기관 설치와 전력산업기반기금 개선

전기요금의 탈정치요금화를 위해서 또 하나 반드시 필요한 것은 전기요금 책정을 위한 독립적 규제기관이다. 지금처럼 산업통상자원부 장관 중심의 전기위원회는 '협의체 행정기관'으로 사전심의 역할만 수행하고 있다. 운영경비는 주무부처에서 조달하고 있고, 상임위원은 소관부처 공무원이 겸직하고 있다. 즉, 예산과 인사의 독립이 안 되어 있다. 또한 전기요금 결정도 앞서 소개한 방식과는 달리 여당 및 국회와 협의를 통해 이뤄지고 있다. 이 과정에서 전기요금 결정 3원칙(원가주의 · 공평주의 · 공정보수주의)이 훼손되고 있다. 과도한 정치적 개입으로 인해 전기요금의 일관성, 예측가능성, 투명성이 무너지고 있는 것이다.

따라서 독립된 규제기관을 만들어서 임기, 예산, 의사결정의 자율성이 보장되도록 해야 한다. 미국, 영국, 독일, 프랑스 등 거의 모든 선진국들이 독립된 규제기관을 두는 것은 그만큼 합리적인 전기요금 결정체계가 중요하다는 것을 인정했기 때문이다. 이러한 독립된 규제기관은 전력시장 소매경쟁 도입 여부와 상관없이 꼭 필요하다.

전력산업기반기금도 전기요금 인상(소비자 부담) 요인 가운데 하나다. 기금은 사실 소비자가 부담한다. 일반 국민이 내는 전기요금의 3.7%가 기금이다. 매년 2조 원 이상 쌓여 한 때 잔액이 6조 원을 넘기기도 했다. 여유 재원이 급격히 증가하다 보니 기획재정부, 감사원, 국회 예결특위에서 적정 요율을 검토하라고 지시하지만 산업통상자원부는 요지부동이다. 이 기금은 당초 전력산업이 민영화될 경우 취약해 질 수 있는 전력산업 기반이나 공익 사업을 위해 도입되었다. 하지만 민영화가 중단됐음에도 불구하고 여전히 기금을 계속 모으고 있다.

더 큰 문제는 전력산업기반기금이 당초 목적과는 다른 용도로 사용되고 있다는 사실이다. 탈원전 정책으로 피해를 입은 전원개발(電源開發, 발전에 필요한 댐·저수지·수로 등을 설치하거나 고치는 것) 사업자의 비용 즉, 전원개발 기반 훼손에 따른 비용을 이 기금에서 보전해 줄 수 있도록 관련 법규를 개정했다. 역설적인 일이다. 논란이 되고 있는 한전공대 운영비도 이 기금으로 지원할 수 있도록 했다. 심지어 제도 초창기에는 배구협회 지원금도 이 기금에서 나갔다. 지금이라도 집행 내역 하나하나를 검수·분석해서 기금이 허투루 쓰이지 않도록 당초 취지에 맞게 시행령을 고쳐야만 한다.

그러고 보니 전력산업에 놓인 당면과제가 한둘이 아니다. 탄소중립도 달성해야 하고, 재생에너지 확대를 통한 분산전원도 만들어야 한다. 전기

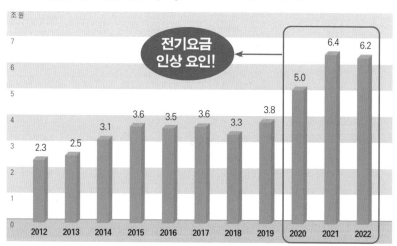

▶ **전력산업기반기금 규모 추이** 자료 : 전력기금사업단 연도별 사업계획 보고서

차 수요가 커지는 만큼 전기화 확대에 따른 에너지 효율성도 높여야 한다. 과연 이 모든 것들을 다 해결할 수 있을까? 지금으로선 장담할 수 없는 일이다.

그렇다고 늘 그래왔듯이 탁상공론만 하고 있을 수는 없다. 지금 당장 시작하지 않으면 곤란하다. 어떤 것부터 시작할 것인가? 당연히 전기요금의 소매경쟁 도입이다. 전력산업 패러다임 시프트의 성공은 투명하고 예측가능한 경쟁적 요금체계에 달려있기 때문이다.

Chapter 3

'죽음의 원소' 죽이기 게임
- 탄소중립 그리고 고철에 관하여 -

철과 산소의 21세기 잔혹사

산소에게 막대한 위자료청구소송을 당한 철의 가혹한 운명에 관한 우화

태초에 하나의 점이 약 137억 년 전 터졌다. 그로부터 10억 년 뒤 철이 태어났다. 철은 사랑하는 산소를 만나 '산화철(Fe_2O_3)'이라는 가정을 꾸리게 되었다. 모든 게 평온했고 영원할 것만 같았다. 인간이란 존재가 끝없는 욕망을 터트리기 전까지는 말이다.

운명은 가혹했다. 인간의 욕망은 가차없이 철과 산소를 이혼시켜버렸다. 인간이 철(Fe)을 이용해 자신의 욕망을 채우자, 변심한 산소는 탄소(C)를 유혹하여 이산화탄소(CO_2)를 볼모로 위자료를 요구하기에 이른 것이다.

철의 두 얼굴

지금으로부터 약 20만 년 전 아프리카에서 현생인류의 직접 조상인 호모사피엔스가 출현했다. 이들은 '이기적 유전자(Selfish Gene)'를 보존하기 위해 생존의 본능을 발휘했다. 그래서 계절에 따라, 동·식물에 따라, 그리고 식물의 성장주기에 따라 이동했다. 이로써 약 7만 년 전에는 아프리카를 벗어났고, 1만6000년 전에는 유라시아 동쪽과 연결된 베링 육교를 건너 아메리카까지 이동했다.

호모사피엔스는 1만3000년 전(B.C. 1만1000년) 드디어 세계 모든 대륙에 정착했다. 그 사이 이들은 언어를 만들어 사용하고 바퀴를 발명해 농사를 지으며 정주형(定住型) 사회를 일궈나갔다. 동물을 사육하면서 이동거리도 늘어나 100년에 72킬로미터까지 옮겨다닐 수 있었다.

이후 식량이 남아돌자 육체적인 노동은 줄이고 주로 뇌를 활용하는 존재들이 생겨났다. 그들은 도구를 개발하기 시작했다. 구석기에서 신석기로, 청동기로 기술 진보가 급격히 진행되었다. 그와 함께 이동속도도 더욱 빨라졌다. 1년에 300킬로미터까지. 하지만, 그 과정에서 쌓여가는 게 있었다. 기술 진보에 수반되는 인류의 생활은 필연적으로 환경을 오염시켰고, 오염된 환경은 기후재앙을 초래하더니 급기야 각종 바이러스를 잉태시켰다.

오늘날의 지구온난화와 코로나19에 앞서 환경이 인류의 생활에 심각한 위협을 초래한 것은 B.C. 1500년경 청동기 후기부터 시작되었다. 청동

피테르 루벤스(Peter Paul Rubens), 〈헤파이스토스〉, 프라도 미술관, 마드리드

기의 발명으로 생산성이 증대되고 도시가 세워졌다. 아울러 전문가 집단이 생겨나고 위계적인 조직이 강화되었다.

한편, 사회시스템을 유지하기 위해서는 오늘날과 같은 네 가지 문제를 해결해야 했다. 먹는 문제(식량), 생산성을 높이고 국방을 유지하는 문제(금속), 인구를 효율적으로 거주시키는 문제(도시), 땔감과 기후에 대비하는 문제(에너지). 이 중에서도 생산성을 높이고(농기구) 물류를 개선하며(바퀴) 국방력을 키우기 위해서는 금속 제련이 가장 중요한데, 이를 해결할 때마다 늘 에너지 문제가 아킬레스건처럼 발목을 잡았다. 결국 이러한 사회시스템을 유지하기 위해서는 에너지를 생성하고 공급하는 사람들이 많아지고 아울러 물자의 교류도 활발해질 수밖에 없었다.

청동은 무른 구리와 경화제인 주석을 18% 정도 혼합한 합금인데, 인류는 B.C. 4000년경 이 합금기술을 터득하게 되었다. 문제는 주석을 구하기가 어려웠다. 청동에 대한 수요가 많아지면서 주석 공급처를 찾기 위해 교역망이 유라시아 내륙으로까지 점점 확대되었다. 그리고 주석을 구하기가 갈수록 힘들어지면서 그 대체재로 '철'이 주목을 받게 되었다. 다행

왼쪽 그림 속 주인공은 그리스 신화에서 대장장이와 금속을 상징하는 신 헤파이스토스이다. 제우스와 헤라의 첫째 아들인 그는, 그리스 신화에 등장하는 대부분의 신들의 외모가 출중한 것과 달리 추남에 절름발이다. 헤파이스토스는 탁월한 세공기술로 제우스에게 번개 창을 만들어준 대가로 미의 여신 아프로디테를 아내로 맞이하지만, 부부 사이는 아내의 바람기로 바람 잘 날 없다. 그 모습이 마치 철과 산소의 관계와 닮았다. 바로크 미술의 대가 루벤스는, 헤파이스토스가 제우스에게 바칠 번개창을 만드는 장면을 캔버스에 옮겼다.

히 철은 여러 곳에 분포해 있었다. 철이 인류의 생존을 위한 필수 금속이 되는 것은 시간문제였다.

하지만 철은 좀 더 커다란 문명의 이기를 가져다준 동시에 그에 비례하는 환경오염을 초래했다. 전쟁과 평화를 상징하는 야누스처럼 철은 생산과 파괴의 두 얼굴을 지니고 있었던 것이다. 물론 철의 야누스적 속성을 끄집어낸 것은 인간의 욕망어린 솜씨였다.

거대한 숲들을 삼켜버리다

인류는 토기를 굽고 신석기 농업혁명과 청동기 시대를 거치면서 고도화된 생활과 사회질서를 유지하기 위해서 엄청난 양의 금속이 필요했다. 이는 필연적으로 수많은 숲을 훼손시키고 자정능력을 넘어서는 오염원을 배출시키는 원인이 되었다.

인류의 생활환경은 더욱 가혹해졌다. 이로 인해 페스트는 청동기 시대 내내 스텝(steppe, 대초원) 지대에서 풍토병이 되어 상업 및 전쟁 경로를 통해 퍼져나갔다. 14세기 중엽에 발생한 흑사병은 유라시아와 북아프리카 인구를 최대 절반가량 앗아가며 비탄에 빠뜨렸다. 중국 남서부의 윈난(雲南) 지역에서 발병한 것으로 추정되는 이 페스트는 유라시아 교역로를 따라 확산되었다. 오늘날의 베이징시 근처인 허베이성에서는 무려 인구의 90%가 사망했다는 기록이 전해진다.

그럼에도 불구하고 인류는 환경과 기후를 극복하면서 철(금속)과 함께 살아 갈 수밖에 없는 운명이었다. 멀게는 최종 빙하기가 끝난 1만3000년 전부터 인류가 처음으로 금속(구리)을 알게 된 B.C. 9500년경 전까지. 그리고 가깝게는 철이 산업적으로 본격 사용된 18세기 후반 산업혁명기부터 지금에 이르기까지.

인류는 구리, 납(B.C. 6500), 은(B.C. 5000), 금(B.C. 4700), 주석(B.C. 3300), 철(B.C. 2100), 수은(B.C. 1500) 순으로 금속류를 사용해왔다. 이렇게 된 데에는 원료 산지의 영향도 있었겠지만 무엇보다 열을 높이는 기술이 결정적으로 작용했다. 인류의 기술 진보가 열(熱)처리 기술의 과정이라 해도 지나치지 않은 이유다.

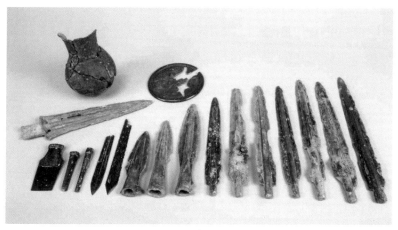

2015년 1월 충주 호암동 일대 고분에서 출토된 23~30cm의 세형동검 7점과 잔줄무늬 청동 거울(다뉴세문경) 1점, 청동 창과 도끼, 칠기편 등 유물. 이 중에서 세형동검 7점은 2000여 년 전 초기 철기시대에서 사용된 것으로 추정된다. 금속을 녹여 변형시키는 열처리 기술이 진화할수록 도구의 모양과 용도도 다양해졌음을 알 수 있다.

구리의 녹는점은 1084℃, 철은 1538℃다. 454℃를 높이는데 무려 7400년이란 시간이 필요했다. 지금은 열을 높이는데 석탄을 구운 코크스를 쓰지만, 산업혁명 이전에는 나무를 가마 속에 넣어서 구워낸 목탄(木炭)을 사용했다.

한편, 광석에서 금속을 골라내는 야금술(冶金術)을 이용하는 모든 곳에서는 어김없이 환경 파괴가 일어났다. 연료 소비는 삼림 벌채라는 심각한 문제를 유발했다. 제철소의 입지를 결정한 것은 철광석이 아니라 나무의 존재였는데, 그 이유는 먼 거리에 나무나 목탄을 운송하는 것보다 광석을 운송하는 것이 더 값쌌기 때문이었다.

산업혁명 이전 영국의 용광로 1기(당시 약 200m³. 현재는 5500m³ 규모)가 1년 동안 소비하는 목재는 약 100만m²의 숲에 해당했다. 축구장 면적이 8,250m²이니, 1년 내내 용광로 1기를 달구는 데 축구장 121개 면적의 울창한 숲이 훼손되었다. 결국 1574년경 51기였던 용광로가 1717년에는 14기로 줄어들고 말았다. 계속된 삼림 벌채로 용광로에 사용할 목재를 충당하기가 갈수록 어려워졌기 때문이다. 결국 영국은 서유럽, 스웨덴, 미국, 러시아에서 제련한 철을 수입하게 되었다.

금속 제련으로 인한 심각한 산림 훼손은 영국 등 몇몇 국가만의 문제가 아니었다. 18세기 중국 청나라의 왕태악(王太岳)이란 시인은 다음과 같은 구절을 노래했다.

"베어 쓸 나무가 더 이상 남아있지 않으니, 죄수의 머리마냥 숲은 대머리가 되었네. 벌거숭이가 되었네. 이제야 비로소 후회하네. 이젠 장작조차

구할 길이 없어졌네."

세계적인 석학 재레드 다이아몬드(Jared Diamond) 교수는 우리 시대의 고전 『총, 균, 쇠』에서 숲으로 덮여 있던 비옥한 초승달 지대*가 자멸하는 과정을 가리켜 '생태학적 자살'이라 표현했다.

"농업을 위해 개간하고, 건축을 위해 벌목을 하며, (고대의 시멘트라고 할 수 있는) 회반죽을 만들기 위해 태우는 바람에 그들 자원의 기반을 스스로 파괴하는 생태학적 자살을 저질렀다. 나무가 자라는 속도가 파괴 속도를 따라가지 못했다."

코크스, 산업혁명, 기술 진보 그리고 디스토피아?

나무가 없어서 제련된 철을 스웨덴 등 외국에서 수입하던 영국에서, 훗날 산업혁명의 매개변수가 된 '코크스(cokes)'가 발명된다. 코크스는 석탄을 1000~1300℃ 고온으로 장시간 구워서 유황성분을 대폭 낮춘 것으로, 처음에는 양조업자들이 맥아(麥芽)를 건조하는데 사용하던 기법이었다. 이를 1709년 영국의 제철업자 에이브러햄 다비(Abraham Darby)가 인류 최초로 제철 실험에 성공한 것이다.

---

*이집트의 나일 강 유역에서부터 시리아와 팔레스타인의 동지중해 지역을 거쳐 티그리스강과 유프라테스강 유역의 메소포타미아에 이르는 초승달 모양의 지역.

영국 슈롭셔 콜브룩데일에 위치한 철 박물관(Museum of Iron)에는
인류 최초로 제철 실험에 성공한 영국의 제철업자 에이브러햄 다비의
용광로(사진)가 보존 전시되어 있다. 다비의 용광로 속 코크스는
쇳물 생산지를 삼림에서 석탄 지대로 이동시켜
쇳물 생산을 획기적으로 용이하게 해주었다.

코크스(C)는 구울 때 산소(O)를 얻어 일산화탄소(CO)가 되고 철과 산소의 화합물인 철광석(Fe_2O_3)을 고로 내에서 녹이는 훌륭한 열원(熱源)인 동시에 철분(Fe)을 철광석에서 분리시키는 환원제(산소를 잃는 반응) 역할을 한다. 즉, 코크스의 일산화탄소(CO)가 철광석(Fe_2O_3)의 산소(O_3)를 가져와 철(Fe)을 남기고 이산화탄소(CO_2)를 발생시킨다. 이때 불안정 상태의 일산화탄소가 안정된 이산화탄소로 전환되기 때문에 반응열이 매우 크고, 전체 산화철의 환원반응이 쉽게 일어나서 코크스가 훌륭한 열원 역할을 하는 것이다.

목탄(C)도 공기 중에서 연소하면 이산화탄소(CO_2)를 발생시킨다. 하지만 나무는 공급이 제한적인 반면, 석탄(코크스)은 무궁무진한데다 목탄보다 열을 더 오래 유지시켜 쇳물의 이용도를 높여준다.

다비의 성공은 쇳물 생산지를 삼림에서 석탄 지대로 이동시켜서 쇳물 생산을 획기적으로 용이하게 해주었는데, 유레카! 무엇보다도 코크스는 증기 사용을 보편화하는데 필요한 연료를 제공해주었다.

증기엔진은 영국의 발명가 토머스 뉴커먼(Thomas Newcomen)이 1712년에 처음 제작했고, 이후 제임스 와트(James Watt)와 매슈 볼턴(Matthew Boulton)에 의해 상업적 규모로 발전하게 됐는데, 이는 코크스가 없었다면 불가능했다. (역사에는 가정이 없다지만) 결국 코크스 없이는 산업혁명도 생각할 수 없었을 것이다. 물론 지금보다 느린 삶을 살면서 전 지구적 이슈인 지구온난화 문제도 덜 심각했을 테지만 말이다.

생태적 진실을 외면하지 않는다!

인류의 역사는 기술과 환경 사이에 일어나는 '상호작용의 관계 변화'라고 할 수 있다. 기술은 지구의 환경 변화와 다양한 수요 변화에 발맞추어 발전을 거듭해왔다.

빌 게이츠(Bill Gates)는 최근 집필한 『기후재앙을 피하는 법』이란 책에서, "매년 배출하는 이산화탄소 510억 톤을 0으로 하기 위해서는 삶의 방식과 정부 정책의 변화도 중요하지만 무엇보다 '첨단 기술'이 필요하다"고 강조했다. 그는 이 책에서, 510억 톤의 이산화탄소를 전기 생산(27%), 제조(31%), 농·축산(19%), 교통과 운송(16%), 냉·난방(7%)으로 구분한 뒤, 각 분야에서 탄소 제로로 갈 수 있는 기술적 가능성을 소개하고 있다.

빌 게이츠의 제안 가운데 특히 주목을 끄는 부분은, 탄소 제로를 달성하는 방법으로 수많은 사람에게 필요한 제품을 전달하는 '민간시장'의 중요성을 강조하면서 그 자신(게이츠 재단)도 탄소 제로 기술을 가진 유망 기업에 지분투자를 하는 방식으로 참여한다는 것이다.

이러한 방식으로 누구보다 먼저 이익을 누리는 또 다른 인물이 바로 테슬라의 CEO 일론 머스크(Elon Musk)일 것이다. 지난 2020년 테슬라는, 7억2100만 달러 흑자를 내면서 2006년부터 15년간 이어진 적자를 탈피했는데, 탄소배출권 거래로 얻은 누적이익이 무려 13억 달러나 되었다.

이탈리아-미국 합작 자동차 회사인 FCA는, EU의 이산화탄소 배출규제량(자동차 주행 1km당 95g 이하)을 맞추기 위해 테슬라의 전기차 판매량을 자사 판매량으로 집계할 수 있는 권리를 구매하고 그 대가로 수억 유로를 지불했다. 또한 머스크는 이산화탄소 포집·활용(CCS) 기술에 1억 달러(1120억 원)를 투자한다고 밝혔다. '민간시장'은 이미 움직이고 있다!

이제 인류의 패러다임은 경제 성장에서 환경생태주의로 바뀌었다. 기술 발전도 패러다임 변화에 부응하는 과정에 있으며, 그 주도자도 국가(지배자)에서 민간으로 옮겨가고 있다. 기후재앙의 원인인 이산화탄소가 역으로 인류를 먹여 살리는 21세기 '신 코크스'로 변하고 있는 것이다.

철은 더 이상 환경 부담을 주지 않으면서 인류와 함께 공존할 수 있을까? 결론적으로 말하면, 가능성은 열려있다. 생태적 진실을 외면하면서는 살아갈 수 없다는 것을 인간은 이미 깨달았고, 앞으로 무엇을 해야 하고 또 무엇을 하지 말아야 할지 알고 있다.

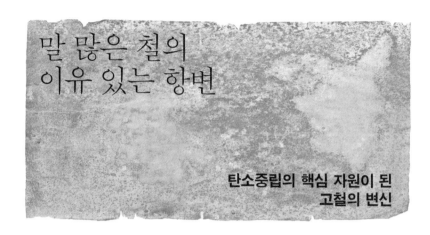

말 많은 철의
이유 있는 항변

**탄소중립의 핵심 자원이 된
고철의 변신**

1941년 12월 7일 일본은 선전포고도 없이 하와이 진주만 미군 기지를 기습 공격했다. 일본의 공습 배경으로 꼽히는 것이 일본의 중국 침략과 인도차이나 반도 진주를 계기로 미국이 취한 석유와 고철 수출 금지 등 경제제재 조치였다. 석유야 그렇다 치더라도, 고철이 전쟁의 이유였다니?

　그러나 철강산업이 지금처럼 발달하지 않았던 당시만 해도 고철은 전투기와 대포 등 무기 생산의 핵심 물자였다. 일제 말기 조선 땅에서 무자비한 쇠붙이 강탈이 진행됐던 것도 그 여파였다. 당시 일본은 하와이의 미군 기지를 무력화시켜서 필리핀에 주둔한 미군을 고립시키고 동남아시아의 자원을 활용할 목적으로 기습 공격을 감행했던 것이다. 하지만 이를 계기로 미국은 중립을 깨고 태평양전쟁에 참전하게 되었고, 결국 일본은 패망의 길을 걷게 된다.

태평양전쟁의 트리거

그로부터 80여 년이 지난 지금 전 세계에는 '제2의 고철전쟁'의 전운이 감돌고 있다. 이번에는 총성 없는 전쟁인데 그 배경은 다름 아닌 '2050 탄소중립'이다. 2050년 실질적 탄소배출량 제로를 달성하기 위해서는 지금부터 탄소 배출을 줄여나가야 한다.

우여곡절 끝에 국회 환경노동위원회 문턱을 넘어 2021년 9월 24일에 제정·공포된 '탄소중립기본법'에 따르면, 2030년 국가 온실가스 감축목표(NDC)가 2017년 대비 24.4%에서 2018년 대비 40% 이상으로 대폭 상향됐다. 이산화탄소 배출량이 많은 철강산업에 이 문제는 발등의 불이다. 현재까지 철강 생산의 주된 공법인 용광로 공법은 원료로 철광석과 함께 석탄을 구운 코크스(cokes)를 사용하기 때문에 막대한 양의 이산화탄소를 배출한다.

그런데 코크스 대신 고철을 사용할 경우 얘기가 달라진다. 고철을 사용하는 전기로 공법은 전기의 아크열로 고철을 녹이므로 이산화탄소 발생을 최소화 할 수 있다. 전기로로 철강을 생산할 때 발생하는 이산화탄소 비중은 용광로 공법의 20% 수준에 불과하다. 하지만, 우리나라의 국

막 오른 제2의 고철전쟁

▶ 철강 생산 대국 중국의 전기로 생산 비중 증대 계획

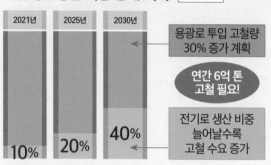

- 용광로
- 전기로

2021년	2025년	2030년
10%	20%	40%

용광로 투입 고철량 30% 증가 계획

연간 6억 톤 고철 필요!

전기로 생산 비중 늘어날수록 고철 수요 증가

▶ 전 세계 철강 생산량 중 용광로 vs. 전기로 생산 비중

- 용광로
- 전기로

13억9600만 (71.3%)

5억6200만 (28.7%)

19억5800만
2021년 기준
단위: 톤

▶ 전 세계 철강 생산량 국가별 '톱10'

2020년 기준, 단위 : 백만 톤

순위	국가	생산량
1위	중국	1,053
2위	인도	99.6
3위	일본	83.2
4위	러시아	73.4
5위	미국	72.7
6위	한국	72.0
7위	튀르키예	35.8
8위	독일	35.7
9위	브라질	31.0
10위	이란	29.0

▶ 국내 철강 생산량 중 용광로 vs. 전기로 생산 비중

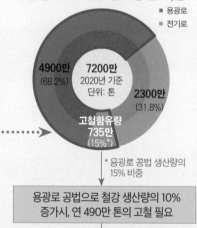

- 용광로
- 전기로

4900만 (68.2%)

7200만
2020년 기준
단위: 톤

2300만 (31.8%)

고철함유량 735만 (15%*)

* 용광로 공법 생산량의 15% 비중

용광로 공법으로 철강 생산량의 10% 증가시, 연 490만 톤의 고철 필요

전 세계 고철 수급 부족, '고철전쟁'

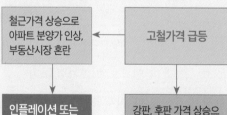

철근가격 상승으로 아파트 분양가 인상, 부동산시장 혼란

고철가격 급등

인플레이션 또는 리세션의 장기화로 스태그플레이션 위험

강판, 후판 가격 상승으로 자동차, 조선, 발전설비 등 중후장대 산업에 경고음

▶ 고철가격 추이

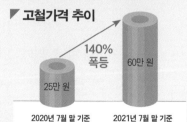

140% 폭등

25만 원
2020년 7월 말 기준

60만 원
2021년 7월 말 기준

내 철강 생산량은 용광로 공법이 68.2%인 4900만 톤을 차지하는 데 비해, 전기로 공법은 그 절반에도 미치지 못하는 2300만 톤(31.8%)에 그친다(2020년 기준).

철강 생산 과정에서 이산화탄소 발생을 획기적으로 줄일 수 있는 방법은, 용광로 공법의 원료이자 환원제인 코크스를 수소로 전환하는 '수소환원제철 공법'이다(129쪽). 그러나 상용화까지는 거리가 멀다. 따라서 당장은 용광로에 고철 투입량을 늘려 이산화탄소를 줄이는 방법이 동원되고 있는 것이다. 포스코는 이미 용광로에 고철 투입 비중을 15%에서 20%까지 올려 조업을 하고 있고, 2025년까지 30%로 확대하겠다고 발표했다. 현대제철 또한 고철 사용량을 지속적으로 높이는 방법을 검토하고 있다.

용광로 공법 생산량 4900만 톤에는 고철이 735만 톤(15%) 포함되어 있는데, 10%를 증가시키면 연 490만 톤의 고철이 추가로 필요하다. 이렇게 될 경우 철근과 형강을 생산하는 전기로에 필요한 고철은 또 어떻게 확보할 것인가? 이래저래 고철가격이 급등할 것이 뻔하다. 실제로 이런 일이 벌어지고 있다. 2020년 7월 말 기준 톤 당 25만 원이던 고철가격은 2021년 7월 말 기준 60만 원으로 140%나 폭등했다.

사정이 이러하다보니, 고철가격 상승은 철근가격 상승으로 이어지고 결국 아파트 분양가격 인상 얘기가 나올 수밖에 없다. 자동차, 조선, 발전설비 등에 들어가는 강판과 후판 가격 상승도 불가피하다. 고철가격 상승이 경제 전반의 물가를 끌어올리게 된다는 얘기다.

보다 심각한 문제는 이러한 현상이 전 세계적으로 나타나고 있다는 점이다. 전 세계 철강 생산량의 57%(11억 톤)를 차지하는 중국이 탄소중립을 위해 현재 약 10.4%인 전기로 생산 비중을 2025년까지 20%, 2030년까지는 40% 수준까지 늘리고, 용광로에 투입하는 고철량도 30%까지 늘리겠다고 발표했다. 이렇게 되면 연간 6억 톤의 고철이 필요하게 된다. 중국은 현재 연간 2억 톤에 달하는 고철 수요도 자국 내에서 조달하지 못해 수입을 하고 있다. 중국은 오래 전부터 고철 수출관세를 40% 부과하며 사실상 수출을 금지하고 있고, 최근에는 수입관세 2% 마저 폐지하며 물량 확보에 총력을 기울이고 있다.

러시아는 수시로 고철 수출을 중단해왔는데, 지난 2021년 6월 수출관세를 톤당 15유로에서 70유로로 370% 인상했다. 말레이시아도 수출관세 15% 부과에 들어갔다. 유럽 일부 국가와 아랍에미레이트(UAE)는 고철 수출을 중단했다. 그나마 미국과 일본이 수출 규제를 하지 않고 있는데, 이들 나라 역시 '2050 탄소중립'에서 자유로울 수 없기에 자국 내 고철 소비를 늘리면서 수출 물량을 감축할 것으로 예상된다.

중국 고율 관세 부과, 사실상 수출 금지

혹자는 고철(古鐵)을 가리켜, '입(口)이 열 개(十)인 철, 즉 말이 많은 철'이라고도 한다. 일반 재화와 다른 점이 많고 유통과정도 특이하다. 고철(스크랩, scrap)은 용도가 다한 철이라고 정의할 수 있다. 우리가 흔히 사용하는 쇠로 된 생활용품도 버려지면 고철이 되고, 건축물을 철거할 때 나오는 철, 자동차나 배를 만들 때 나오는 자투리 철도 고철이다. 뿐 만 아니라 한 번도 사용하지 않은 멀쩡한 기계도 용도 폐기되면 고철이 된다.

하지만 고물 취급을 받던 고철이 이제 시대가 바뀌어 탄소중립을 달성하는 핵심 소재(자원)인 귀중한 몸이 되었다. 한번 버려진 고철은 용광로에서 일부 투입되고 나머지는 전기로에서 90%가 철로 재탄생 된다. 1톤의 고철이 40회를 반복해서 재탄생하면 그 누적 사용량이 10톤이 된다. 무엇보다도 이산화탄소를 발생시키지 않는다.

한번 버려진 고철은
전기로에서 90%가
철로 재탄생 된다.
1톤의 고철이 40회를
반복해서 재탄생하면
그 누적 사용량이 10톤이 된다.
무엇보다도 이산화탄소를
발생시키지 않는다.

세계적인 환경생태학자인 레스터 R. 브라운(Lester Russell Brown)은 저서 『에코이코노미』에서, 지속가능한 사회를 위해서는 새로운 자원을 훼손하는 것보다 이미 개발된 자원을 재활용하는 것이 지름길이라며, 고철 재활용이 가장 모범 사례라고 소개한 바 있다.

지난 2020년 12월 정부에서 발표한 '대한민국 2050 탄소중립 전략' 5대 기본 방향 중 하나인 '순환경제 확대'에 딱 맞아 떨어지는 것도 고철 재활용이다. 다행인 것은 이 중요한 자원의 국내 자급률이 2019년 기준 80% 정도가 된다는 사실이다. 하지만 앞으로 용광로의 고철 투입 비중이 확대됨에 따라 자급률 하락은 불가피하다.

'폐기물'로 취급하지 말고, '자원'으로 인정해야

그렇다면 우리는 '고철전쟁' 시대에 걸 맞는 대비를 하고 있는가? 불행하게도 현실은 그렇지 못하다.

우선 고철은 아직 법률상 '자원'으로 인정받지 못하고 '폐기물'로 취급당하고 있다. 생활용품이나 산업 현장의 금속류에서 해체 및 선별 과정을 거쳐 고철을 확보하는 과정은 '제조업'이 아니라 '폐기물처리업'으로 분류된다. 이로써 고철 해체, 절단, 압축 시설은 공장으로 등록되지 못해 금융상으로 불합리한 대우를 받는다.

정부 차원의 고철 전담 조직도 분명치 않다. 환경부 자원순환국 자원재

활용과에서 폐기물 이슈 발생시 관여하고 있고, 철강산업을 담당하는 산업통상자원부의 철강세라믹과가 원료 수급동향을 점검하고 있는 정도다.

철강업계가 탄소중립을 실현할 수 있는 궁극의 목표로 그리고 있는 것이 수소환원제철이다. 수소환원제철이 상용화되더라도 '경쟁력 있는 그린수소'를 어떻게 확보할 것인가가 중요하다. 철광석은 없고 '탈원전'에 발이 묶여 있는 우리로서는 한마디로 첩첩산중이다. 양질의 철광석 광산을 가진 호주가 그 옆 사막에서 태양광 전기로 그린수소를 생산해 슬라브(slave, 열연이나 후판의 소재)를 만들어 수출할 경우를 상상하면 아찔하기만 하다. 수소 환원 공법의 상용화 경쟁에서 우위에 설 때까지 탄소중립 궤도에서 산업경쟁력을 유지해가는 것이 우리 철강산업의 과제일 텐데, 결국 답은 고철이다. 고철은 생산을 할 수 있는 게 아니라 수거를 하는 것이고, 발생원은 노폐고철(B·C급, 70%)과 산업고철(A급, 30%)이다.

지금부터라도 정부가 적극 나서야 한다. 고철은 대도시에서 발생되므로 유통 원가를 최소화하기 위해 대도시 주변에 고철 가공단지를 조성하

▼ **품질·발생원에 따른 고철의 분류**

A급(생철)	B급	C급
자동차·조선·기계 등의 생산현장에서 나오는 고철	건축물 해체에서 나오는 철근·형광 등의 고철	생활용품 해체에서 나오는 고철

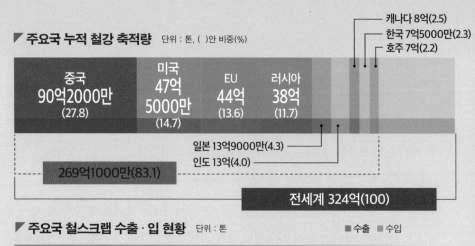

▶ 주요국 누적 철강 축적량   단위 : 톤, ( )안 비중(%)

중국 90억2000만 (27.8)	미국 47억5000만 (14.7)	EU 44억 (13.6)	러시아 38억 (11.7)

캐나다 8억(2.5)
한국 7억5000만(2.3)
호주 7억(2.2)

일본 13억9000만(4.3)
인도 13억(4.0)

269억1000만(83.1)

전세계 324억(100)

▶ 주요국 철스크랩 수출 · 입 현황   단위 : 톤   ■ 수출 ■ 수입

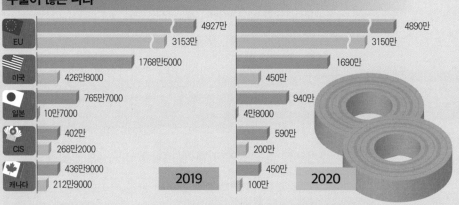

수출이 많은 나라

	2019		2020	
EU	4927만 / 3153만		4890만 / 3150만	
미국	1768만5000 / 426만8000		1690만 / 450만	
일본	765만7000 / 10만7000		940만 / 4만8000	
CIS	402만 / 268만2000		590만 / 200만	
캐나다	436만9000 / 212만9000		450만 / 100만	

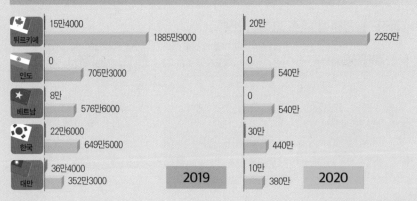

수입이 많은 나라

	2019		2020	
튀르키예	15만4000 / 1885만9000		20만 / 2250만	
인도	0 / 705만3000		0 / 540만	
베트남	8만 / 576만6000		0 / 540만	
한국	22만6000 / 649만5000		30만 / 440만	
대만	36만4000 / 352만3000		10만 / 380만	

자료: 한국철강협회

는 한편, 각종 설비를 지원해 규격화된 품질의 고철을 만들도록 산업으로 육성시켜나가야 한다. 산업 분류도 '폐기물처리업'에서 '제조업'으로 변경시켜야 한다. 이렇게 하여 약 7억5천만 톤으로 추정되는 국내 철강축적량의 연간 수거율을 2020년 기준 2.1% 수준(1600만 톤)에서 선진국 수준인 3%(2300만 톤)로 높여야 한다.

> 철강 축적량이란, 한 나라에 축적된 철강의 총량.
> 철강 축적량 = [(생산량 + 수입량) − 수출량] − 시중 구입 고철량

아울러 정부와 기업, 국책연구소 등이 머리를 맞대고 고철의 발생부터 유통, 소비까지 정확하게 관리할 수 있는 데이터 확보와 시스템 구축에 나서야 한다.

국내 고철이 무분별하게 해외로 나가지 않도록 수출 관리 대책도 필요하다. 이미 중국으로의 수출은 전년 대비 100% 이상 증가했다. 중국 등으로 고철 수출이 급증하자 2004년에 한시적으로 도입했던 '수출승인제'를 언제라도 꺼내들 수 있도록 준비해둬야 한다. 고철 수출국인 미국, 일본, 러시아와의 자원외교에도 심혈을 기울여야 한다. 시간이 없다. '탄소중립의 시대', '고철 전쟁'이 눈앞에 다가와 있다.

'탄소중립의 방해자'란 주홍글씨

탄소 감축을 위한 철강산업의 몸부림

지난 2021년 5월에 문재인정부는 대통령 직속의 탄소중립위원회를 출범 시켰다. 그동안 정부 조직으로 운영해오던 녹색성장위원회와 미세먼지 문제 해결을 위한 국가기후환경회의, 지속가능발전위원회 등을 하나로 통합해 새로 출범시킨 것이다. 탄소중립위원회는 우선 '2050 탄소중립' 달성을 위한 감축 계획을 수립하고, '2030 국가 온실가스 감축목표'(NDC) 를 새로 정해야 한다.

그동안 정부는 2030년까지 이산화탄소 등 온실가스 배출을 2017년(7억 910만 톤) 대비 24.4% 감축한 5억3600만 톤으로 줄인다는 계획이었다. 하 지만 목표 감축량이 국제사회로부터 너무 낮다는 비판을 받아왔다. 그러자 문재인 대통령은 2020년 10월 28일 전격적으로 '2050 탄소중립'을 선언했다. 탄소중립은 온실가스를 최대한 줄여 실질적 배출량이 '0'이 되도록 하는 상태를 말한다.

산업혁명을 일으킨 핵심 기술의 몰락

기업 입장에서도 탄소중립은 발등의 불이다. 지난 2020년부터 ESG 경영이 빠르게 확산되어 왔기 때문이다. 사회적 책임(S)이나 지배구조(G)는 기업이 의지를 갖고 시행하면 어느 정도 실현 가능하다. 하지만 온실가스 배출 감축을 비롯한 환경(E) 문제는 개별 기업이 홀로 해결하기가 쉽지 않다.

아무튼 ESG 경영이 부상하면서 어려움을 겪고 있는 산업 중 하나가 바로 철강산업이다. 환경부 온실가스종합정보센터에 따르면 2021년 기준 국내 산업별 온실가스 배출 비중은 발전이 35.1%로 가장 크고, 그 다음이 철강산업으로 19.7%다. 그렇다고 발전과 철강산업을 멈춰 세울 수도 없다. 국가 기간산업으로 주변 산업은 물론 국민 생활에 지대한 영향을 미치기 때문이다. 그나마 발전은 재생에너지와 소형원자로 등으로 어느 정도 해결할 수 있지만, 철강산업은 아직까지 탄소 배출을 줄일 수 있는 마땅한 방법이 (수소환원제철 말고는) 없다.

철강산업의 탄소 배출은 용광로에서부터 시작된다. 철광석(철을 함유한 자원광석)을 용광로에 넣고 녹여 철강을 만들기 위해서는 뜨거운 열원(熱源)이 필요한데, 이 때 열원 역할을 하는 것이 석탄을 가공한 코크스(cokes)다. 코크스는 철강산업뿐 아니라 과거 증기기관을 탄생시켜 산업혁명을 이룬 핵심 기술이었다. 하지만 이산화

▼ **국내 산업별 온실가스 배출량 비중**

폐기물 2.1
반도체 3.7
기타 17.9
발전 35.1
정유 5.7
시멘트 7.3
석유화학 8.5
철강 19.7

2021년 기준
단위 : %

탄소를 대거 내뿜어 지구온난화의 주범이기도 하다.

철강산업에서 탄소 배출을 줄이려면 코크스를 대신할 열원을 찾아야 하는데, 이게 쉽지 않다. 코크스를 사용하는 용광로 공법보다 탄소 배출을 획기적으로 줄일 수 있는 전기로 공법(고철을 사용해 쇳물을 만드는 방법)

▼ **전 세계 이산화탄소 배출량 추이**　　　　　　단위 : 억 톤

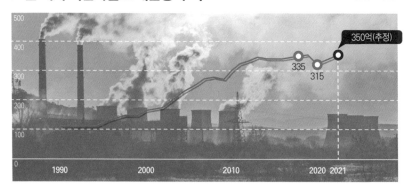

350억(추정)
335
315

500
400
300
200
100
0

1990　　2000　　2010　　2020 2021

이 있지만, 이 공법으로 생산한 철강제품은 품질이 떨어지는 게 문제다. 이 때문에 널리 쓰이질 못한다. 2021년 기준 전 세계 철강 생산량은 19억 5800만 톤인데, 전기로 공법으로 생산한 철강은 28.7%인 5억6200만 톤에 그친다. 국내 사정도 크게 다르지 않다(173쪽).

고철의 '국가자원화' 그리고 직접환원철

그런데, 철강산업의 탈(脫)탄소화는 불가능한 것일까? 반드시 그런 건 아니다. 철강산업의 탈탄소화 방법으로 크게 세 가지가 제기된다.

우선 전기로 공법 확대와 함께 용광로 공법 때도 고철을 많이 쓰는 방법이 있다. 지금도 용광로 공법 때 내부 온도조절이나 원가절감 목적으로 약 15% 정도 고철을 투입한다. 이것을 50%로 늘리면 탄소 배출량을 그만큼 줄일 수 있다. 다만 고철 수급이 문제다. 고철을 활용하는 것이 가장 쉽고 빠르게 탄소를 줄일 수 있는 방법이다 보니 이미 세계 주요 국가가 고철을 '국가 자원화'하고 있다. 고철 대부분을 수입해야 하는 중국이 2025년까지 전기로 공법 비중을 현재 10.4%에서 20%까지 늘리겠다고 하면서 고철가격이 크게 올랐다. 유럽 일부 국가는 아예 고철 수출을 금지했다. 세계적으로 고철 확보 전쟁이 시작된 것이다.

두 번째는 직접환원철(DRI, 용광로를 이용하지 않고 가스 등으로 철광석을 가공하는 것) 방식이다. 철광석에서 철을 분리하는 환원제로 천연가스 등을 사용하는 공법인데, 주로 고철이 부족하고 천연가스가 풍부한 지역에서 사용해 왔다. 지금까지는 천연가스보다 석탄가격이 저렴했기 때문에 확산에 어려움이 있었다. 하지만 앞으로 주요 나라가 탈탄소 정책을 강화하고, 고철가격이 비싸지면서 확산될 가능성이 높다. 당장 독일 최대 철강기업 티센크루프(Thyssen Krupp)는 2030년 이산화탄소 배출량 30% 감축을 목표로 2025년까지 DRI 공장을 완공할 계획이다.

빌 게이츠의 이유 있는 원자력 옹호론

고철의 대대적 확보와 직접환원철은 철강산업 탈탄소화의 궁극적 목표인 수소환원제철로 넘어가기까지 시간을 벌어주는 역할을 할 뿐이다.

수소환원제철 공법은 환원제로 코크스나 천연가스가 아닌 수소를 사용한다(129쪽). 청정에너지인 수소를 사용한다는 측면에서 철강산업 탈 탄소화의 궁극적 복표로 꼽힌다. 이 기술만 확보한다면 철강산업은 탄소 배출을 획기적으로 줄일 수 있다. 문제는 수소환원제철 공법을 상용화 하기에는 갈 길이 멀다는 것이다.

우리나라를 비롯해 일본ㆍ독일 등이 상용화 연구를 시작했거나 진행하고 있지만, 아직 유의미한 결과를 얻지는 못했다. 그러나 철강기업이 ESG 경영을 위해서라도 수소환원제철 기술은 반드시 확보되어야 한다. 기업을 넘어 나라 전체로 봤을 때도 마찬가지다. 철강산업에서 탄소를 획기적으로 줄이지 않으면 탄소중립은 요원할 수밖에 없다. 따라서 정부도 기술 개발을 적극 지원해야 한다.

정부가 나서야 할 또 다른 이유가 있다. 철강산업은 기간산업으로 주변 산업에 미치는 영향이 크다(122쪽). 당장 고품질의 철강을 지속적으로 공급하지 못하면 국내 자동차와 조선, 가전 업체 등이 제품 생산에 차질을 빚게 된다.

다만 수소환원제철 공법을 개발하더라도 정부로서는 해결해야 할 숙제가 하나 더 있다. 바로 '발전 분야의 탄소 감축'이다. 수소를 생산하기 위해서는 많은 양의 전기가 필요하다. 수소환원제철 과정에서도 흡열반응(온도 저하)이 일어나는데, 이를 해결하기 위해서는 외부에서 추가적인 열을 공급해줘야 한다. 이 열을 공급해주는 가장 좋은 수단이 바로 '전기'인 것이다.

철강산업에서 탄소 배출을 줄이자고 발전에서 더 많은 탄소를 내뿜는다면 의미가 없다. 따라서 철강산업의 탄소 감축을 위해 수소환원제철 공법 개발에 투자하되, 수소 생산에 필요한 전기 생산을 위해 발전 분야의 탄소 감축을 위한 노력을 병행해야 한다.

빌 게이츠(Bill Gates)가 투자하는 차세대 원자력발전소나 우리나라가 일부 기술을 확보한 소형모듈원자로(SMR, Small Modular Reactor)는 좋은 대안이 될 수 있다. 500MW급 전후의 SMR은 전력 생산 뿐 아니라 수소 생산이나 담수화 등 다양한 용도로 활용할 수 있는 게 장점이다. 미국과 프랑스, 러시아 등이 현재 50여 종의 SMR을 개발하고 있다.

빌 게이츠가 설립한 회사 테라파워(TerraPower)가
개발한 차세대 소형모듈원자로(SMR). 국내 SK그
룹은 2022년 미국 외국인투자심의위원회 승인을
받아 테라파워에 대한 2억5000만 달러(약 3265억
원) 규모의 지분투자를 완료했다고 밝힌 바 있다.

빌 게이츠는 몇 해 전 펴낸 저서 『기후재앙을 피하는 법』에서, "밤낮과 계절에 관계없이 대규모로 전력을 생산하고 지구 어디서나 작동하면서 유일하게 탄소를 발생시키지 않는 에너지원은 원자력뿐"이라고 강조했다. 이어 "2018년 매사추세츠 공대 연구진이 미국 전역에서 탄소중립을 달성하기 위한 1000여 개 시나리오를 분석한 결과 가장 경제적인 방법은 언제나 원자력이었다"고 덧붙였다.

철강산업과 발전 분야가 국가 기간산업으로서의 경쟁력을 유지하면서 탈탄소화를 이루려면, 기업과 정부가 수행해야 할 핵심 과제를 정리한 뒤, 우선순위를 정해 곧바로 실행에 돌입해야 한다. 2050년까지 시간이 얼마 남지 않았기 때문이다. 더불어 효과적인 탈탄소화를 위해서라도 환경오염을 최소화하면서 마음껏 전기를 쓸 수 있는 방안에 대해 심도 있는 논의가 필요하다.

'2050 탄소중립'은 선언에 그칠 것인가?

문재인 대통령이 2020년 10월 28일 2050년까지 온실가스 순 배출량을 '0'으로 줄이는 '탄소중립'을 선언한 것은, '기후위기'라는 전 지구적 문제 해결을 위해 첫 발을 뗀 것이다. 세계 70여 개 국가가 이미 선언한 탄소중립 선언에 동참했다는 의미가 있고, 당시 이 선언으로 각계 전문가들은 국내 석탄발전 퇴출 속도가 빨라질 것으로 전망하기도 했다.

그런데, 이후 정부의 선언은 얼마나 실효성을 거두었을까? 아직까지는 '선언'에만 그쳤을 뿐이라고 해야 할 것 같다. 정부가 지난 2020년 말 유엔에 제출한 '2030 국가 온실가스 감축목표'(NDC)와 '2050 장기저탄소 발전전략'(LEDS)에는, 10년 간 온실가스 감축 목표와 2050년 탄소중립 추진 전략이 담겨 있었다. NDC에서는 2018년 배출량(7억2760만 톤) 대비 40.0% 감축을 제시했다. 그리고 LEDS에서는 2050년까지 탄소중립을 달성하기 위한 우리나라의 장기 비전과 국가 전략을 공표했다.

화석연료 중심의 발전은 재생에너지와 그린수소, LNG 발전은 CCUS(탄소 포집·활용·저장) 기술 연계를 통해 전환하기로 했다. 산업 분야는 미래 신기술, 자원 선순환을 통해 지속가능한 산업 생태계를 구축한다는 계획이다. 여기에는 에너지 효율을 높이고 재생에너지를 활용해 녹색산업 공정을 추진한다는 복안이 담겨 있다. 아울러 내연기관차 중심의 수송 분야는 전기·수소차 등 친환경차로 전환해 탄소 배출을 줄여 간다는 방침이다.

하지만 탄소중립 목표를 달성하려면 산업·수송·건물 등 사회 전체의 대변혁이 필요하기 때문에 반대 여론 설득과 구체적인 정책, 법제화까지 여러 단계를 더 거쳐야 한다. 선언을 했다고 해서 당장 무엇인가를 할 수 있는 상황은 아닌 셈이다.

▼ 주요국 온실가스 감축 목표 ■ 기존 ■ 목표 상향

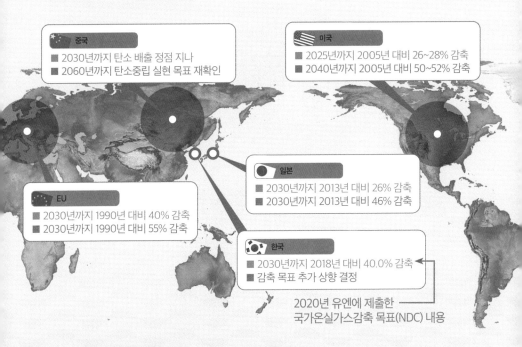

중국
- ■ 2030년까지 탄소 배출 정점 지나
- ■ 2060년까지 탄소중립 실현 목표 재확인

미국
- ■ 2025년까지 2005년 대비 26~28% 감축
- ■ 2040년까지 2005년 대비 50~52% 감축

일본
- ■ 2030년까지 2013년 대비 26% 감축
- ■ 2030년까지 2013년 대비 46% 감축

EU
- ■ 2030년까지 1990년 대비 40% 감축
- ■ 2030년까지 1990년 대비 55% 감축

한국
- ■ 2030년까지 2018년 대비 40.0% 감축
- ■ 감축 목표 추가 상향 결정

2020년 유엔에 제출한
국가온실가스감축 목표(NDC) 내용

▼ '2050 탄소제로'로 가는 길 단위 : 톤 CO₂Eq(연간 탄소배출량)

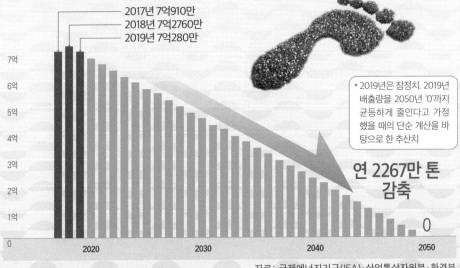

- 2017년 7억910만
- 2018년 7억2760만
- 2019년 7억280만

• 2019년은 잠정치. 2019년 배출량을 2050년 '0'까지 균등하게 줄인다고 가정했을 때의 단순 계산을 바탕으로 한 추산치

연 2267만 톤 감축

0

자료: 국제에너지기구(IEA)·산업통상자원부·환경부

폐기를 금(禁)하고, 순환을 허(許)하라

폐기물이란 오명, 자원이란 숙명

18세기 산업혁명과 고철 즉, 스크랩(scrap)은 모자(母子) 관계와 다르지 않다. 철이 있어 산업혁명이 가능했고 산업혁명이 있어 스크랩이 나올 수 있었다. 산업혁명이 일어난 역사적 배경을 살펴보면, 탄소중립 시대에서 스크랩의 미래가 그려지는 것 같다.

11세기 말부터 13세기 말에 걸친 십자군 전쟁과 몽골제국의 등장은 동·서양의 활발한 교역을 촉진시켰다. 이를 기회로 경제적 기반을 다진 '상인'들은 14세기 이탈리아 르네상스 운동을 꽃피웠고, 이는 중세 암흑기를 끝내고 합리주의를 낳았다. 합리주의는 가톨릭교회의 세속화에 저항함으로써 종교개혁의 발단이 되었다. 산업혁명과 관련해 종교개혁(칼뱅주의)이 갖는 특별한 의미는, 그때까지 천시되던 상업을, 신이 부여한 천직(天職)으로 해석하고 영리활동을 정당화해 자본주의 발달에 있어서 중요한 분수령이 되었다는 점이다.

사회·경제적 변화에 따라 인간의 욕구를 충족시키기 위해서는 '영리욕'에 대한 '윤리의 전환'이 필요했다. 이를 통해 상인자본을 육성시키고, 축적된 자본은 다시 산업의 발달로 이어졌다. 어쩌면 시대가 변해서 그렇게 된 것이 아니라 변화된 시대가 새로운 윤리관을 필요로 했다고 보는 게 맞을지도 모르겠다.

역사란, 대체재 경쟁의 반복

산업 발달의 기저에는 '상인의 기업인화'라는 필연적인 변화가 있었다. 다양한 고객의 니즈를 충족하기 위해, 수요자와 공급자를 단순히 연결하는 정도로는 시대의 거대한 변화를 따라갈 수 없었다. 산업기술의 발달로 가치사슬의 단계가 늘어나고 이 단계들이 독립적인 업종으로 특화되어 시장 거래를 통해 상호작용이 일어남에 따라, 상인은 기업인으로, 이들의 집합체는 다시 산업이 된 것이다. 산업혁명 초기 일자리를 지키기 위해 기계를 파괴하는 러다이트(Luddite) 운동*이 오늘날 옛 이야기가 된 것도 고객의 니즈 변화에 따라 가치사슬의 단계와 구조가 바뀌었기 때문이다.

역사의 아이러니였을까? 산업혁명이 일어난 지 불과 250여 년이 흐른 지금, 철과 스크랩의 '모자관계'는 이산화탄소라는 신(神, 절대적 가치기준이라는 의미)을 만나 '자모관계'가 되었다. 자식(스크랩)이 어머니(철)을 부양하는 시대가 된 것이다. 단순히 역할만 바뀐 게 아니라 고객도 바뀌었다. 스크랩의 진정한 고객은 수요자인 철강회사가 아니라 '저탄소+고품질+경제성'의 철강 소재를 필요로 하는 다양한 산업의 다양한 제품들이다.

이미 세계적 화두가 된 '2050 탄소중립'과 'ESG 경영'은 바로 이러한 가치사슬의 변화를 요구하고 있다. 기업에서 사용하는 전력의 100%를 재생에너지로 대체해야 하는 'RE100'이나 전 세계 대형 기관투자자들이 기후변화에 공동 대응하기 위해 조직한 '기후행동(Climate Action) 100+' 등은 ESG 경영의 평가지표로써 가치사슬 추적이 가능한 데이터의 공개를 강력하게 요구하고 있다. 기업 평가의 패러다임이 완전히 바뀌는 것이다.

'스크랩은 생산품이 아닌 발생품이다', '수요는 항상 공급(발생)을 초과한다'는 식의 고정관념으로는 탄소중립 시대의 스크랩 세계관이 잘 그려지지 않을 것이다. 인간의 경제활동은 어쩌면 대체재와의 싸움일지도 모르겠다. 에너지원을 사례로 들어 보자. 아주 먼 옛날 나무가 하던 역할을 석탄이 했고, 석탄에서 다시 석유로, 석유에서 LNG로, 원자력으로, 재생

---

* 1811~1817년 영국 중·북부의 직물공업지대에서 정체불명의 지도자 N. 러드(Lud)라는 인물의 주도로 일어났다. 러드는 실존인물이 아니라 비밀조직에서 만들어낸 가공인물이다. 당시는 산업혁명이 진행 중이어서 직물공업에도 기계가 보급되었고, 또 나폴레옹전쟁으로 경제 불황에 빠져 실업자가 늘고 임금 체불이 횡행했으며, 물가마저 폭등했다. 특히 기계로 상품의 대량 생산이 이뤄지면서 수공업계 숙련 노동자들의 일자리를 압박했다. 노동자들은 실업과 생활고의 원인을 기계 탓으로 돌리고 기계 파괴운동을 일으킨 것이다.

▶ 스크랩의 종류

자가발생스크랩	가공스크랩	노폐스크랩
철강회사의 철강재 제조 공정 과정에서 발생	조선 및 자동차 등 전방산업의 생산 공정 중 철강재 가공 과정에서 발생	최종 제품이 폐기물로 가공 처리되는 과정에서 발생

▶ 스크랩 소비 비중 추이

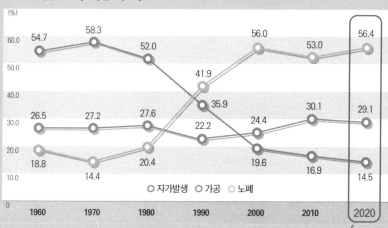

(%)

	1960	1970	1980	1990	2000	2010	2020
자가발생	26.5	27.2	27.6	35.9	24.4	30.1	29.1
가공	18.8	14.4	20.4	22.2	19.6	16.9	14.5
노폐	54.7	58.3	52.0	41.9	56.0	53.0	56.4

○ 자가발생 ○ 가공 ○ 노폐

▶ 글로벌 스크랩 소비량

(2020년 발생원별 기준, 단위 : 톤)

자가발생스크랩
9270만 톤
(14.5%)

전체
6억3930만

가공스크랩
1억8600만 톤
(29.1%)

노폐스크랩
3억6060만 톤
(56.4%)

자가발생스크랩 : 1960년대 이후 철강 제조 기술 발전과 최신 설비 도입으로 감소 추세
노폐스크랩 : 스크랩 축적량과 회수량, 회수율이 높아지면서 증가

자료 : 〈페로타임즈 : http://www.ferrotimes.com〉 2021.8.11.

에너지로, 수소로 끊임없이 바뀌고 있다. 대체재는 기존 원료가 고갈되어 등장하는 게 아니다. 돌이 없어 석기 시대가 저물지 않은 것처럼. 시대적 가치가 중요한 기준인 것이다.

가까운 미래 시대적 가치는 저(低)탄소에서 무(無)탄소로 옮겨갈 것이다. 즉, 직접환원철(HBI)을 거쳐 수소환원철(HRI)로 갈 것이다. 스크랩 공급은 늘 부족하고 수요는 지속적으로 늘어나는 것이 아니라 어느 순간 HBI, HRI와 경쟁하게 될 것이다. 시작이 어렵지 일단 방향이 정해지면 가속도가 붙기 마련이다. 부가가치는 앞서가는 것에서 나오게 되어 있다. RE100은 이런 시대를 앞당길 것이다.

최종 고객의 니즈까지 알고 있어야 한다

그렇다면 스크랩업계는 가치변화의 시대에 적응할 준비가 되어 있는가? 스스로 가치사슬을 재구축할 능력이 있는가? 그에 앞서 스크랩이 이러한 가치와 시대적 과제를 지니고 있음을 인식하고 있는가?

이 질문들에 대해 지난 수십 년간 스크랩업계를 애정 어린 눈으로 지켜본 필자로서는 많은 아쉬움이 남는다. 그러면 누가, 무엇을, 어떻게, 언제 해야 할까?

우선 두 가지를 염두에 두어야 한다. 종교개혁이 '윤리의 전환'을 가져왔듯이 이산화탄소라는 신(神)은 탄소중립 시대를 열었다. 따라서 탄소중립 시대에서 스크랩이 갖는 역사적·환경적 의미와 가치를 알고 있어야 한다. 무엇보다 철저한 '인식의 전환'이 필요하다. 스크랩은 단순한 고물(古物)이 아니다.

아울러 새로운 시대의 고객 니즈를 알아야 한다. 그때그때 수요에 대응하는 중간 유통단계의 역할이나, 철강회사가 요구하는 대로 수동적으로 움직이는 존재가 되어서도 곤란하다. 기존의 사고방식과 유통체계, 스크랩의 분류기준으로는 고객 니즈를 충족하기가 점점 어려워질 것이다. 최종 고객의 니즈를 분석해서 가치사슬을 구축하고 시장이 형성되도록 해야 한다.

이러한 시장이 형성되어야 1차 고객(철강회사)은 물론이고 최종 고객까지 만족시킬 수 있다. 이를 위해 스크랩 성분에 대한 각종 분석 데이터를 가지고 있어야 하며, 고객이 원하는 스크랩 분류와 가공체계를 구축하고 있어야 한다. 더 나아가 분류된 가공 스크랩에 자체 브랜드를 부여할 필요가 있다. 궁극적으로 자동차회사, 선박회사, 건설회사가, "우리 제품에는 'ㅇㅇ브랜드' 스크랩이 포함되어 있습니다"라고 자랑스럽게 홍보하도록 할 필요가 있다.

참고로 포항과 경주에서 지진이 자주 났을 때 철강기업 H사는 내진용 강재를 개발하여 에이치코어(HCORE)라는 브랜드를 론칭하고 홍보했다. 철근에 대한 차별화 요구가 거의 없던 시절이었지만 H사는 1차 고객인 건설회사가 아니라 최종 고객인 아파트 입주자들에게 직접 호소했던 것이다. 홍보 효과는 곧 나타났다. 대규모 아파트 재개발 입찰에서 L건

철강기업 H사는 내진용 강재 브랜드를 론칭하면서 1차 고객인 건설회사가 아니라 최종 고객인 아파트 입주자들에게 직접 홍보했다. 철근에 대한 차별화 요구가 거의 없음에도 불구하고 C2B 시장에 과감하게 노크했고, 효과는 바로 나타났다.

설회사가 수주에 성공했다. 아파트 주부모임에서 응찰 건설회사들에게 'HCORE'가 들어가느냐고 물었을 때 L건설사만이 '그렇다'고 했던 것이다. H사는 최종 고객(아파트 입주자)을 통해 1차 고객(L건설회사)까지 만족시킬 수 있었다.

이 사례는 중간 소재시장이 'B2B' 시장임에도 과감하게 'C2B' 전략을 펼쳐 성공한 케이스이다. 스크랩업계가 타산지석으로 삼을 만하다.

시장을 형성해야 할 충분한 가치가 있다

그렇기 때문에 변해야 한다. 상인에서 기업인으로, 장사에서 사업으로 업그레이드해야 한다. 조직, 자금, 인력을 갖추어야 고객의 니즈를 충족시킬 수 있다. 그래야 가치사슬이 정착되고 시장이 형성될 수 있다. 시장이 형성되어야 전략을 펼칠 수 있고 성장할 수 있다. 이것이 비전(Goal)이다. 이러한 비전을 달성하기 위해 과제를 발굴하고 법제도를 다시 세팅해야 한다. 이를테면 스크랩을 자원이 아닌 폐기물로 치부하는 현행 '폐기물관리법', '자원순환기본법'은 바뀐 패러다임에서 도움이 되지 않는다.

여기서 중요한 것이 여론이다. 최종 소비자들이 알아야 제조사(자동차, 가전, 건설 등)들이 소재사(철강사)에게 요구할 수 있기 때문이다. 원산지증명서보다 더 엄격한 카본트랙을 요구하도록 해야 한다. 정부와 국회가 알아야 관련 제도를 정비할 수 있다. 금융기관이 알아야 필요한 '그린금융'을 조달할 수 있다. 기존의 금융기관 대출심사기준이 아니라 탄소중립 시대의 그린금융 기준을 요구해야 한다.

그러면, 논리 개발과 과제 발굴, 세팅은 누가 할 것인가? 개개의 기업이 아닌 단체나 협회가 한목소리를 내야 한다. 하지만 지금의 협회 인프라 수준으로는 불가능하다.

수년 전 한 철강 전문매체가 조사한 한·미·일 대표 스크랩기업단체(한국철강자원협회, 일본철리사이클공업회, 미국ISRI) 현황과 규모 비교에 따르면, 한국은 참여회원(회비납부기준) 수가 일본의 11분의 1, 미국의 18분의 1 수준에 불과한 것으로 나타났다. 스크랩 취급량(공급량) 대비 사업 예산 규모도 일본의 12분의 1, 미국의 27분의 1 밖에 되지 않았다. 심각한 것은 이 자료가 탄소중립 시대 이전 현황이라는 사실이다.

탄소중립 시대에 조응하려면 무엇보다도 협회와 단체에 대한 조직 및 예산 지원이 필요하다. 조직과 예산 문제가 선행되어야 1차 고객인 제강회사, 제도를 만드는 정부기관 등과 대등한 입장에서 탄소중립을 위한 스크랩 관련 문제들을 위한 해결책을 논의할 수 있다.

산업혁명은 상인들의 시대적 '통찰력', 용기 있는 '결단력', 그리고 이를 구체화시키는 '추진력'이 있었기에 가능했다. 산업혁명의 산물인 스크랩이 탄소중립 아젠다에 맞춰 수동적으로 적응해 나가는 것이 아니라 주도적으로 변화를 이끌어내길 원하는 것은 필자만의 지나친 기대일까? 하지만 스크랩에는 그만한 가치가 충분하다.

팝음악사에는 'Oldies but Goodies'란 말이 있다. 우리말로 하면, '음악은 오래될수록 좋다'가 될 텐데, '시대가 변해도 영원히 잊히지 않는 음악이 바로 명곡'이란 함의가 담겨 있다. 여기서 'oldies'는 '낡았다'가 아니라 '영원하다'는 뜻이다. 쉽게 말해 영원히 좋다는 얘기다.

스크랩도 마찬가지다. 스크랩은 단지 낡고 오래된 철이 아니다. 스크랩의 효용가치는 폐기되지 않고 영속하는 데 있다. 그래서 스크랩은 훌륭한 자원(goodies)인 것이다. 순환(재생)하는 자원의 항목에 스크랩을 추가해야 하는 이유다.

스크랩시장의 높은 성장성을 예측한 글로벌 철강 공룡들의 행보는 이미 시작됐다. 지난 2021년 10월경 북미 최대 철강회사인 클리블랜드-클리프(Cleveland-Cliffs)는 금속 재활용업체인 철가공트레이딩유한공사를 7억7500만 달러에 인수했다. 클리블랜드-클리프가 철가공 회사를 인수한 것은 고철 사업에 진출하는 것을 의미한다. 철가공트레이딩유한공사는 디트로이트에 본사를 두고 연간 약 300만 톤의 철스크랩을 가공 생산한다. 클리블랜드-클리프의 CEO 루렌코 곤칼베스(Lourenco Goncalves)는 "향후 4년 동안 새로운 평면 압연 전기 아크로 제강이 시장에 출시됨에 따라 프라임 스크랩이 더욱 부족해질 것"이라 했다.

국내에서는 2023년 3월에 포스코 계열의 상사회사 포스코인터내셔널이 스크랩 관련 트레이딩 사업을 강화하기 위해 정관 사업목적에 '건설기계대여업'을 추가했다. 스크랩 생산업체에 굴착기 등 기계를 대여하고 생산량 확대를 지원하기 위해서다.

사진은 미국 오하이오주 톨리도에 위치한 클리블랜드-클리프

배출권거래제, 시장이 커질 수 있을까?

**탄소중립을 위한 배출권거래제의
문제점과 대안**

온실가스를 감축하기 위한 구체적인 수단으로 나온 제도가 '탄소세'와 '배출권거래제'이다. 탄소세는 말 그대로 온실가스 배출량 절대치에 세금을 부과하는 방법이다. 개념이 명확하고, 단순하며, 비용에 대한 예측성이 확실해서 기업들이 선호하는 제도이다(세금을 선호하는 기업이 있을까 싶겠지만, 기업들은 대체로 배출권거래제보다는 탄소세를 선호하는 게 사실이다). 또한 기업은 탄소세 부담을 줄이기 위해 저탄소, 탈탄소를 위한 투자를 하게 됨에 따라 탄소발생량을 줄일 수 있고, 이를 통해 걷히는 세수는 탄소중립 산업구조로의 전환과 그에 따른 사회적 피해계층을 지원할 수 있다.

하지만 탄소세의 경우, 제도적 편리성 이면에 부작용도 크다. 이를테면 기업 입장에서는 탄소세를 줄이기 위해서 어느 정도 노력은 하겠지만, 탄소세는 기업별 감축 잠재역량을 고려하지 않고 일률적으로 부과되기 때문에 기업별로 차별화된 감축 노력에 대한 유인이 부족하다. 또한 동질적인 제품을 생산하는 기업이나 독과점적 기업들은 탄소 비용을 쉽게 제품 가격에 반영시킬 수 있다. 이렇게 될 경우 소비자 피해는 물론이고 최종 목적인 탄소발생량 감축이 어느 정도가 될지 예측이 어렵다. 또한 탄소세 시행 과정에서 고려해야 할 피해계층 보호 및 세수 중립적인 제도 도입 등 정치·사회적 합의에 이르기가 쉽지 않다.

비용 효율적인 최선의 방법

온실가스 감축을 위해 탄소세가 채찍이라면, 배출권거래제는 당근에 해당한다. 배출권거래제는 기업별로 배출 허용 총량을 할당하면 허용량이 남는 기업과 부족한 기업이 거래소에서 거래를 하는 제도이다. 국가 단위로는 EU가 2005년부터, 우리나라는 2015년부터, 중국은 2021년부터 시행하고 있다. 이밖에도 일본의 동경도와 미국의 캘리포니아 등 몇 개 주에서 시행하고 있다.

배출권거래제를 도입하는 이유는 온실가스를 감축시키는 방법으로 '시장 거래 원리'를 동원하는 게 가장 비용 효율적이라고 판단되기 때문이다. 배출허용량을 할당받은 기업은 자신들의 판단 하에 감축기술 투자를

▶ 글로벌 탄소배출권 거래시장 규모

[단위 : 백만 유로, ( ) 안은 거래량(백만 톤)]

2019년 239,725(10,589)

2020년 287,799(12,712)

2021년 759,351 (15,811)

북미(6%)
49,260
(2,680)

영국(3%)
22,847
(335)

EU(90%)
682,501
(12,214)

1% 미만
한국, 중국, 뉴질랜드 등

▶ 국내 배출권 전체 종목 일평균 거래량 · 거래대금 현황

(단위 : 톤, 억 원)

구분	2015년	2017년	2019년	2020년	2021년	2022년
연간 누적거래량	1,242,097	14,734,136	16,959,280	20,953,997	25,869,615	25,935,214
일평균 거래량	5,133	60,634	68,940	84,492	104,313	105,428
연간 누적 거래대금	138.91	3,115.27	4,923.71	6,208.33	6,053.09	5,713.65
일평균 거래대금	0.57	12.82	20.02	25.03	24.41	23.23

▶ 국내 할당배출권(KAU) 가격 추이

(종가 기준)

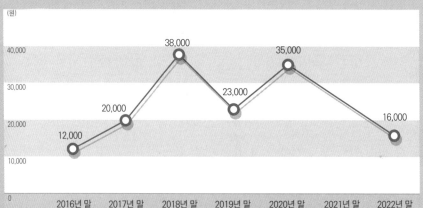

(원)

40,000

30,000

20,000

10,000

0

12,000

20,000

38,000

23,000

35,000

16,000

2016년 말   2017년 말   2018년 말   2019년 말   2020년 말   2021년 말   2022년 말

전 세계 나라별 이산화탄소 배출량 '톱 10' <small>(단위 : 백만 톤, 2020년 기준)</small>

순위	국가	배출량
1위	중국	10,668
2위	미국	4,713
3위	인도	2,442
4위	러시아	1,577
5위	일본	1,031
6위	이란	745
7위	독일	644
8위	사우디	626
9위	한국	598
10위	인도네시아	590
나머지 211개 국가		11,175

중국이 전 세계 이산화탄소 배출의 30.6% 차지!
우리나라는 221개 국가 중 배출 순위 9위!

하고, 그 결과 허용량을 초과하여 감축한 만큼을 거래소에서 판매하여 수익을 거둘 수 있으므로 인센티브가 되는 것이다. 또한 감축기술 투자 과정에서 새로운 일자리가 창출되고 관련 산업이 육성되어 온실가스 배출을 줄임으로써, 경제가 균형 있게 성장할 수 있다고 보는 것이다.

물론 배출권거래제 역시 명과 암이 공존한다. 우려스러운 점으로 무엇보다 할당에 실패할 경우 시장이 왜곡될 수 있다. 따라서 배출권 총량의 설정, 배출권 유·무상 할당방식, 배출시설의 정의, 배출권 거래방식, 신규진입 및 폐쇄의 처리, 조기 행동 허용 여부 및 범위, 배출권의 이월과 차입 허용 여부, 시장 참여자 간 스왑거래 허용 여부 및 범위, 외부 크레디트(상쇄제도 offset)의 허용 여부 및 비율, 배출권시장 감시 및 감독 시스템 등 많은 쟁점에 대한 세밀한 설계와 철저한 준비가 필요하다(이에 관해서는 안병욱, 〈기후변화 시대의 에너지법 정책〉 참고). 다시 말해 시장의 운영 및 규칙이 정치(精緻)하지 못할 경우 배출권거래제는 실패한다는 것이다.

배출권거래제는 제도 설계와 운영이 중요한 만큼 '온실가스 감축'이라는 당초 목적에 맞게 운영되어야 한다. 시장이 왜곡될 경우, 수익만을 노리는 시장 참여자들로 인해 '온실가스 감축'이라는 본래 취지가 유명무실해질 수도 있기 때문이다. 정부의 역할이 중요한 이유다. 정부는 온실가스 감축을 위해 제도를 도입한 만큼, 취지에 부합하게 시스템이 돌아가도록 관리·감독해야 할 책임이 막중하다.

하지만 지금까지의 정부 대응은 실망스럽다. 그동안 관련 업계에서 요구해 온 제도 개선 요구 목소리에 미온적으로 대처해왔기 때문이다. 그 결과 시장은 왜곡되고, 가격은 급·등락을 반복해 탄소배출 규제 대상 기업들을 혼란스럽게 하고 있다.

이밖에도 배출권거래제가 제 기능을 발휘할 수 있게 하기 위해서 현재 구조상 근본적으로 풀어야 할 숙제가 적지 않다. 모든 문제를 당장 해결할 수 있다면 좋겠지만, 그러기에는 거래제 자체의 판을 다시 짜야 하기 때문에 현실적으로 쉽지 않을 것이다. 그렇더라도 지금이라도 당장 고쳐야만 할 몇 가지 문제들을 정리하면 다음과 같다.

시장의 왜곡을 어떻게 바로잡을 것인가?

첫째는 배출권가격이 시장에서 수요와 공급에 맞춰 자유롭게 결정될 수 있는 환경을 조성해야 한다.

배출권거래제는 1기 3년(2015~2017), 2기 3년(2018~2020)을 시행하고, 2021년부터 3기 5년(2021~2025) 시행에 들어갔다. 정부는 나름대로 시장 기능이 제대로 발휘되도록 노력을 하고 있으나, 문제는 시장의 구조상 근본적인 문제를 내포하고 있다는 점이다.

무엇보다도 배출권거래소의 가격이 자유로운 수요·공급에 의해 결정되는 것이 아니라 확정된 공급량(배출허용총량)과 무한한 수요량이 만나서 결정된다는 점이다. 즉, 공급곡선이 가격 비탄력적인 탓에 가격이 싸서 많이 구매하고 싶어도 총량은 정해져 있는 것이다. 반면에 가격이 비싸도 의무량 만큼은 무조건 구매를 해야 하고, 필요시 의무량 이상으로 무한 구매를 해도 된다.

따라서 공급량을 결정하는 정부의 시장 개입에 시장참여자의 사활이 걸려있다. 이러한 구조이다 보니 톤당 가격의 등락 폭이, 최저 8300원(2015년 1월)에서 최고 4만2500원(2020년 4월)까지 불안하게 롤러코스터를 탔다. 이 기간 동안 가격이 거래소에서의 실제 수요량 보다 공급량을 결정하는 정부의 조치에 따라 등락을 거듭한 것이다.

이러한 문제점에 대한 대안으로는, 먼저 배출권거래시장의 유동성을 높여야 한다. 한 예로 '외부 상쇄배출권'을 적극 활용하는 것이다. 현재 배출권 의무이행자(할당대상업체)가 사업장 밖에서 행한 온실가스 감축사업에서 발생되는 배출권으로 국내시장으로의 유입 한도를 이행연도별 제출해야 하는 배출권의 5%까지로 제한하고 있는데, 이를 대폭 확대하여 전량 장내 거래소에서 거래가 허용되도록 해야 한다.

거래소 유동성을 높이는 또 하나의 방법은, 기술적 가능성이 가시권에 들어온 이산화탄소 포집 · 이용 · 저장 기술(CCUS, Carbon Capture, Utilization, Storage)을 적극 지원 · 육성하고 여기서 확보된 물량을 배출권거래소에서 거래가 이뤄지도록 하는 것이다. 석탄발전이나 철강산업의 경우 이산화탄소가 연 · 원료로 사용되는 과정에서 발생하기 때문에 감축이 쉽지 않다. 따라서 이들이 CCUS를 적극 활용해 배출권거래시장을 활성화 시켜야 한다.

국제 탄소시장과의 연계 강화도 적극 추진해야 한다. 비록 배출권거래제가 적지 않은 문제점을 지니고 있지만, 탄소세 보다는 장점이 많아서 채택한 것이다. 우리나라는 이제 불과 8년째 시행을 하고 있는데 국가 단위 시행은 세계에서 두 번째로 앞서고 있다. 배출권거래제의 실효성이 떨어진다고 해서 여기에다가 탄소세를 추가로 도입할 경우, 시장의 혼란만 커질 게 뻔하다.

EU의 탄소국경조정제도(CBAM)가 2023년 10월에 시범적으로 시행되는데, 우리는 배출권거래제를 이미 시행하고 있으므로 EU와 교역하는 다른 나라와는 차별이 되어야 할 것이다. 탄소국경조정제도란 고탄소 수입품에 추가 관세 등의 비용을 부과하는 제도 혹은 그 관세(탄소국경세)를 가리킨다. 2025년부터 시행 예정이며, 수출국에는 무역장벽으로 인식되기 때문에 '유럽판 인플레이션 감축법(IRA)'으로 불린다.

둘째, 거래량이 없어도 가격이 올라가는 가격결정 구조를 개선해야 한다.

매매 계약이 체결되지 않으면 마지막 매수 호가를 그날 종가로 반영하는 기세가(氣勢價)를 적용하고 있다. 그런데, 이런 날이 자주 있다. 이 때문에 거래가 없는 데도 가격이 뛰는 이상 현상이 발생한다. 이는 장내거래를 하는 기업이 적기 때문에 벌어지는 현상으로, 몇몇 기업들이 마음만 먹으면 거래 없이 가격을 올릴 수도 있는 제도적 허점이 있는 것이다.

우리나라의 경우 700여 업체와 일부 금융기관이 배출권거래를 할 수 있는데, 실제로 거래소를 통해 배출권을 사고파는 기업은 감축·잉여량이 많은 30여 곳 밖에 되지 않는다. 이 문제를 해결하기 위해서는 보다 많은 기업들이 장내에서 거래를 활발하게 추진하기 위한 제도적 유인이 필요하다. 현재 유럽의 거래소에는 1만4000개 기업이, 중국에는 2225개 기업이 참여하고 있다.

셋째, 기울어진 운동장을 바로 잡아야 한다.

지금의 배출권거래시장은, 배출권 총 사전할당량의 41%(약 6억84백만 톤, 2기 기준)를 차지하는 석탄발전사는 한전으로부터 배출권 구매가격의 약 80%(2015~2019년 누적기준 약 8759억 원)를 보조받고, 한전은 이 비용을 전기소비자에게 전가시키는 구조이다.

이처럼 배출권 물량만 확보하면 구매 비용의 대부분을 보조받을 수 있다 보니, 발전사들은 시장에서 공격적으로 구매를 해서 가격을 급등시키고, 잉여물량 보유 업체는 가격이 더 오를 것으로 보고 잉여물량을 판매하지 않게 된다. 결국 시장이 비합리적으로 움직이다보니 해당 업체들은 앞으로가 불안해서라도 계속 보유하게 된다.

석탄발전사에 대한 이러한 보조는 민간기업들의 강력한 항의로 2021년부터 중단되었으나 공기업에 대한 정부의 '원칙 없는 정책'으로 민간기업과의 기울어진 경쟁이 언제 또 재발될지 모르는 상황이다.

여기에 더해 정책의 일관성과 감축 목표 달성 가능성에 대한 '신뢰'를 시장에 심어줘야 한다. 사실 온실가스뿐 아니라 다른 정책들도 마찬가지인데, 정책이 너무 자주 바뀌는 문제를 지적하지 않을 수 없다.

박근혜정부 때 2030년까지 온실가스를 30% 줄이겠다고 하더니, 문재인정부 들어 갑자기 '2030 NDC'를 대폭 강화하고 2050년까지 탄소중립(실질적 탄소배출량 제로)을 하겠다고 나섰다. 국제사회와의 약속은 반드시 이행해야 하지만, 온실가스 감축은 민간기업에게 이런 식으로 밀어 붙여서 할 수 있는 문제가 아니다. 국가경쟁력 즉, 기업경쟁력을 유지하면서 체계적으로 줄일 수 있도록 해야 한다. 기업경쟁력을 무질서하게 해치면서까지 온실가스를 감축한다면, 결국 국민은 기후 위기에 더해 또 다른 피해를 입을 수밖에 없다.

마지막으로 이러한 정책과 제도 개선을 통해 현물시장이 활성화 되면 선물거래 등 파생상품을 도입하고, 금융권과 개인 등 시장참여자를 확대시킬 필요가 있다. 선물거래는 최종적으로 현물이 헷징(hedging)을 담보할 수 있을 정도로 현물시장이 활성화되고 있다는 전제가 충족되어야 한다.

즉, 현물시장이 합리적으로 돌아가야 선물시장과 파생상품이 제 역할을 할 수 있는 것이다. 이로써 시장의 시그널이 온실가스를 실질적으로 감축시키고, 관련 산업을 육성시키는 역할을 할 수 있게 된다. 이러한 여건이 조성된 상태에서 금융기관과 개인을 시장에 참여시켜야 비로소 거래소가 제 기능을 발휘할 것이다.

Chapter 4

탐욕의 수레바퀴 아래서
- 사회적 가치와 기업의 책임에 관하여 -

위기의 기원을 찾아서 [1]

자본의 이동은 어떻게 지구의 위기를 초래했는가?

"과거를 더 멀리 돌아볼수록 더 멀리 미래를 내다 볼 수 있다"

영국의 수상 윈스턴 처칠(Winston Churchill)이 남긴 말이다. 그렇다. 오늘날 미국 중심의 자본주의체제를 이해하기 위해서는 미국의 달러화가 기축통화가 된 '역사적 배경'을 이해하는 게 중요하다. 특히 자본의 이동이 세계적 현상이 된 중상주의 때부터 살펴볼 필요가 있다. 중상주의는 무역을 통해 귀금속을 축적하여 국부를 증대시키는 것을 이상으로 여기는 경제사상이다. 시기적으로는 15세기 말 대항해 시대부터 18세기 산업혁명까지가 해당된다.

중상주의, 자본 이동의 세계화

중상주의가 등장한 역사적 배경은 좀 더 거슬러 올라가 9세기 이후 '분열의 시대'에서 비롯했다. 907년 당나라가 망하고 뒤이어 979년 송나라가 등장하지만 곧이어 만리장성 북쪽의 금나라가 한 때 권세를 누렸고(1126년), 이후로는 칭기즈칸(Chingiz Khan)의 몽골이 금나라와 송나라를 점령하면서 유라시아 대륙을 통일했다(1206년). 유라시아 대륙을 제패해가던 몽골은 1241년 오코타이(Ogotai)가 죽자 분열되었다.

중동지역 또한 혼란의 시기였다. 수니파와 시아파의 분열이 심화되는 와중에, 11세기 투르크족의 일파인 셀주크족이 비잔틴군을 격파하자 비잔틴 황제 알렉시우스 1세(Alexius I)는 서유럽에 도움을 청했다. 셀주크족은 예루살렘 성지 순례자들을 약탈하고 살해했다. 이는 이후 200년 동안 이어진 십자군 전쟁(1095년~1272년)으로 비화되었다. 그러나 십자군 전쟁은 동·서양의 교류를 촉진시켜 유라시아 대륙의 실크로드를 회복시키고, 유럽과 중동 및 중국·인도와의 교역을 다시 일으키는 기폭제가 되기도 했다.

당시 농업을 주력으로 삼았던 유럽은, 농업기술의 혁신(삼포제)*으로 생산성을 50%나 증대시켜 시장과 도시를 키우고 원거리 무역을 발달시켰

---

* 三圃制(Three Field System) : 마을의 공동 경지 전체를 거의 같은 크기의 세 개의 경포(耕圃)로 구분해, 한 곳은 보리와 귀리 등 여름 곡물에, 다른 한 곳은 가을 파종의 호밀 같은 겨울 곡물에 할당하고, 나머지 한 곳은 휴작하고 가축을 방목하여 1년마다 순서를 바꾸도록 하는 방식이다.

다. 이때 유럽과 중동의 금·은이 중국으로, 중국의 비단·도자기 및 인도의 향신료가 유럽으로 유통되기도 했다.

한편, 유럽은 갑작스런 기후 악화로 1315년 경 엄청난 기근을 맞이했다. 영양 부족으로 저항력이 떨어진 상태에서 1350년 전후 확산된 흑사병으로 2000만 여 유럽인이 목숨을 잃었다. 그런데 아이러니하게도 흑사병의 급격한 확산 역시 활발한 교역을 일으키는 촉매제가 되었다. 당시 사람들은 흑사병이 공기를 통해 전파된다고 여겨, 향신료를 피워 공기를 정화시켰다. 즉, 부족한 향신료 수요를 충당하기 위해 교역이 활발해질 수밖에 없었다.

이러한 혼란의 시기에 이슬람 오스만투르크가 동로마제국 수도 콘스탄티노플(지금의 이스탄불)을 점령(1453년)하면서 역사는 또 한 번 크게 소용돌이쳤다. 이때까지 동·서교역은 주로 아랍상인이 주도한 낙타무역이었다. 이들이 아시아의 귀중품을 지중해로 옮기면, 이탈리아 상인이 이를 받아 유럽 각지로 돌며 팔았다. 그러다 실크로드의 중심지 콘스탄티노플이 오스만투르크에 함락되면서 동·서양의 교역이 중단된 것이다. 사치스런 생활에 익숙한 유럽의 영주와 상인이 대항해 개척으로 눈을 돌린 이유다.

포르투갈 왕자 엔히크(Henrique of Portugal)의 후원으로 바르톨로뮤 디아스(Bartolomeu Diaz)는 1488년 희망봉을 발견했고, 바스코 다 가마(Vasco da Gama)는 역시 포르투갈 왕 마누엘 1세(Manuel I)의 지지 하에 1493년 향신료의 산지인 인도 캘리컷에 도착했다. 그보다 조금 앞선 1492년 에스

신대륙의 발견으로 한때 대기근과 흑사병으로 감소했던 유럽의
인구가 다시 늘어났고, 특히 신대륙에서 채굴된 금·은은 화폐량
을 증가시켜 훗날 산업혁명의 혈액 역할을 하는 등 세계 질서를
근본적으로 변화시켰다. 그림은 미국 출신의 신고전주의 화가
존 밴덜린(John Vanderlyn)이 1847년에 그린 <콜럼버스의 상륙>.

파냐(스페인) 여왕 이사벨 1세(Isabel I)로부터 자금을 지원받은 콜럼버스 (Christopher Columbus)가 지금의 중남미 지역인 산살바도르(도미니카공화국)에 도착해 신대륙 발견의 기원을 이룬 것도 너무나 유명한 얘기다.

14세기를 전후해 유럽 대륙은 기후 악화로 땅이 척박해져 농업 생산성이 떨어지면서 기근에 시달려 인구가 크게 줄었다. 반면, 대항해 시대를 통해 획득한 신대륙은 감자, 옥수수, 설탕, 담배, 토마토, 초콜릿 등 물자가 풍부했다. 특히 신대륙에서 발견된 금·은은 화폐량을 증가시켜 훗날 산업혁명의 혈액 역할을 하는 등 세계 질서를 근본적으로 변화시켰다. 결국 신대륙의 발견으로 유럽의 인구는 다시 늘어났고, 산업혁명으로 이어져 대영제국의 시대를 여는 계기를 마련했다.

향신료에서 은으로, 그리고 다시 금으로

과거 인두는 보석, 비단, 향신료의 보고(寶庫)와 같은 곳으로, 유럽인들에게는 '꿈의 나라'였다. 향신료 중에서도 육두구 열매는 질기고 냄새나는 고기를 연하게 하고 풍미를 더해주는 필수 양념이었는데, '열매 하나가 금화 한 닢'과 같을 정도로 값비싼 교역 상품이었다.

중국 또한 (금, 은을 제외하면) 부족한 것이 없는 세계 최대 부국이었다. 도자기, 차, 비단, 향신료 등 중국에서 가져온 거의 모든 물건들은 유럽인들에게 교역(수입)의 대상이었다. 당시 중국과 유럽의 국력 차이를 보여

주는 사례는 해외 원정단 규모에
서도 나타난다. 명나라의 환관 정
화(鄭和)가 1405년 아시아와 인도,
아프리카 원정에 나설 때 350척의
선박과 3만 명의 무리를 거느렸
는데, 이때 가장 큰 선박의 크기가
길이 137미터, 폭 56미터였다고

한다. 반면, 이보다 90여 년 지난
콜럼버스의 산타마리아 호에 승선
한 인원은 90여 명에 불과했다.

과거 유럽인들이 열광했던 향신료의 원료였
던 육두구 열매. '열매 하나가 금화 한 닢'과
같을 정도로 값비싼 교역 상품이었다.

　당시 중국은 부족한 것이 없었기 때문에 원정의 목적이 침략이나 약탈
이 아니라 자신들의 존재를 인정받고 희귀한 물품의 조공을 얻는 수준이
었다. 16세기 포르투갈 상인은, "전 세계를 배회한 은이 중국에 도착하면
마치 여기가 자연의 중심이라는 듯 계속 그곳에 머물렀다"고 했다. 이 말
은, 중국은 은을 되 주고 외국에서 사올 물건이 없을 정도로 풍족했다는
뜻이다.

　먼 훗날 영국은 중국으로 계속 빨려 들어가는 은을 회수할 길이 없자
식민지 인도에서 재배한 아편을 중국에 팔아 은을 회수했다. 이로써 은본
위제의 중국 경제가 요동을 쳤고, 이를 막고자 중국은 아편 몰수와 수입
금지 조치를 취했다. 이는 곧 아편 전쟁이 일어난 원인이 되었다. 전쟁에
서 패한 중국은 쇠퇴의 길로 접어들었다.

달러(dollar)는 미국이 아닌 보헤미아(지금의 체코) 지방에서 비롯했다. 1516년경 보헤미아에서 대규모 은광이 발견되자 지역 관리인이 은화를 주조해 유통시켰고, 이 은화의 이름이 지역의 명칭을 따서 '탈러(thaler)'가 된 것이다. 탈러는 상인들을 통해 400년 넘게 유럽에서 가장 널리 통용되는 화폐였다. '탈러'가 '달러'가 되어 신대륙으로 유통된 데에는 스페인의 역할이 컸다. 영국의 식민지 당시 자체 화폐가 없던 미국은, 담배나 밀 등의 농작물을 수출하는 대가로 스페인이 주조한 은화(탈러)를 받아 화폐 수단으로 사용했다. 이는 당시 지배국이었던 영국이 본국의 화폐인 파운드의 가치를 유지하기 위해 식민지에서의 파운드화 유통을 엄격하게 제한했기에 가능했다. 한편, 달러의 통화 기호인 $은 스페인 은화에 새겨진 기둥과 줄무늬에서 유래되었다는 기록이 전해진다. 이미지는 스페인의 카를로스 4세(Charlos IV)가 새겨진 스페인 탈러(1806년 발행).

해상권 장악, 대영제국의 시대, 그리고 산업혁명의 태동

세계 경제의 움직임을 이해하기 위해서는 돈의 흐름을 알아야 한다. 돈의 흐름을 가장 상징적으로 보여주는 것이 바로 기축통화(본위제도)이다. 본위제도는 기준자산을 근거로 화폐가치를 정하는 제도인데, 과거에는 주로 금·은이 기준이 되었다. 은본위제는 고대부터 중국과 인도가 채택했고, 금본위제는 1816년 영국이 채택하면서 전 세계로 확산되었다. 이는 이들 나라가 당시 전 세계 최강국이었음을 의미한다. 이후 1, 2차 세계 대전을 치루면서 전 세계 금·은이 미국으로 집중됐는데, 이것이 오늘날 미국 달러체제 형성의 기반이 된 것이다.

한편, 16세기 무렵 식민지 쟁탈전에 나선 유럽의 여러 나라들이 주도권을 잡기 위해 벌인 전쟁 가운데 반드시 기억해야돼야 할 것이 있다. 바로 '칼레 해전'이다. 1588년 영국의 엘리자베스 1세(Elizabeth I)는 칼레 해전에서 스페인의 무적함대를 격파하고 해상권을 장악했다. 이를 계기로 영국은 아프리카 노예를 150년 동안 340만 명이나 북아메리카 식민지로 보내고 거기서 채굴한 막대한 양의 은으로 인도와 중국의 상품을 구매하는 무역을 통해 제국주의적 세력을 키웠다. 드디어 대영제국의 시대가 열린 것이다. 『국부론』의 저자 애덤 스미스(Adam Smith)는, "만약 은이 없었더라면 유럽은 아시아 시장에 명함도 내밀지 못했을 것이다"라고 당시 상황을 설명했다.

영국에서는 해상장악력을 바탕으로 식민지가 넓어지고 금·은이 쌓이다보니 (통화량 증가로) 자연스럽게 노동자의 임금이 급등하면서 산업혁명으로 이어졌다. 그런데 산업혁명은 왜 당시 선진국인 중국이나 프랑스에서 일어나지 않고 영국에서 일어난 걸까?

중국은 높은 농업생산성으로 인구가 많아 저임금 구조가 고착화되어 있었고, 또 경제가 선순환하면서 자본의 추가 수요가 적었다. 이는 중국 내 구매력을 약화시켰으며, 이로써 신규 투자(혁신)의 필요성을 깨닫지 못한 것이다. 중농주의 기조가 우세했던 프랑스도 여전히 높은 농업생산성에 취해 있었다. 특히 프랑스는 교회와 국가의 간섭이 심해 관료적 분위기가 팽배한 상황에 처했다.

반면, 영국은 토지가 척박해 농업생산성이 낮았고, 식량 부족으로 인구가 줄어든 만큼 임금이 높았다. 1775년 런던 노동자들의 임금은 비엔나 노동자들보다 4배나 높았다. 고임금은 자본가, 즉 기업에게는 큰 부담이었지만, 다른 한편으로는 혁신을 창출하는 기회로 작용했다. 고임금으로 경쟁력을 상실한 영국의 기업들은 값싼 에너지(석탄)로 증기기관이라는 혁신 기술을 통해 대량 생산체제를 구축함으로써 높은 임금을 상쇄할 만큼 막대한 수익을 올릴 수 있었다. 아울러 기업으로서는 고도의 기술력을 갖춘 노동자들에게 합당한 임금을 지급하는 게 부담스럽지 않았다.

영국은 이미 1624년에 특허제도를 도입하여 상업(무역)이 제조업과 긴밀히 연결되도록 기술 혁신을 장려했다. 더욱이 북아메리카로부터 은의 유입과 노예무역 및 식민지 수탈로 자본도 풍부해졌다. 한마디로 고임금으로 인해 치열한 경쟁력을 확보해야 하는 구조적 필연성과 자유로운 기

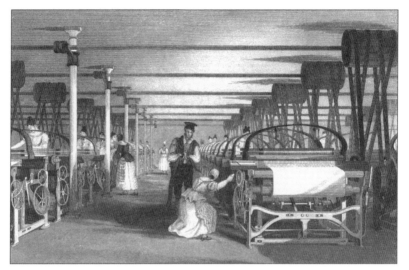

영국의 산업혁명이 직물시장에서 비롯된 것도 치열한 국제 경쟁의 결과이다. 당시 중국은 거의 모든 제품에서 최고의 경쟁력을 지녔지만, 유독 직물시장에서는 영국, 서유럽, 인도와 비교우위 경쟁을 하고 있었다. 이때 영국은 경쟁력에서 밀리자 인도 면직물 수입을 금지시키고, 이를 유럽과 아메리카로 재수출하면서 식민지시장을 장악해나갔다. 이러한 과정에서 영국은 (대량 생산을 위한) 기계화가 절실했고, 석탄 광산에서 시도된 증기기관 개량에 박차를 가하게 된 것이다. 이미지는 영국의 건축가이자 삽화가인 토머스 앨럼(Thomas Allom)이 1835년에 그린 <직물공장의 방직기>.

업 활동 여건 및 이를 받쳐주는 대자본의 존재가 산업혁명을 태동시킨 것이다.

영국의 산업혁명이 직물시장에서 비롯된 것도 치열한 국제 경쟁의 결과이다. 당시 중국은 거의 모든 제품에서 최고의 경쟁력을 지녔지만, 유독 직물시장에서는 영국, 서유럽, 인도와 비교우위 경쟁을 하고 있었다. 이때 영국은 경쟁력에서 밀리자 인도 면직물 수입을 금지시키고, 이를 유럽과 아메리카로 재수출하면서 식민지시장을 장악해나갔다. 이러한 과정에서 영국은 (대량 생산을 위한) 기계화가 절실했고, 석탄 광산에서 시도된 증기기관 개량에 박차를 가하게 된 것이다.

1709년 영국의 철강업자 에이브러햄 다비(Abraham Darby)가 석탄으로 철 제련 과정에 쓰이는 코크스를 만들어 냈다. 과거에는 나무를 태운 숯으로 제련을 하여 산림이 황폐화 되었다. 하지만 코크스의 발견으로 숲도 보호하면서 산업혁명의 태동에 결정적 계기가 된 증기기관의 개발로 이어진 것이다. 1775년 제임스 와트(James Watt)는 증기기관을 철도와 선박의 개량에 적용하는 또 다른 혁신을 일으켰고, 이는 곧 대량 생산을 대량 유통으로 이끄는 마중물이 되었다.

위험천만한 자본주의의 기세를 꺾는 제동장치?

하지만 이후 역사는 산업혁명을 해피엔딩이라고 단정 지을 수 없는, 적지 않은 우여곡절을 경험하게 된다. 대량 생산과 유통, 거대 자본의 탄생은 식민지 쟁탈전을 격화시켰고, 급기야 전쟁까지 불러일으켰으니 말이다. 결국 오늘날 전 지구적 자본주의의 전형(典型)은 산업혁명기를 전후해 시작되었다고 봐도 무방할 것이다. 모든 거래가 화폐로 이뤄지고, 자본가 · 소규모 자영업자(전문직) · 노동자 · 빈곤 계급이 본격적으로 형성되었기 때문이다. 그리고 기술이 발전(혁신)할수록 자연과 자원을 무한대로 이용해서 대량으로 생산하고 소비하는 시대를 열어젖혔다.

이제 자본주의는 또 다른 차원의 운명에 직면해 있다. 급격한 기술 발전의 속도만큼 자본의 흐름도 '욕망'이라는 이름 아래 더욱 극단으로 치닫고 있다. 경제·사회·문화를 비롯한 거의 모든 분야에서 양극화는 갈수록 커지고, 지구온난화 또한 어마무시한 속도로 위기를 키우고 있다.

"무엇을, 어떻게, 어디서, 누가, 누구를 위해 생산할 것이냐의 판단 기준은 이윤 추구에 따라 결정된다"는 미국의 경제학자 헌트(Emery Kay Hunt)의 주장은, 과거 산업혁명기 전후부터 지금의 기후위기 시대를 관통한다. '이윤 추구'라는 욕망이 걷잡을 수 없이 커지는 위험천만한 기세를 자본주의는 어떻게 제어할 것인가? 그 제동장치 중 하나로 주목받는 'ESG'는 과연 자본주의의 미래로 작동할 수 있을까? 이를 통찰하기 위해서는 무엇부터 시작해야 할까?

이 글의 처음으로 돌아가, 진정으로 착한 자본이 과연 가능할지는 과거로부터의 성찰에서 비롯됨을, 처칠의 말에서 깨닫게 된다.

"과거를 더 멀리 돌아볼수록 더 멀리 미래를 내다 볼 수 있다"

위기의 기원을 찾아서 [2]

**미국체제의 형성 과정과
기축통화의 위력**

1914년 제1차 세계 대전 초기 미국은 영국, 프랑스, 독일과 특별한 친소 관계가 없었다. 그런데 전쟁이 진행되면서 미국이 엄청난 군수물자 특수를 누리고 전시공채를 매입해 주면서 영국과 프랑스의 부채가 급증하게 되었다. 이런 연유로 미국의 여론이 영국과 프랑스에 우호적으로 변하던 와중에 독일의 무제한 잠수함 작전으로 인해 미국인 128명이 목숨을 잃는 사건이 발생했다. 이를 계기로 미국이 뒤늦게 전쟁에 참여하게 된 것이다.

1918년 제1차 세계 대전이 끝나자 유럽 각국은 전시채권 상환을 위해 식민지를 잃게 되었고, 미국은 채무국에서 채권국으로 부상했다. 설상가

상으로 1917년 러시아혁명이 발발하자 유럽 각국은 대 러시아채권을 상실하면서 서서히 쇠락의 길을 재촉했다. 영국과 프랑스는 대 러시아 투자금(차관) 회수를 못하게 되었고, 독일은 최대 무역국의 지위를 상실하고만 것이다. 반면에 미국은 전쟁 특수로 시작된 호경기가 지속되어 1920년대 번영의 토대를 이뤘다.

미국경제를 따라가기 시작한 세계경제

제1차 세계 대전의 결과는 미국의 세계 중심국 지위를 강화시켜 주었다. 미국은 전후 배상금과 전시채권 처리를 주도하게 되었는데, 문제는 패전국 독일이 상환능력을 잃었다는 사실이다. 1921년 독일은 1380억 마르크의 배상 의무를 졌지만 첫 해만 갚고 더 이상 상환하지 못하자, 프랑스는 석탄 산지 루르 지방을 침공했다. 이에 미국은 배상위원장 도즈의 제안(Dawes Plan)에 따라 미국이 독일에 미국달러 차관을 제공하면 독일은 이 달러로 영국과 프랑스에 배상을 하도록 했다.

그러나 대폭적인 채무 감축에도 불구하고 세계경제가 계속 불안해지자 1930년 배상위원장 영(O.D. Young)에 의해 좀 더 감축되었고(Young Plan), 1931년 미국의 후버(Herbert Clark Hoover) 대통령에 의해 지불 중지가 결정되면서 전후 배상과 전시채권 문제는 일단락되었다.

한편 전시채권 문제가 일단락되자 각국은 전쟁 중 극단적 인플레이션으로 중단됐던 금본위제로 다시 복귀했다. 전쟁 중에는 극단적 인플레이션으로 인해 국가 간에 자본과 상품의 이동이 곤란해져 금본위제가 중단됐었다. 이러한 상황이 서서히 회복되면서 미국은 1919년에, 나머지 유럽 국가들도 금본위제로 복귀한 것이다.

그러나 현실적으로는 그때부터 이미 미국이 복귀하면 다른 나라들도 따라갈 수밖에 없는 상황이었고, 대외적으로는 금으로 결제를 하되 자국 내에서는 금으로 결제하지 않은 '금환본위제'였다. 즉 각국은 금이나 금과 교환할 수 있는 화폐(미국달러화나 영국파운드화)의 보유량만큼만 화폐를 발행할 수 있게 된 것이다. 결국 미국경제에 위기가 오면 세계경제도 위기가 초래되는 구조가 된 것이다.

미국경제가 안정기에 접어들면서 괄목할 만한 변화가 일어났다. 1924

사진은 1903년에 설립된 포드자동차에서 시행한 생산 합리화 방식이 한창인 공장 현장. 생산 합리화 방식은 부품의 표준화, 제품의 단순화, 작업의 전문화 등으로 생산의 표준화를 이루고, 컨베이어 시스템에 의한 이동조립방법을 채택해 작업의 동시 관리를 꾀함으로써 원가 절감을 통한 대량 생산체제의 계기를 마련한 것으로 평가받는다.

년부터 철강, 기계, 석유 등 기간산업이 발달하고, 자동차와 가전 등 소비재 부흥 운동이 일어난 것이다. '포드 시스템(Ford System)'으로 자동차의 대량 생산이 이뤄졌고, 고용도 크게 늘었다. 아울러 성장 궤도에 오른 자동차산업은 고무, 판유리, 전선, 니켈과 같은 소재의 수요를 끌어올리면서 엄청난 산업 유발효과를 일으켰다.

도로가 늘어나 원거리 출·퇴근이 가능해지자 전원주택 수요가 증가하면서 건설업과 토목업이 살아났다. 주유소, 페인트, 광고업, 소비자금융, 가전제품이 미국경제를 주도했고, 영화, 관광, 출판, 교육, 마케팅 등 서비스업 발전을 유도했다.

하지만 산업의 급속한 집중과 집적은 독점으로 이어지고 말았다. 생산성의 향상은 원료 단가의 하락 경쟁을 심화시켰고, 이는 또 다시 독점력을 높였다. 또한 과도한 저축률은 특이한 경제 현상을 유발했다. 유동성 과잉이 1920년대 주택, 주식, 자동차 교체 붐을 일으키는 등 돈이 몰려다니면서 대공황의 조짐이 보이기 시작한 것이다. 일반기업도 개인의 잉여 저축을 끌어들여 해외에 직접 투자하는 등 다국적 기업화를 시도했다.

'대공황'이란 쓰나미, 그리고 제2차 세계 대전

미국에서의 공황 발발은 상대적 안정기에 들어간 미국경제의 특성에 연유한다. 노동생산성이 증가하면 제품가격이 떨어져야 하는데 시장이 독

점이다보니 가격은 떨어지지 않는 현상, 즉 독점가격의 '하방경직성'이 나타났다. 가격원리가 제대로 작동하지 않게 된 것이다.

심각한 것은 이 시기 노동운동이 쇠퇴하기 시작하여 계층별 소득에 중대한 변화가 일어났다는 사실이다. 독점구조로 회사의 이익이 상승하고 배당소득도 증가하며 고용도 늘어났지만, 실업률이 떨어지니 임금 인상은 낮아졌다. 이러한 분배구조의 변화, 즉 자본 소득의 증가와 노동 소득의 저하가 누적되어 나타난 것이 바로 대공황이다.

실제로 1921년에서 1929년 사이 자본에 대한 배당소득은 219% 늘어났지만 고용소득 총액은 40%, 1인당 소득은 15% 증가에 그쳤다. 소득 분배가 구조적으로 노동자에게 불리한 상황 하에서 축적된 이윤이 실물 투자보다는 저축이나 주식 투자로 쏠렸다. 이러한 현상은 영국, 프랑스, 독일, 일본에서도 나타났다.

1920년대 미국의 대공황은 전 세계에 영향을 미치면서 몇 가지 변화를 일으켰다.

첫째는 금본위제가 다시 붕괴되었다. 1929년 우루과이, 브라질 등 농업 국가들로부터 시작해서 1931년 독일, 1932년 영국, 1933년에는 미국마저

1929년 9월 3일 381.17의 다우지수는 같은 해 10월 24일 이른바 '검은 목요일'이라 불리는 그날 230.07으로 대폭락하며 대공황의 시작을 알렸다. 곧이어 수백~수천 개의 기업이 도산하고 노동자들은 일자리를 잃고 노숙자가 되었으며, 대출을 받아 주식을 매수한 투자자들은 맨해튼 고층 빌딩에서 뛰어내리는 끔찍한 일들도 속출했다. 왼쪽 이미지는 검은 목요일에 뉴욕증권거래소 앞에 모여든 청중들.

금본위제에서 이탈했다.

두 번째로 나타난 현상은, 무역제한 정책으로 관세장벽이 강화되면서 세계경제가 블록화 되었다. 1930년 미국은 수입관세율을 19.8%에서 33.6%로 높였다. 1931년에는 인도와 중국이, 1932년에는 자유무역의 최후 보루인 영국이 수입 세법을 제정했다. 급기야 1932년 8월 영연방제국의 대표가 케나다의 수도 오타와에 모여 비영연방국에 대해서는 고율의 관세를 부과하는 '오타와협정'을 체결했다. 오타와협정으로 세계경제가 블록화되기 시작한 것이다. 독일은 동남유럽을 대상으로 나치광역경제권을, 미국은 '통상협정법'을 제정하여 범 아메리카 블록을, 일본은 조선과 만주를 묶는 대동아공영권을, 프랑스는 프랑블록을 형성했다. 블록 내에서는 상호 간에 특혜를 주고, 블록 밖으로는 대단히 높은 관세를 부과했다. 결국 이러한 블록과 블록 간의 대결이 제2차 세계 대전을 촉발시켰다.

세 번째는 각국이 재정 정책을 적극적으로 실시했다. 그 방식으로는 뉴딜식과 나치즘식이 있었는데, 재정 정책이 본격적인 경제 정책의 일환으로 등장한 것은 이때가 처음이었다. 결론적으로 미국은 실패했고 독일은 성공했다. 그 이유는 재정지출 규모에 있었다. 독일의 경우 1932년에서 1938년 간 국방비를 22배 증가시켜 정부지출 중 국방비 비중이 43%나 됐다. 반면 미국은 1.4배 증가시켜 국방비 비중이 6%에 불과했다. 이는 미국 정도의 재정 지출로는 경기부양 효과가 없고, 독일처럼 막대한 양을 일시적으로 지출해야 효과가 있다는 것을 의미했다. 실제로 독일은 전쟁 준비를 통해 단기간에 공황을 극복했고, 상대적으로 재정 투입이 적었던 미국은 제2차 세계 대전을 수행하면서 공황을 극복할 수 있었다. 재정 정책을 주장한 케인스(John Maynard Keynes)도 "내 이론을 입증시키기 위해서는 대규모 재정 지출을 일시적으로 집중해야 하는데 이는 전시에나 가능하다"고 주장했다. 불행히도 제2차 세계 대전은 케인스이론이 옳았음을 입증했다.

"미국은 빚을 갚기 위해 달러를 마구 찍어
다른 나라들의 등골을 빼먹었다"

제2차 세계 대전이 끝나자 미국은 새로운 고민에 빠졌다. 전 세계 제조품의 42%, 철강 57%, 석유 62%, 자동차 80%를 미국이 생산했다. 제2차 세계 대전을 통해 새로 늘어난 과잉 설비와 달러를 해소하기 위해서는 수요 확보가 필요한데, 미국 바깥 세계는 달러가 부족했다. 이대로 가면 공황이 다시 찾아올 수 있다는 위기감이 커졌다. 이에 미국은 대 사회주의 대응 전선도 강화할 겸 동맹국에게 달러 원조를 선언했다. 이것이 유명한 유럽 부흥계획(European Recovery Program), 일명 '마셜플랜(Marshall Plan)'이다.

　미국이 제2차 세계 대전으로 잿더미가 된 유럽에 달러를 제공하여 경제를 재건시키고 체제 안정을 이루자는 취지였다. 이를 통해 미국은 공황의 우려를 불식시키면서 채무국에 군사적 · 정치적 · 경제적 의무를 강요할 수 있게 되었고, 결과적으로 전 세계의 미국체제화가 이뤄지게 된 것이다.

영국의 경제학자 케인스(John Maynard Keynes)는 "(재정 정책의 중요성을 강조한) 나의 이론을 입증시키기 위해서는 대규모 재정 지출을 일시적으로 집중해야 하는데 이는 전시에나 가능하다"고 주장했다. 불행히도 제2차 세계 대전은 케인스이론이 옳았음을 입증했다. 그리고 제2차 세계 대전이 끝나갈 무렵인 1944년 세계 44개국 대표들이 미국 뉴햄프셔주 브레튼우즈에 모여 미국달러화를 기축통화로 하는 고정환율제도인 금본위제가 채택되었다. 그에 앞서 케인스는 가상의 국제 공용통화인 방코르(Bancor)를 기축통화로 삼는 새로운 국제통화체계(케인즈 플랜)를 제안했지만 받아들여지지 않았다.

한편, 제2차 세계 대전이 끝나갈 무렵인 1944년 세계 44개국 대표들이 미국 뉴햄프셔주 브레튼우즈에 모였다. 전쟁으로 각 국은 통화가치가 불안정해지자 수출을 늘리기 위해 자국 통화의 평가절하를 시도했다. 이에 미국은 자유무역을 기반으로 환율을 안정시켜 국제무역을 확대하고 국제수지 균형을 논의하는 IMF를 창설했다. 그리고 미국달러화를 기축으로 하는 고정환율제도인 금환본위제를 채택했다. '순금 1온스 = 35 미국달러'로 하고 다른 나라 통화 가치는 미국 달러화에 고정시켰다. 이는 미국이 전 세계 GDP의 50%, 전 세계 금의 70%를 가지고 있었기에 가능했다.

미국은 금본위제로 복귀하고, 다른 나라는 자국이 보유한 금과 미국달러화만큼만 화폐를 발행하도록 했다. 드디어 전 세계가 정치적 미국체제에 더하여 경제적으로도 미국달러 체제화가 확립된 것이다.

마셜플랜과 IMF 창설로 제2차 세계 대전 이후 체제 안정이 이뤄지고 유럽과 일본의 경제가 재건되면서 미국 밖에서는 달러가 넘쳐났다. 반면에 미국은 한국전쟁과 베트남전쟁을 수행하면서 무역수지 적자가 지속되어 달러가 부족하게 되었다. 이에 미국은 기축통화국의 특전을 활용하여 국제수지 적자를 대량의 달러 발행으로 보전했다. 당시에 이미 달러 발행량(액)은 미국 금 보유량의 12배나 됐다. 요즘 용어로 엄청난 양적완화가 일어난 것이다.

달러 가치가 급락하자 프랑스를 필두로 금태환 요구가 일어나 미국의 금 보유량이 3분의 1로 감소했다. 당시 프랑스 대통령 드골(Charles De Gaulle)은 "많은 국가들이 미국달러화가 금과 같다는 원칙을 받아들였다.

그러나 미국은 빚을 갚기 위해 달러를 마구 찍어 다른 나라들의 등골을 빼먹었다"고 비난했다.

결국 1971년 미국의 닉슨(Richard Milhous Nixon) 대통령은 일방적으로 금태환 중지를 선언했다. 이를 계기로 국제수지 조정은 금이 아니라 '환율'의 몫이 됐다. '순금 1온스 = 35 미국달러'의 브레튼우즈체제(고정환율제)는 1976년 자메이카의 수도 킹스턴에서 열린 IMF 총회에서 환율 자유화를 선언함에 따라 많은 나라들이 변동환율제를 채택했다. 이후 세계경제는 미국의 기준금리 결정과 이를 결정하는 미국 연방준비제도(Fed)의 동향에 촉각을 곤두세우게 되었다.

2008년 글로벌 금융위기나 2019년 코로나19 등으로 기축통화국의 양적완화는 일상화되었다. 미국 연방준비제도가 결정하는 금리가 전 세계 모든 나라의 금리와 환율과 물가를 흔들고 있다. 그에 따라 각국의 경제 사정이 요동을 치고 기업의 성과가 영향을 받고 심지어 정권이 흔들리고 있다. 당연히 세수와 재정이 흔들리니 양극화가 심화될 수밖에 없다. 아울러 지속가능성, 특히 금융기관의 지속가능성이 중요해졌다.

일본의 '잃어버린 30년', 한국과 아시아 국가의 '외환위기'

2008~2009년 미국의 '비우량(서브 프라임)' 담보대출로 촉발된 금융위기

는 전 세계를 흔들었다. 미국은 금융기관이 파산하고 실업률이 증가하는 등 한때 대공황 전 단계까지를 걱정해야만 했다. 그러나 기축통화국의 이점을 유감없이 발휘했다. '헬리콥터 벤'이라는 별명을 지닌 벤 버냉키(Ben Shalom Bernanke) 미국 연방준비제도이사회(Fed) 의장은 "경제가 어려울 땐 헬리콥터로 공중에서 돈을 뿌려서라도 경기를 부양해야 한다"고 주장했다. 실제로 그는 중앙은행의 돈을 시중에 마구 방출하는 양적완화(QE, Quantitative Easing)를 단행했다. 이러한 여파로 자국 통화가치 하락을 통한 수출 경쟁력 회복을 노렸던 유럽은 유로체제(고정환율 유지)로 인해 그리스 등 남부 유럽 국가들이 파산 위기까지 몰리자 공무원 봉급과 연금 등 사회복지 지출을 줄여야만 했다.

기축통화가 없는 나라는 세계경제의 나비효과로 인해 기축통화국의 정책에 휘둘리고 민생은 고통을 받는다. 미국달러화가 양적완화로 자국의 유효 수요를 창출하려고 하면 상대국도 자국의 수출을 늘리기 위해 자국 통화를 평가절하하게 된다. 이는 다시 수입품의 가격을 높여 인플레이션을 유발한다.

2010년 '아랍의 봄' 역시 비기축통화국이 겪는 불행한 사례가 아닐 수 없다. 2010년 당시 아랍은 식량난에 빠졌는데, 마침 지구온난화로 러시아와 우트라이나의 밀 농사가 흉작이 되어 수출이 줄었다. 밀가루 값 폭등과 미국의 양적완화에 대응한 환율 절하로 서민의 부담은 배가 되었다. 엄청난 인플레이션으로 튀니지는 '자스민혁명'으로 정권이 붕괴되었고, 뒤이어 이집트와 리비아 등 여러 아랍권 국가에서도 정권이 전복되고 대규모 시위가 일어났다.

더 적나라한 사례는 '플라자합의'이다. 1985년 미국은 (달러 가치를 낮춰) 수출 경쟁력을 높이고자 일본, 독일, 프랑스, 영국 등 4개국 재무장관을 뉴욕 맨해튼 플라자호텔에 불러 이들 나라의 화폐가치를 평가절상 시켰다. 대표적으로 일본 엔화의 가치를 미국 1달러당 250엔에서 120엔으로 50% 이상 절상시켰다. 플라자합의 이후 일본경제는 '잃어버린 30년'이 되고 말았다. 장기 침체의 늪에 빠진 것이다. 당시 한국은 상대적으로 원화절하의 혜택을 받아 1980년대 후반 3저 호황(환율·유가·금리)을 누렸다. 그러나 그로부터 10년이 지난 1995년에는 '역플라자합의'를 하게 된다. 1985년 플라자합의에도 불구하고 미국의 경상수지 적자가 줄어들지 않자 1995년 선진 7개국(G7)이 달러 가치를 높이는 '강한 달러 정책'에 합의한 것이다. 미국으로 돈이 몰리도록 자본수지 흑자정책을 폈는데, 이는 한국 등 아시아 국가들이 1997년 외환위기를 맞는 계기가 되었다.

국제 금융자본이 'ESG 경영'을 강조할 수밖에 없는 이유

코로나19를 맞아 미국은 엄청난 양적완화를 단행했다가 유효 수요와 고용 회복으로 인한 인플레이션이 나타나자 2022년부터는 긴축 정책(금리 인상)으로 전환했다. 여기에 '인플레감축법(IRA)'과 '반도체지원법'을 수단으로 전 세계 공급망을 자국 중심으로 재편하고 있다.

제조업의 자국 내 유치를 중시하는 것은 중국의 패권 추구에 대한 대응 차원도 있지만, 2008년 글로벌 금융위기 때 서비스업보다 상대적으로 취약했던 제조업 비중이 위기를 키웠다는 반성도 작용했다. EU는 유럽 지역으로 수입되는 제품 중 자국보다 탄소 배출이 많은 국가에서 생산된 제품에 관세를 부과하는 탄소국경조정제도(CBAM)를 2023년 10월부터 시범 도입한다. 또한 탄소감축투자에 대해서는 미국 이상으로 보조금을 지원해주기로 했다.

이 모든 조치들은 결국 보호무역과 블록경제의 재현이다. 기축통화의 움직임에 생사가 달린 국제 금융자본이 발 빠르게 'ESG 경영'을 강조할 수밖에 없는 이유가 여기에 있는 것이다.

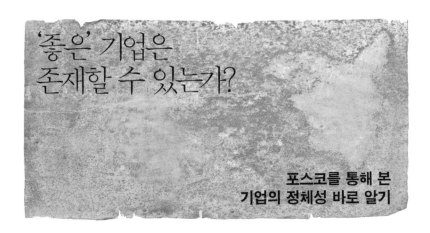

'좋은' 기업은
존재할 수 있는가?

**포스코를 통해 본
기업의 정체성 바로 알기**

2022년 9월 6일 새벽, 태풍 '힌남노'가 한반도를 지나가며 경북 포항지역
에 시간당 100mm 이상의 역대급 폭우를 퍼부었다. 포항에서만 사망 9명,
실종 1명의 인명피해가 발생했고, 주택·상가 1만1000여 채 및 차량 1천
500대가 침수·파손됐다. 기업체의 경우에는 포스코를 비롯한 92개 업체
가 피해를 입었다. 기업체 피해 가운데 주목을 끄는 것은, 포스코 포항제
철소가 창사 이래 처음으로 침수되었다는 사실이다.

한편, 당시 추석 연휴를 반납하고 피해 복구에 집중하던 9월 14일경 장
영진 산업통상자원부 1차관은 정부가 '철강 수해복구 및 수급 점검 TF'의
운영과 함께 '민관합동 철강수급 조사단'(단장 민동준 연세대 명예교수)을

구성한다고 발표했다. 조사단은 철강재 생산의 정상화 시기 예측 및 공급망 안정의 선제적 확보, 정상화를 위한 정부 지원사항 확인, 철강수급 상황 확인 등의 활동을 벌인다고 했다. 국가적 재난 상황에서, 철강이 가지는 전·후방 산업에서의 영향력을 고려할 때 정부의 조치는 너무나 당연했다.

문제는 이날 브리핑에서 장 차관이 한 발언이었다. 그는 "태풍이 충분히 예보된 상황에서도 이런 피해가 발생한 것에 대해 한번 따져볼 예정"이라고 했다. 장 차관의 발언이 알려지자, 언론은 사전에 충분히 피해를 막을 수 있었던 '인재'라는 점을 부각하려는 뜻이 담겨 있다고 해석했다. 또 최정우 포스코그룹 회장의 책임을 묻기 위한 의도라고 풀이하면서, 정부 고위 관계자가 "이번 태풍 피해는 중·장기적으로 포스코 지배구조와도 연결될 수 있는 심각한 문제"라고 지적했다고 전했다.

정치권에서는 이러한 전망에 힘을 싣는 발언이 이어졌다. 여당인 국민의힘 성일종 정책위원회 의장은 "세계 초일류 기업이자 선조들의 핏값으로 세워진 자랑스러운 제철소에 큰 오점을 남긴 이번 피해는 반드시 책임이 따라야 한다"라고 말했다. 결국 포스코 침수 사태는 사회·경제적 파장을 넘어 정치적 영역으로까지 논란이 확산되었다. 이 때문에 논란에 대한 팩트체크 항목도 덩달아 많아진 양상이다. 이를 정리하면 대략 다섯 가지로 모아진다.

① 포스코 피해는 얼마나 되며 언제 정상화 되는가?

② 이 사태는 인재인가, 천재지변인가?

③ 왜 갑자기 지배구조 이슈로 확산되었나?

④ 포스코홀딩스(지주회사) 출범 이후 어떤 일이 벌어지고 있나?

⑤ 포스코는 앞으로 어떻게 대처해야 하나?

포스코의 피해는 얼마나 되며, 언제 정상화 되는가?

침수 피해가 발생하고 시간이 많이 흐른 지금 포스코의 피해 규모와 정상화 시기를 다시 언급하는 이유는, 당시 이 논란이 역설적으로 포스코와 철강산업의 특성을 잘 모르기 때문에 나온 것임을 팩트체크할 필요가 있어서다. 즉, 포스코가 아니라 우리나라 산업의 피해를 물었어야만 했다.

쇳물에서 시작해서 수많은 최종 제품이 고객에게 전달되기까지는, 우선 제철소 안에서 5~7단계의 제조과정을 거쳐야 한다. 그 이후에도 제철소 밖의 2차 가공회사에서 2~3단계의 과정을 거친다. 그 전체 기간은 길게는 6개월, 아무리 짧아도 3개월 이상이 소요된다. 이는 소비자가 자신이 원하는 제품을 구입하려면 그만큼의 기간 전에 주문이 이뤄져야 하고, 반대로 생산 차질이 생기면 그만큼의 기간 동안 조달에 차질이 생길 수 있음을 의미한다.

자동차 1대에 소요되는 강판만 해도 100여 가지가 된다. 여기에 엔진용, 샤프트용 특수강 등을 포함하면 자동차 1대에 필요한 철강 소재는 200가지를 훌쩍 넘는다. 하나의 자동차 회사에서 나오는 브랜드가 대략

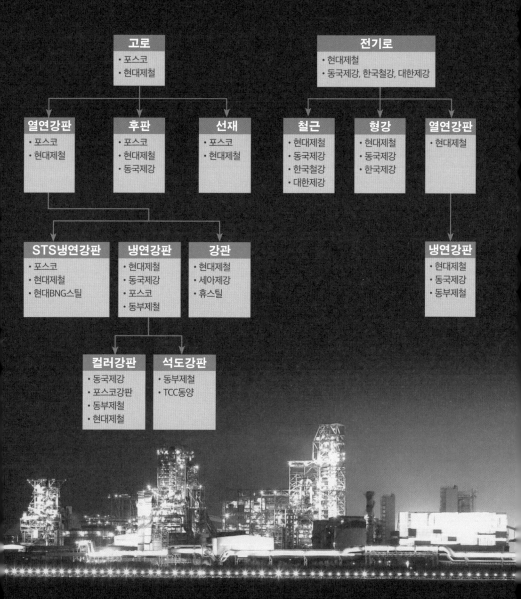

고로	전기로
• 포스코 • 현대제철	• 현대제철 • 동국제강, 한국철강, 대한제강

열연강판	후판	선재	철근	형강	열연강판
• 포스코 • 현대제철	• 포스코 • 현대제철 • 동국제강	• 포스코 • 현대제철	• 현대제철 • 동국제강 • 한국철강 • 대한제강	• 현대제철 • 동국제강 • 한국제강	• 현대제철

STS냉연강판	냉연강판	강관	냉연강판
• 포스코 • 현대제철 • 현대BNG스틸	• 현대제철 • 동국제강 • 포스코 • 동부제철	• 현대제철 • 세아제강 • 휴스틸	• 현대제철 • 동국제강 • 동부제철

컬러강판	석도강판
• 동국제강 • 포스코강판 • 동부제철 • 현대제철	• 동부제철 • TCC동양

포스코는 열연강판, 후판, 냉연강판, 도금강판 등 각종 강판에 이르기까지 철강산업의 가치사슬에 넓게 포진해 있다. 침수피해에서 포스코의 피해 규모와 정상화 시점을 막연하게 묻는 것은, 철강산업의 생태계를 제대로 이해하지 못했기 때문이다.

20개가 넘고 브랜드별로 연식에 차이가 있는 점 등을 고려하면, 자동차 회사 한 곳이 필요로 하는 철강제품은 적어도 5000가지에 이른다. 여기에다 조선용, 가전용, 건축용 등의 다양한 철강 수요를 충족하려면 제철소가 생산해야 하는 철강제품 규격은 기하급수적으로 늘어난다. 이런 까닭에 '정상화'라는 용어를 정의하기란 제철소에서 생산하는 철강제품의 종류만큼이나 다양하고 어려운 일이다.

따라서 정상화는 ① 고로 가동(슬라브 생산) 정상화, ② 후판·열연 제품 생산까지 정상화, ③ 냉연(선재)제품까지 정상화, ④ 도금(전기강판)제품까지 정상화, ⑤ 전방(원부재료 조달)과 후방(최종 고객사) 관계사의 정상 가동까지 정상화, ⑥ 침수 이전과 같은 완전한 상태로까지 정상화 등의 여러 단계를 나눠 살펴봐야 한다. 어떤 단계를 기준으로 하느냐에 따라 정상화의 기간과 피해 금액이 크게 달라지기 때문이다.

당시 산업자원부 장영진 1차관은 침수 발생 20일이 지난 2022년 9월 29일 기자간담회에서 "제철소 18개 공장 중 13개는 올해 안에 정상화되고 나머지 공장은 내년 1분기 정도에 정상화될 수 있을 것"이라고 전망했다. 하지만 포스코는 전력을 다해서 2023년 1월 19일 복구를 완료했다고 밝혔다.

침수 사태 이후 포항의 지역경제는 '초토화'나 다름없는 상태가 됐다. 포스코에 각종 자재를 납품하거나, 제품을 받아 가공하는 업체들은 자체 공장의 침수에 따른 피해는 물론이고, 3개월 이상의 포스코 제품 생산 차질로 일거리가 없는 어려움을 겪었다.

인재인가, 천재지변인가?

포항제철소 침수 사태의 원인을 따지는 일은 매우 신중하게 접근해야만 한다. 피해 보상(배상)의 책임이 따르는 문제인데다 인과관계를 분석하기도 어렵기 때문이다. 당시 문제가 된 포항제철소 옆 냉천을 둘러싸고 여야 정치권 사이에, 그리고 포스코와 포항시 사이에 날선 공방이 벌어졌다.

포스코는 "이번 포항제철소 침수의 원인은 인근 냉천의 범람 때문"이라며, "이른 시일 안에 냉천 바닥 준설, 불필요한 구조물 제거 등의 하천 재정비를 통해 물길의 흐름을 원활히 해야 냉천 범람을 구조적으로 막을 수 있다"고 주장했다. 아울러 태풍, 폭우 등에 대비한 냉천 재정비를 위해 포항시와 적극 협력해 나가겠다고 밝혔다.

그런데 포항시는 "2012년 시작된 냉천 정비사업이 끝난 뒤에도 하천 폭은 2012년 이전과 비슷하다"며, "일각에서 하천 폭을 줄여서 유속이 빨라졌다고 하는 건 말도 안 되는 주장"이라고 반박했다. 물길이 포항제철소로 범람하게 한 다리도 포항제철소가 1976년에 세웠다는 게 포항시의 주장이다.

야당인 더불어민주당은 "포항의 냉천 정비사업은 이명박정부 시절에 국토교통부가 추진했던 '고향강 정비사업'에서 시작됐다. 당시 천변을 공원화하는 데만 집중했지, 제대로 된 수해 피해 대책이 강구되지 않았다"고 주장했다.

반면에 여당인 국민의힘은 "포항과 경주 일대에 피해가 컸던 것은 냉

포항제철소 침수 사태의 원인을 따지는 일은 매우 신중하게 접근해야만 한다. 피해 보상(배상)의 책임이 따르는 문제인데다 인과관계를 분석하기도 어렵기 때문이다.

천・칠성천 등 지방하천이 시간당 100mm 넘게 쏟아지는 폭우를 감당하지 못하고 범람했기 때문이다. 2011년 이명박정부 당시 국가 차원의 지천・지류 정비계획이 수립됐지만, 야당과 일부 언론, 시민단체들은 '20조 원짜리 삽질' 같은 자극적인 말을 내세워 강하게 반대했다"고 반박했다.

이해관계자마다 주장에 차이가 크고, 과학적 분석이 이뤄지지 않은 상태여서 침수 사태의 원인을 섣부르게 판단하는 것은 위험하다. 당시 행정안전부는 침수 사태의 원인과 사망자 발생 등에 대한 조사를 진행했지만, 아직도 결론을 내리지 못한 것으로 보인다.

다만, 향후 태풍이나 집중 호우로 냉천이 범람해 포항제철소가 또다시 침수되도록 방치해 둘 수는 없는 노릇이다. 주요 건물(설비)의 출입구에 철저한 방수벽을 설치하는 등 시급한 예방 조치는 사태의 원인 파악과 별개로 하루속히 이뤄져야 한다. 한편 포스코는 2023년 1월 20일부터 완전 정상조업에 돌입한다고 밝히면서 (민관 합동) 철강수급조사단의 권고에 따라 재난 대비체계를 보완할 예정이라고 했다.

왜 갑자기 포스코의 지배구조를 문제 삼는가?

포항제철소 침수 사태를 계기로 포스코의 지배구조 문제가 불거진 것은 안타까운 대목이 아닐 수 없다. 포스코의 지난 30년을 돌이켜 보자.

故박태준 회장이 1968년부터 '장기 재임'하다 김영삼정부 출범과 함께 황경로 회장(1993)으로 바통이 넘겨졌다. 김영삼정부 때는 이어서 정명식 회장(1993), 김만제 회장(1994~1998.3)으로, 디제이피(DJP) 연합의 김대중 정부에서는 유상부 회장(1998.3~2003.3)과 이구택 회장(2003.3~2009.2)으로 교체가 이뤄졌다. 이명박정부 때는 정준양 회장(2009.2~2104.3)이, 박근혜 정부 때는 권오준 회장(2014.3~2018.7)이, 그리고 문재인정부에서는 최정우 회장(2018.7~)이 포스코를 맡았다.

특이한 점은 정권의 교체와 함께 '예외 없이' 회장이 바뀌었다는 사실이다. 포스코가 2000년에 실질적으로 민영화 되었다는 말이 무색하다. 주목할 만한 점은 김만제 회장을 제외하고는 모두 포스코 출신이라는 사실이다(유상부 회장은 포스코를 떠났다가 다시 컴백한 케이스다).

역대 회장들은 나름대로 포스코 발전에 기여했다. 김만제 회장(1994~1998)은 철강 연관사업을 통합하고 화학, 정비 등 비철강 부문을 과감히 정리(매각)했다. 당시 김 회장은 "지금 나가면 일자리가 유지되지만 위기 때는 갈 곳도 없다"며 회사를 떠나려는 직원들을 설득했다. 뉴욕 증시 상장도 김 회장 재임 시절인 1994년에 이뤄졌다. 김 회장의 이런 선견지명으로 포스코는 국제통화기금(IMF) 사태를 큰 위기 없이 넘길 수 있었다. 그는 직원들의 임금도 대폭 올려 우수한 인재가 몰리도록 유도했다.

유상부 회장(1998~2003)은 특이한 케이스다. 그는 故박태준 회장의 적자로 분류되어 박 회장과 함께 포스코를 떠났다가 박 회장의 배려로 화려하게 컴백했고, 또 박 회장과의 불화로 포스코를 떠났다. 그는 광양제철소 완공(2000년)과 민영화(2000년 10월)를 계기로 대대적인 PI(Process Innovation)를 추진했다. 또한 ERP(전사적 자원관리)와 6시그마를 도입하여 '철강 하드웨어에 소프트웨어의 날개를 달았다'는 평가를 받았다. 그동안 포스코에 개입된 수많은 이권을 시스템(PI)으로 해결하려 했다. 한 예로 같은 규격의 고무벨트가 포항제철소에는 9000원에, 광양제철소에는 1만 4000원에 납품되었다. 이권이 개입됐기 때문이다. 그는 광양제철소 납품 회사에 PI 시스템을 보여주면서 스스로 받아들이도록 했다. 이러한 경영의 투명성은 포스코의 앞날을 밝게 했지만, 훗날 자신에게는 그늘로 돌아왔다(이권 개입이 시스템상 거의 불가능해지자 그동안 포스코에서 이권을 누렸던 사람들이 경영진에 대해 강한 불만을 토로했다).

그리고 황경로 회장(1992년)부터 지금의 최정우 회장(2022년)까지 정확히 30년 동안 8명의 회장이 바뀌었다. 공통점은, ① 회장은 정권교체와 함께 당연히 바뀌었고, ② 모두 임기 중에 교체됐다는 사실이다. 포스코 회장자리에 대한 '흑역사'가 아닐 수 없다.

침수 피해 당시 장영준 산업부 1차관과 성일종 국민의힘 정책위원회 의장의 '포스코 책임론'을 갑작스러운 발언으로 받아들이는 사람은 드물다. 어쩌면 (최고책임자의 꼬투리를 잡기 위한) 타이밍을 기다렸을 가능성이 크다는 게 철강업계의 여론이다.

다행히 포스코는 하부구조(제철보국 마인드)가 워낙 탄탄해서 경영진의 임기 중단 사태가 발생해도 회사가 방향성을 잃거나 하지는 않는다. 시인 박목월이 작사한 포스코의 사가는 "끓어라 용광로여 조국 근대화"로 시작해서 "국민의 신뢰와 축복 받아 무궁하게 발전하는 포스코"로 끝난다.

그렇지만 아쉬움이 적지 않다. 회사의 최고경영자가 내부의 치열한 경쟁을 통해서 발탁되지 못하고 외부와 연계돼 낙점을 받는 듯한 의혹이 되풀이되니 말이다. 한 전직 제철소장은, "포스코는 과장 이상만 되면 차기 회장이 누가 될지, 누구를 밀어야 할지 걱정한다. 지금의 회장은 이미 인사권이 확정되었기 때문"이라고 말했다. 필자는 이런저런 정치인들의 모임에 나갔다가 (지방)제철소에 근무하는 부장급 명함을 서울의 음식점에서 받은 경험이 자주 있었다.

지난 2021년 4월에 포스코의 홍보·대관 라인이 모두 교체돼 업계에 관심이 쏠린 적이 있었다. 철강업계 사정을 아는 이들은 최정우 회장이 국회 환경노동위원회 청문회에 증인으로 출석(2021년 2월 22일)한 이후 대외업무 파트 교체를 생각한 것으로 보고 있다. 눈길을 끈 대목은 대부분의 간부를 내부 직원이 아닌 외부인으로 교체했다는 것이다.

이에 대해 포스코 내부를 잘 아는 한 언론인은, "최 회장이 청문회 출석을 하면서 본인을 위해 일하는 내부 직원이 없다고 느꼈기 때문일 것"이라고 풀이했다. 어쩌면 '과장 이상만 되면 차기 회장을 찾는다'는 자조적 고백이 배경인지도 모르겠다. 아무튼 이러한 인사 기조는 지주회사인 포스코홀딩스의 출범(2022년 3월 2일) 이후에도 이어졌다. 지주회사의 대외업무 파트가 여전히 새로운 외부인사로 상당부분 채워진 것이다.

포스코홀딩스 출범 이후 무슨 일이?

포항제철소 침수 사태로 최정우 회장의 교체설이 불거진 것은 마뜩하지 않은 일이다. 그렇지만 최 회장체제가 그 자체로 논란의 대상이 되어 온 사실은 짚어야 할 대목이다.

최 회장은 2018년 7월 취임 이후 많은 일을 했다. 2022년 3월의 포스코홀딩스 출범은 1968년 포항제철(현 포스코) 설립 이래로 55년 만에 이룬 '제2의 창업'이라고 불릴 만하다. 최 회장 스스로도 포스코홀딩스 출범식에서 "오늘은 포스코 역사에서 제2의 창업이 시작되는 날"이라고 밝혔

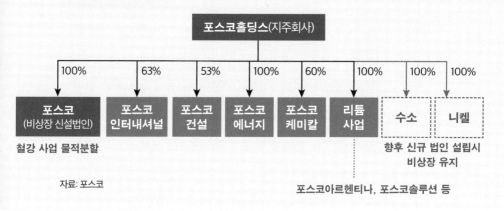

■ **포스코 지배구조**

```
                    포스코홀딩스(지주회사)
     ┌──────┬──────┬──────┬──────┬──────┬──────┬──────┬──────┐
   100%   63%    53%   100%   60%   100%  100%   100%
     ↓      ↓      ↓      ↓      ↓      ↓      ↓      ↓      ↓
  포스코  포스코  포스코  포스코  포스코  리튬   수소   니켈
 (비상장  인터내  건설   에너지  케미칼  사업
 신설법인) 셔널
```

철강 사업 물적분할   향후 신규 법인 설립시
                                            비상장 유지

자료: 포스코   포스코아르헨티나, 포스코솔루션 등

다. 그는 또 "지주회사는 그룹 전체적인 시각에서 시대의 요구에 맞는 유연성을 추구하고, 사업회사는 분야별 경쟁 우위를 유지하는 전문성을 갖춰야 한다"고 말했다. 지주회사를 중심으로 사업회사들의 경쟁력을 강화해 '친환경 미래소재 대표기업'으로 발돋움하자는 주문이다. 실제로 포스코가 친환경 미래소재 대표기업으로 키우고 있는 포스코케미칼의 경우, 시가총액이 14조 원으로, 모기업 포스코홀딩스의 시가총액인 19조 원의 3/4 수준에 이른다.

앞서 최 회장은 취임 1주년인 2019년 7월 '포스코 기업시민헌장'을 선포하기도 했다. 이 헌장에는 다음과 같은 내용이 있다. "포스코는 '더불어 함께 발전하는 시민기업' 경영이념 하에 고객, 구성원, 주주 등 모든 이해관계자와 소통하고 공감하면서 끊임없이 변화하고 혁신하여 궁극적으로 더 큰 기업가치를 창출하여 지속성장하고자 한다." 그리고 회사의 로 고를 'With POSCO'로 교체했다. 한편 최 회장은 포스코홀딩스 출범 한 달 뒤 모든 직원에게 포스코그룹의 '정체성' 논리를 문서로 전달하기도 했는데, 이것이 적지 않은 파장을 불러일으켰다. 그 주요 내용은 다음과 같다.

- 포스코홀딩스는 2000년 정부 보유 지분의 전량 매각에 따라 완전 민영화된 민간기업이다.
- 포스코그룹은 철강을 넘어 친환경 미래소재 사업으로 균형 성장을 지향하는 글로벌 기업이다.
- 포스코그룹이 국민기업이라는 주장은 현실과 맞지 않으며, 미래 발전을 위해서도 극복되어야 할 프레임이다.

이 '정체성 논리'에서 가장 핵심적인 대목은, "대일청구권 자금이 사용되었으므로 국민기업이라는 주장이 있지만, 그 돈은 다 갚았다"는 부분이다. 이어 최 회장은 그 연장선에서 "더 이상 국민기업이라는 이름으로 포스코를 향한 부당한 간섭과 과도한 요구는 없어져야 한다. 이제 포스코의 애칭은 '국민기업'이 아니라 친환경 미래소재 분야의 '국가대표 기업'이 되어야 한다"라고 마무리했다.

최 회장의 주장에 포스코 안팎은 들끓었다. 황경로 2대 포스코 회장, 안병화 전 포스코 사장 등 포스코 창업 원로 6명은, "포스코의 '정체성'을 훼손한 현 경영진의 자성을 촉구한다"는 취지의 성명서를 내기도 했다. 이들 말고도 대한민국의 현대 경제사에서 포스코가 갖는 의미를 아는 많은 사람들은 당시 최 회장의 주장을 의아하게 생각하고 있다.

오늘날 우리나라 경제가 세계 10대 강국이 된 것은 결코 우연이 아니다.

초창기 우리나라 경제 설계자들은 국가 자원의 선택과 집중을 위해 혜안을 발휘했다. 산업의 기본이 되는 피(전기)와 근육(철강·석유화학)은 물론 신경(정보통신)에 모든 국가 역량을 집중했다. 그 중에서도 철강은 '집중의 집중' 대상이었다. 선조들의 핏값인 대일 청구권자금을 종잣돈으로 포항종합제철주식회사를 탄생(1968년 4월 1일)시킨 것도 같은 맥락이다.

이 돈만이 아니다. 당시 정부는 세금과 이자 감면, 정부보증 등 가능한 모든 수단을 동원했다. 정부의 투자(혹은 융자) 예산을 모조리 포항제철 건설에 쏟아 부은 것이다. 법인세를 전액 면제해주고, 전기요금 등 공공요금까지 할인해줬다. 그야말로 '싹쓸이 지원'이 아닐 수 없다.

포항제철은 그 대가를 발휘했다. 양질의 철강제품을 세계 최고로 경쟁력 있게 공급했다. 덕분에 우리나라에서 세계적인 자동차 브랜드와 조선회사가 나왔고, 전기·전자와 기계·중장비 등 여러 중후장대 산업에서 필요로 하는 철강제품이 부족함 없이 공급되었다.

포항제철은 내부 경영도 비교적 훌륭히 수행했다. 창사 이후 한 번도 적자를 낸 적이 없고, 항상 세계 최고의 수익성을 달성했다. 미국 민간 철

▼ 글로벌 철강회사 경쟁력 순위

순위	철강사	점수
1	POSCO (한국)	8.35
2	Nucor (미국)	8.08
3	Voestalpine(오스트리아)	7.86
4	Severstal (러시아)	7.67
5	Nippon Steel (일본)	7.66
6	NLMK (러시아)	7.58
7	JSW Steel (인도)	7.52
8	ArcelorMittal (다국적)	7.48
9	Evraz (러시아)	7.44
10	Hyundai Steel (한국)	7.41

자료 : WSD

강전략연구소인 WSD가 전 세계 철강회사를 대상으로 평가하는 경쟁력 순위에서 포스코는 2010년부터 현재까지 13년 연속 1위를 달리고 있다.

그럼에도 불구하고 최 회장이 직원들에게 보낸 문서가 논란을 야기한 이유는 '정체성'이란 단어 때문이다. '정체성'이란 계량적, 물질적, 법률적 용어가 아니라 탄생부터 성장 과정을 통해 형성되는 일종의 유전자(DNA) 이고, 가치규범이며 조직행위의 준거틀이다. '정체성'은 독자적으로 생기는 것이 아니라 자신이 속한 생태계와의 상호작용을 통해서 형성된다. 그런 까닭에 '정체성'은 오랫동안 유지되면서 쉽게 변하지 않아, 상대성과 독립성을 갖게 되는 것이다.

하지만, 대부분의 국민들이 포스코의 정체성에 대해 얼마나 관심이 있을까? 오히려 국민들 사이에는, 철강뿐 아니라 자동차, 조선, 가전, 기계 등 이른바 '제조업 대한민국'의 기틀을 제공했고 앞으로도 그렇게 해달라는, 포스코를 향한 기대감이 여전히 클 것이다. 애써 '기업시민'이라는 개념을 붙여 홍보하기 보다는, 국민들이 자긍심을 가지고 불러주는 '국민기업'이 훨씬 자연스런 이유다. 기업에도 '국적'이란 게 존재하기 때문이다. 최근 한·일 사이 초미의 현안인 일제 강제징용 배상 문제도 일본정부는 1965년 한·일 청구권 협정으로 끝났다고 하지만, 우리 대법원은 일본제철과 미쓰비시중공업에 배상책임을 부과하지 않았던가.

호사다마(好事多魔)인가, 과유불급(過猶不及)인가. 최정우 회장 취임 이후 의욕적으로 추진한 '포스코 기업시민헌장'과 직원들에게 배포한 '포스코그룹 정체성' 문건, 그리고 그 논리를 담아 해마다 발행하는 〈기업시민보고서(ESG보고서))는 최 회장의 경영철학(?)에 대한 궁금증을 불러일으켰다. 요즘 개별 기업은 말할 것도 없고 자본시장과 국가 차원에서도 화두가 되고 있는 'ESG 경영'의 관점에서 보더라도, 포스코 내부적으로 '사회적 책임'(Social)과 '지배구조 개선'(Governance) 등의 목표가 제대로 실천되고 있는지 의문이다. 몇 가지 구체적인 사례를 살펴보면 다음과 같다.

[1] 포스코홀딩스 출범은 포스코의 미래를 위해 의미 있는 출발일 수 있지만, 사전 준비 부족으로 많은 문제점을 노출하고 있다. 대표적인 것이 본사 주소지 논란이다. 포스코홀딩스(지주회사)는 정관에 본사 주소지를 서울로 정했다. 지역사회는 섭섭하겠지만 그 자체를 잘못이라고 할 수는 없다. 본사 주소지로 사업의 주목적 수행과 직원들의 근무지를 고려하는 건 당연하다. 문제는 지주회사 출범을 전후해 이해관계자와 충분히 소통했느냐 여부다.

이 문제로 지역사회와 격렬한 갈등이 이어진 가운데, 포스코홀딩스는 지난 2022년 2월 25일 지주회사 출범(같은 해 3월 2일) 후에 본사 소재지를 포항으로 이전하겠다고 포항시와 합의했다. 그러나 그 이후 TF를 구성하고 논의를 계속하고 있지만 서로 갈등만 쌓이고 있다. 이런 와중에 광양제철소가 있는 광양지역과 전라남도에서 지주회사를 광양으로 유치해야 한다는 주장도 나왔다. 결국 많은 논란을 거친후 2023년 3월 17일 포스코홀딩스 주주총회에서 포항으로 이전하는 것으로 결론이 났지만, 사태는 여전히 봉합되지 못한 상황이다.

한편, 포스코는 지주회사의 포항 이전을 요구하는 1인 시위자에게 1억 원의 손해배상 청구소송을 제기했다(〈프레시안〉 2022년 7월 27일자). 물론 이 시위자의 주장에는 과도한 점이 있어 보인다. 지주회사 본사 이전뿐만 아니라, 현 경영진의 미공개 이용 주식 내부자 거래(현재 검찰 수사 중), 성 폭력 축소 · 은폐 · 책임 회피, 포스코의 국민기업 정체성 부족 등의 다른 주장도 담겨 있기 때문이다.

그렇지만 일은 지주회사가 벌였는데도 사업회사인 (주)포스코가 "시위 자의 주장은 사실이 아니며 명예훼손 및 업무방해의 피해가 있다"며 소 송을 제기한 것은 눈살을 찌푸리게 한다. 이런 대응이 기업시민헌장 정신 (With POSCO)에 맞는지 의문이 아닐 수 없다.

[2] 포스코홀딩스 출범을 위한 임시주주총회(2022년 1월 28일)를 코앞에 둔 같은 해 1월 5일, 포스코는 "2022년 사업연도까지는 지배주주 순이익 의 30%를 배당으로 지급할 것"이라고 밝혔다. 최 회장도 같은 날 공개한 주주서한에서 "연결배당성향 30% 수준을 유지할 것"이라고 말했다. 누 구라도 포스코의 약속을 믿을 수밖에 없는 상황이었다. 하지만 포스코는 이 약속을 지키지 않았고, 그 이후에도 약속 불이행에 대해 어떤 해명이 나 설명도 내놓지 않고 있다.

당시는 지주회사 출범 이후에 포스코를 물적분할해서 재상장할 경우, 기존 주주들이 주가 하락으로 피해를 입을 수 있다는 우려가 적지 않은 상황이었다. 이런 탓에 지주회사 정관에 물적분할을 하지 않는다는 원칙 을 담으라는 여론이 나오는 등 주총이 소란스러워질 수 있는 분위기였다. 당시 사정을 되짚어 보면, 지주회사 출범 주총을 앞두고 의도적으로 주주를 기만한 것이 아니냐는 비판이 나올 여지가 충분하다.

[3] 2022년 6월 7일 포항제철소에서 사내 성폭력을 당했다고 한 직원 (20대 여성)이 고소를 했다. 고소인은 직원 4명이 3년 동안이나 성추행을 했으며, 그 가운데 한 명은 새벽 2시 30분께 막무가내로 자신의 집에 들이닥쳐 유사강간을 저질렀다고 주장했다. 나머지 3명은 회식 자리에서 특정 부위를 만지거나, 업무 때 성희롱을 하는 등 피해자에게 성폭력을 했다는 의혹을 받고 있다. 이에 (주)포스코는 직원 4명을 모두 업무에서 배제하고 간부 직원은 보직 해임했다. 그로부터 2주가 지난 후 (주)포스코 김학동 부회장은 "직원과 가족 분들에게 진심으로 사죄드린다"는 사과문을 발표했다.

그러나 많은 이해관계자들은 이 정도 사안이면 최정우 회장이 직접 사과를 해야 한다면서, 포스코그룹의 성인지 감수성에 의문을 제기했다. 포스코에서는 2021년에도 50대 직원이 20대 신입직원을 성추행하는 사건이 벌어지는 등 성폭력 피해가 지속적으로 발생해왔다.

포스코는 앞으로 어떻게?

'다국적기업'이란 말이 있긴 하지만, 기업에게도 국적이 존재하는 것은 부정할 수 없는 진실(!)이다. 같은 국적 아래 기업의 이해관계자들이 더불어 잘 살아야 한다는 얘기는 너무나 상식적이어서 상투적으로 들리지만,

상식을 지켜내는 것만큼 힘든 일도 없다. 하지만 종국에는 몰상식에서 상식으로, 이기심보다는 이타심의 가치가 존중받는 게 세상의 섭리이다. 자본주의의 모습이 '주주 자본주의'에서 '이해관계자 자본주의'로 옮겨가는 것도 같은 맥락이지 않을까?

일반기업도 이러한데, 심지어 탄생의 역사적 배경(숙명)이 각별하고, 또 국가경제에서 차지하는 역할을 '독점적으로' 부여(운명)받은 포스코라면 훨씬 더 공공선을 추구해야 한다. '좋은 기업이 좋은 사회를 만든다'는 말은 자칫 진부하게 들리지만, 시대가 아무리 급변해도 지켜져야 할 기업의 핵심 가치인 이유다.

스스로 진화하는 조직이 가장 좋은 조직이다. 스스로 진화하기 위해서는 사회의 가치지향에 맞게 기업의 가치사슬을 설계하고, 그 속에서 이해관계자들에게 의미를 부여하며, 또 그들의 역할과 가치에 합당한 보상이 이뤄져야 한다. 故박태준 회장의 육성이 나오는 추모 영상에는 다음과 같은 말이 나온다.

"가장 먼저 기억할 것은 대일 청구권자금으로 건설했다는 것입니다……… (그 다음으로) 지역사회의 이해와 협력도 기억해야 합니다. 포항제철을 위해 수많은 주민들이 정든 고향을 떠나야 했고, 인내와 협조를 보내주었습니다. 그래서 지역사회와 포항제철은 공생·공영의 공동체로 거듭날 수 있었습니다."

포스코는 출발부터 이해관계자와 함께하는 진정한 'ESG 경영'의 실천자였음을 결코 잊지 말아야 한다.

故박태준 포스코 명예회장이 1973년 포항제철소에서 첫 생산된 열연강판에 '피와 땀의 결정'이라는 휘호를 적고 있다.

1:10:100 법칙

**지정학적 리스크 극복을 위한
지경학적 전략**

기업에는 '1:10:100의 법칙'이라는 게 있다. 자동차산업을 예로 들어보자. 자동차에 문제가 생겨 소비자가 수리를 하는 데 100의 비용이 든다고 한다면, 이를 자동차 제조 과정에서 미리 조정하면 10의 비용만 들게 되고, 그보다 조금 더 앞서 자동차 설계 단계에서 문제점을 보완한다면 1의 비용으로도 충분하다는 것이다.

1970~80년대에 현대자동차서비스는 큰 수익을 냈다. 국내 자동차의 품질이 지금과는 많이 달라 자동차를 수리하러 오는 소비자들이 적지 않았기 때문이다. 1974~87년 당시 현대자동차서비스의 사장을 지냈던 정몽구 현대자동차 명예회장은, 당장은 돈을 잘 벌었지만(100) 장기적으로는

완성차 품질 개선(10과 1) 없이는 미래가 없다는 생각을 하게 됐다고 한다. 그가 1999년 현대차그룹 회장이 되자마자 품질경영을 선언한 이유다. 대개 '3년 3만 마일' 무상보증이 일반적이던 미국 자동차업계에서 현대자동차가 '10년 10만 마일'로 대폭 늘리고 나선 배경이기도 하다.

'품질경영'이란 무엇인가?

현대차그룹이 오늘날 세계적인 위상(100)을 얻게 된 출발점은 정몽구 명예 회장의 품질경영(10)에서 시작되었다. 실제 현대차그룹은 미국 시장조사업체 제이디파워의 2022년 자동차 내구 품질조사에서 도요타그룹과 지엠을 제치고 2년 연속 종합 점수 1위를 기록했다. 내구 품질조사는 차량 구매 후 3년이 지난 소비자를 대상으로 184개 항목에 대해 불만 건수를 집계하는 방식으로 이뤄지는데, 이는 현대차그룹의 제품을 믿고 구매할 수 있다는 소비자 인식이 형성되고 있음을 뜻한다.

이러한 현대차그룹의 세계적인 위상을 보여주는 좋은 사례가 있다. 지난 2022년 5월 22일 조 바이든(Joe Biden) 미국 대통령 방한 기간의 일이다. 바이든 대통령은 숙소인 서울 용산구 그랜드 하얏트 호텔에서 한국의 경제인들을 단독 면담했다. 투자 유치에 다급한 바이든행정부의 처지도 영향을 끼쳤겠지만, 어쨌든 이례적인 일이었다. 이날 현대차그룹 정의선 회장은 바이든 대통령과 면담한 뒤 미국 조지아주에 전기차 관련 투자 이

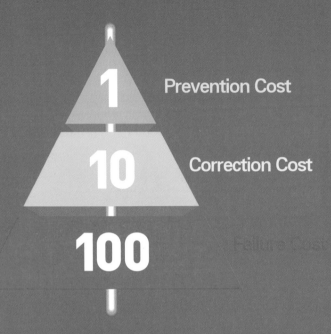

1 — Prevention Cost

10 — Correction Cost

100 — Failure Cost

다국적 운송회사 페덱스는 '1:10:100 법칙'이라는 품질경영을 통해 서비스 부문에서 말콤 브리지 상을 수상했다. '1:10:100 법칙'은, 불량이 생길 경우 바로 고치는 데에는 1의 원가가 들지만, 책임소재나 문책 등의 이유로 이를 숨기고 제품이나 서비스가 그대로 기업의 문을 나서면 10의 원가가 들며, 이것이 고객의 손에 들어가 클레임으로 이어지면 100의 원가가 든다는 경영 전략이다. 항공기까지 동원해 최고로 빠른 배송 서비스를 달성하더라도 물건이 다른 고객에게 전달됐을 때의 손해 및 브랜드 이미지 훼손에 따른 비용은 상상을 초월한다는 사실을 알기까지 페덱스 역시 적지 않은 수업료를 지불해야만 했다.

외에 2025년까지 로보틱스 등 미래 먹거리 분야에 50억 달러(약 6조3천억 원)를 추가로 투자하겠다고 밝혔다. 회견은 미국 백악관 의전 절차에 따라 백악관 휘장이 달린 연설대에서 진행되었다.

그런데 재벌이라면 색안경부터 끼고 선입견을 얘기하는 일부 사람들은 당시 현대차그룹의 행보를 가리켜, 새 정부가 현대차그룹이라는 재벌 기업을 앞세워 미국에 건넨 조공이라며 손가락질했다. 현대차그룹이 정치권력의 눈 밖에 나지 않으려고 울며 겨자 먹기로 미국에 대규모 투자를 결정했다는 것이다. 하지만 이러한 주장은 말 그대로 선입견과 편견의 소치가 아닐 수 없다.

2022년 현대차·기아는 판매량 기준(680만 대) 세계 3위의 자동차 회사가 되었다. 그 중 국내 생산은 317만 대(47%)이지만 국내 판매는 123만 대(18%)에 불과했다. 국내 생산의 나머지 194만 대(29%)와 해외 현지 생산·판매 362만 대(53%)는 오로지 해외 고객 덕분이다. 결론적으로 현대차그룹의 자동차 생산·판매의 82%가 해외에서 나온다는 얘기다. 현대차그룹의 미국 지역 투자 유치가 얼마나 중요하고 절실한지를 방증하는 대목이다.

더구나 현대차그룹은 해외 진출시 국내 부품 협력회사들과 함께 나간다. 해외 생산량만큼 국내 협력회사가 동반성장하는 구조인 셈이다. 현재 현대차그룹은 미국, 중국, 인도, 체코, 멕시코, 튀르키예, 러시아, 브라질 등 11개 국에서 20개 공장을 운영하고 있다. 현대차그룹이 이처럼 해외 진출에 사활을 건 이유는 많지만 크게 보면 두 가지다. 첫째 현지에 뿌리를 내려야 하고, 다음으로 국내 노동환경의 여러 문제들로 생산성이 많이 떨어졌기 때문이다.

현대차그룹은 정의선 회장 대에 이르러 이른바 '디자인 경영'으로 레벨업을 한 데 이어, 친환경 모빌리티 등 가치 지향 경영 속에서 미국의 지경학*적 전략 파트너가 된 것이다. 이렇게 되기까지는 경영자의 혜안과 결단력, 현장 노동자를 비롯한 임·직원과 수십만 협력회사 관계자의 피와 땀이 있었다. 또한 고객은 물론 비판적 질책으로 현대차그룹을 지원해준 이해관계자가 있었다. 'ESG 경영(이해관계자 경영)'의 결과라 하겠다.

모든 제도의 실행자는 결국 기업이다!

현재 우리 산업의 대부분은 해방 직후에 결정되었다고 해도 과언이 아니다. 그 시절 '힘이 없어서' 일방적으로 남북으로 분단을 당했다. 토지개혁 필요성에는 남북 모두 인정했으나, 북한은 무상몰수 무상분배로 지주 활동의 물적 토대를 제거했고, 남한은 유상몰수 유상분배로 지주가 산업자본으로 성장해나갈 길을 터줬다. 70여 년이 지난 지금 남북한의 현실은

---

* 지경학(Geo-Economics)은 원래 무역과 투자의 관점에서 산업벨트 형성이나 물류입지 분석을 다루는 '지리경제학(Geoeconomics)'을 뜻하지만, 근래 들어 갈수록 복잡해지는 국제 정세 속에서 무역과 투자, 금융통화 정책, 에너지 및 원자재 거래, 해외 원조 등 경제적 수단을 사용하여 정치적 목표를 달성하는 현상을 가리키는 의미로 해석된다. 국제관계에서 지리가 국가이익 형성에 미치는 영향을 탐구하는 '지정학(Geopolitics)'과 구별된다.

당시 선택의 결과가 어떠했는지 설명을 필요로 하지 않는다. 핵심은 기업의 존재와 역할의 차이에 있었다.

하지만 빛이 강하면 그림자가 짙듯 많은 희생과 대가를 치른 오늘날, 대한민국의 경제적 위상 이면에 어두운 면 또한 존재한다. 진보 진영에서 지적하는 재벌 중심의 경제력 집중과 사익 편취(일감몰아주기) 등이 대표적인 예이다.

필자는 지난 30여 년간 기업에서 직장생활을 하면서 많은 진보적 언론 및 시민단체 구성원들과 교류했다. 그런데 그런 교류 때마다 많은 이들이 기업의 역할을 제대로 인정하지 않고 있다는 인상을 받았다. 재벌이나 대기업의 잘못된 현상(100)에는 편향적으로 비판하면서 그런 현상이 발생하게 되는 원인(10과 1)은 논의조차 하기 싫어했다.

'진보' 이미지의 몇몇 언론들은 2022년 '새 정부 경제 정책 방향 발표'를 집중적으로 보도했는데, 부자감세, 총수, 재벌, 대기업 특혜 같은 내용이 대부분이었다. 하지만 기사를 읽다 보면 대기업과 재벌을 구분하고 있는지, 족벌 문제를 제대로 인식하고 있는지 의문이 든다. 진보 진영도 이제는 100을 줄이기 위해 10과 1에 대해서도 진지한 사회적 논의를 해야만 한다.

미국을 비롯한 강대국들의 자국이익주의는 역사적 현상이었지만, 최근에는 너무 노골적이다. 이 모든 것이 기업을 통해서 이뤄지고 있다. 경쟁 국가에 대한 규제 수단도 상대국 기업의 경영을 구속하는 것이고, 자국의 이익을 실현하는 수단도 자국 기업의 활동을 지원하는 식이다. 미국의 '인플레감축법(IRA)', '반도체과학법(CASC)', 유럽(EU)의 '탄소국경조정제도

강대국들의 자국이익주의가 갈수록 노골적으로 심화되고 있는데, 이 모든 것이 기업을 통해서 이뤄지고 있다. 경쟁 국가에 대한 규제 수단도 상대국 기업의 경영을 구속하는 것이고, 자국의 이익을 실현하는 수단도 자국 기업의 활동을 지원하는 식이다. 2023년 3월 16일 EU 집행위원회가 초안을 발표한 '핵심원자재법(CRMA, Core Raw Materials Act)'도 마찬가지다. CRMA는 2030년까지 제3국에서 생산된 전략적 원자재 의존도를 EU 내 전체 소비량의 65% 미만으로 낮추는 것을 목표로 한다. 법안의 주요 취지는, 중국 등 특정 국가에 대한 원자재 의존도를 줄이려는 것으로, 이른바 유럽판 인플레이션 감축법(IRA)이라 할 수 있다. 폰데어라이엔(Ursula von der Leyen. 사진) EU 집행위원장은 CRMA 초안 발표에 앞서, "EU가 공급받는 희토류의 98%, 마그네슘의 93%는 중국산"임을 강조했다. 이처럼 대외경제적 이슈와 아젠다가 국가를 향하는 것처럼 보이지만, 결국 모든 정책과 제도의 실행자는 기업이다.

(CBAM)', '핵심원자재법(CRMA)' 등 모든 제도의 실행자는 결국 기업이다.

기후위기가 강조되면서 성장을 멈춰야 하고 아울러 기업의 탐욕을 봉쇄해야 한다고 주장할 수 있다. 그러나 현실적으로 기업 시스템만큼 자원을 적절히 배분하고 문제를 효율적으로 치유할 수 있는 것은 드물다.

생각건대 기업이 자본주의 자기진화 과정의 주체임을 인정하지 않으면 안 된다. 혼자만 독식하겠다는 탐욕은 억제하되, 공공선을 존중하는 기업 활동까지 위축시키는 사회적 오해와 제도적 규제는 더 이상 곤란하다. 이를테면 부자 (법인세) 증세를 주장할 수 있다. 그렇다면 부를 키우는 투자 세액 공제는 장려해줘야 한다. 사익 편취는 비판받아 마땅하지만 그 배경인 상속세 완화와 묶어서 방법을 찾을 수는 없을까? 전체 노동자의 권리를 신장시키려면 일부 이기적 극단주의 단체에 대해서도 비판할 수 있어야 한다.

과거처럼 더는 힘이 없어 우리의 운명을 지배당하는 일은 앞으로 없어야 한다. 지정학 리스크(100)는 지경학적 전략(10)으로 극복할 수 있고, 그 주체는 다름 아닌 기업(1)이다. 기업은 우리의 노력으로 견제하고 성장시킬 수 있다.

같은 노동, 다른 임금의 딜레마

정규직과 비정규직 양극화, 유럽식 산별노조 해법

2022년 6월 2일부터 7월 22일까지, 51일 동안 대우조선해양 하청노동자 (하청노조)들은 임금 회복과 노조 인정을 요구하며 파업을 벌였다. 그런데 하청노조의 파업으로 일을 못하게 되자, 이번에는 전국민주노동조합총연 맹(민주노총) 금속노조 대우조선지회가 파업 철회 맞불 집회를 열었다. 금 속노조 대우조선지회는 대우조선해양 정규직 노동자들이다. 정규직 노동 자 중심의 원청노조가 하청노조의 파업을 비판하고 나선 것이다.

원청노조는 이와 동시에 금속노조 탈퇴 여부를 묻는 찬반 투표를 진행하 기도 했다. 투표 결과 탈퇴 요건인 3분의 2 찬성에는 미달했으나 찬성률이 52.7%에 달했다. 노조원 10명 중 5명이 금속노조에서 탈퇴하자는 쪽에 표를 던진 것이다. 파업은 종결되었지만 대우조선해양 사태는 조선산업의 불합리한 구조적 현실은 물론 미래 경쟁력에 대한 심각한 의문을 던졌다.

사회적 대화 거부하고 활동 공간 좁혀

더 큰 문제는 같은 회사, 같은 민주노총 금속노조 하에서 정규직 노조와 비정규직 노조가 서로 앙숙이 돼 싸우고 있다는 사실이다. 특히 민주노총 양경수 위원장은 옛 기아자동차 화성공장의 비정규직 출신 첫 민주노총 위원장이다. 비정규직 출신 위원장으로서 하청노조의 파업을 바라보는 심정은 어땠을까?

이 문제를 이해하려면 민주노총이 그간 보여 온 모순적인 행위를 되짚어 볼 필요가 있다. 민주노총은 탄소중립위원회, 경제사회노동위원회, 지역노사민정협의회에는 참여하지 않고 있다. 그러나 최저임금위원회에는 참여하고 있고, 사측을 뺀 노정협의회를 요구하고 있다. 이렇듯 민주노총은 사회적 대화 거부로 스스로 활동 공간을 좁히고 있다.

그러면서도 노정교섭을 요구하고 있는데, 현실적으로 정부는 교섭의 대상자가 아니다. 정부가 노조와 교섭할 이유는 없다. 그런데, 대우조선해양 하청노조 파업 때 노조 측 협상 대표였던 금속노조 홍지욱 부위원장은 과거 한 언론사가 주최한 세미나에서 "중앙정부 차원의 노사정협의체를 가동해 지역 차원의 노사정협의회를 견인하고 지원해야 한다"고 강조했다. 금속노조는 사측을 뺀 노정교섭을 요구하고 있는데, 그 안에서는 노사정협의체가 절실하다는 목소리가 나오고 있는 것이다.

직선제 위원장이 있고, 단계별 위계(位階) 조직임에도 민주노총은 왜 이렇게 모순된 행동을 하는 걸까? 이는 민주노총 의사결정 구조 때문이다. 과거 권위주의 시절, 노조위원장은 직권으로 사측에 유리하게 합의(직권조인)하는 경우가 많았다. 하지만 이 같은 방식에 대해 민주노총 내부에서 불만이 많았고, 실제로 논란이 됐던 경우도 적지 않았다. 그래서 민주노총은 이에 대한 대안으로 위원장이 합의를 해도 의결 단위, 예컨대 중앙집행위원회나 대의원대회에서 다시 들여다보고 동의를 받도록 했다.

노조위원장이 사측과 합의를 했다고 해서 파업을 곧바로 중단하는 게 아니라, 노조위원장과 사측의 합의 내용이 의결 단위에서 통과되어야 비로소 파업을 중단하는 식이다. 이렇다 보니 의사결정이 늦은 편이고, 여러 사람의 입김으로 모순된 결정이 나오기도 한다. 요즘에는 특히 더욱 강성화되어 사측과의 합의안에 '해고금지'와 같은 단어가 포함되지 않으면 의결 단위를 통과하기 어렵다.

이렇게 된 이유는 민주노총 내부에 존재하는 뿌리 깊은 파벌도 영향을 미쳤다. 민주노총은 금속노조 · 전교조 · 교수노조 등 16개 산별연맹으로 구성돼 있다. 그 가운데 자동차 · 조선 · 철강 등이 소속된 금속노조가 절대적 비중을 차지하고 있고, 이들 중 현대중공업을 비롯한 범현대그룹의 회사들, 특히 현대자동차 정규직 노조가 핵심이다. 민주노총의 실질적 맹주 노릇을 하고 있는 조합원이 현대자동차 정규직 노조라는 얘기다. 금속노조 내에서 비정규직 조합원들의 목소리가 크지 않은 것도 이 때문이다.

하지만 민주노총도 이제는 바뀌어야 한다. 아니, 바뀌지 않으면 도태될 수밖에 없다. 그동안 민주노총 정규직 조합원의 고임금을 가능하게 했던 보호막(희생양)들이 사라지고 있기 때문이다. 우선 자동차산업 자체가 축소되고 있다. 전기차의 급성장으로 엔진 위주의 가치사슬(다단계 부품사)이 급속히 사라지고 있다. 유럽에서는 2035년부터 내연기관 자동차 신규 생산이 금지된다. 일본의 경우 디지털화 가속과 재택근무로 신차 판매가 2018년 430만 대에서 2050년 225만 대(48%)까지 줄어들 전망이다.

전 세계적 공급망 재편과 미국의 '인플레이션 감축법(IRA)' 등 해외 현지 생산 증대도 불가피하다. 이는 결국 금속노조 내 실질적 맹주인 현대자동차 정규직의 축소로 이어질 수밖에 없다. 지금까지 "있을 때 벌자"는 임금 투쟁을 가능케 했던 여러 보호막들이 사라지는 것이다.

정규직 · 비정규직 통합, '1사 1노조' 만들어야

민주노총이 남긴 그늘도 점점 커지고 있다. 현장의 열악한 노동 환경을 개선하고 정규직 노동자 '연봉 1억 원 시대'를 이끌었지만, 정규직 · 비정규직 양극화도 민주노총이 쌓은 탑에 비례했다. 통계청에 따르면 2022년 8월 기준 전체 임금노동자 2172만 명 가운데 정규직은 1357만 명(71%), 비정규직은 815만 명(29%)이다. 비정규직은 1년 새 9만 명 늘었다. 정규직과 비정규직의 임금격차는 월 160만 원으로 역대 최대를 기록했다.

대리운전 기사, 배달 라이더, 온라인 콘텐츠 창작자, 택배기사, 위탁판매원, 프리랜서 강사 등 수입이 안정적이지 못한 사람들이 670만 명에 이른다. 노동시장의 경직성은 디지털 시대와 글로벌 공급망 재편을 맞아 '음지'를 확산시키고 있다. 음지에서는 건강한 생명체가 자랄 수 없다.

민주노총은 이제 음지를 없애려는 노력을 해야 한다. 100만 민주노총 조합원 간의 양극화 해소는 전체 임금노동자 2200만 명의 양극화 해소에 큰 모범이 될 것이다. 그러려면 바뀌어야 한다. '산별노조 쟁취'라는 초심으로 돌아가 함께 가는 길을 찾아야 한다.

지금과 같은 기업별 노조는 '동일 노동 동일 임금' 전제 하에 노사협상을 각 기업이 자율적으로 하게 된다. 일본도 우리와 같은 형태다. 이와 달리 산별노조는 동일 노동 동일 임금 전제 하에 같은 업종의 모든 기업(대·중·소기업 및 부품 협력사 등)이 임금 인상률과 주요 근로조건을 함께 협상하고, 각 회사는 성과급만 다르게 지급하게 된다.

따라서 산별노조를 할 경우 대·중·소기업 간 양극화를 크게 완화할 수 있다. 유럽의 방식을 검토해 볼 만 하다. 유럽은 대부분 산별노조를 채택하고 있어 기업에는 노조가 없고, 사무직·기능직 등 직능 간 차이 조정을 위한 사내 협의회를 두고 있다. 이 같은 산별노조로 가기 위해서는 먼저 같은 회사의 정규직·비정규직 노동조합부터 통합해 '1사 1노조'를 만들고, 정규직·비정규직 차별 없이 복리후생부터 나누어 가져야 한다. 그러려면 정규직이 양보해야 한다.

어정쩡한 민주노총의 현주소

산별노조로의 전환 시도는 이전에도 있었다. 현대자동차 노조는 2006년 금속노조에 가입했고, 이를 계기로 금속노조는 산별교섭을 추진했다. 1997년 외환위기를 계기로 갈라진 정규직·비정규직 간 노조 통합 작업도 추진됐다. 2007년 기아자동차(현 기아) 노조는 1사 1노조로 통합했고, 현대자동차 노조도 세 번이나 통합을 추진했다.

그러나 여기까지였다. 산별교섭을 하기에는 대·중·소기업(부품업체 포함) 간의 괴리가 심각했다. 장점보다는 단점이 컸던 셈이다. 자연히 산별교섭은 진전이 없었다. 노동전문가들은 이에 대해 현대자동차와 현대자동차 정규직 노조의 이해관계가 맞아떨어진 결과로 보고 있다. 이후 각 회사의 노조는 자기들만의 레일 위에서 달려왔다. 그 결과 2017년 현대중공업은 1사 1노조로 통합이 됐으나, 같은 해 기아는 정규직 노조와 비정규직 노조가 결별했다. 단일노조 안에서 비정규직 노조의 지위 향상 요구로 정규직 노조와 갈등이 폭발한 것이다.

"정규직은 비정규직을 자신들의 보호막으로 생각했고, 비정규직은 정규직을 연대가 아닌 타도의 대상으로 생각하는 지경에 이르렀다."(전 현대중공업 노조위원장) 산별노조 추진을 기치로 내건 금속노조와 상급 조직인 민주노총은 기업노조를 기반으로 한 산별연합체 수준의 어정쩡한 상태가 되었다. 이것이 민주노총의 현주소다. 민주노총보다 금속노조, 금속노조보다 현대자동차 정규직 노조가 힘이 더 세다는 게 현장의 평가다.

▶ 전국 민주노동조합총연맹(민주노총) 현황 (단위 : 명)

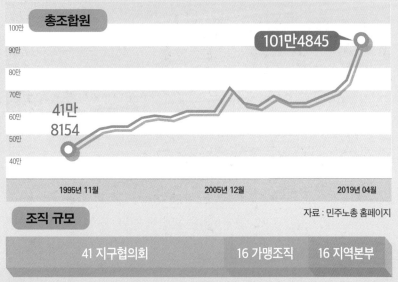

총조합원

101만4845

41만 8154

1995년 11월   2005년 12월   2019년 04월

자료 : 민주노총 홈페이지

조직 규모

41 지구협의회	16 가맹조직	16 지역본부

* 최근 언론에 발표된 민주노총의 조합원 수는 2021년 12월 말 기준 121만3000여 명으로 보도된 예가 있지만, 위 데이터는 2023년 3월 19일 현재 민주노총 홈페이지(http://nodong.org/org1)에 공개된 수치임.

▶ 민주노총 산하 개별 노조 규모 (단위 : 명)

공공운수노조 208910

금속노조 176343

건설산업연맹 142283

공무원노조 95948

서비스연맹 81947

사무 금융연맹 68921

전교조 51000

보건의료 노조 66228

화학섬유 연맹 28614

자료 : 민주노총 홈페이지

▶ 정규직 / 비정규직 비율 (단위 : %)

정규직 67.7	비정규직 32.3

자료 : 민주노총 홈페이지

▶ 조선업 원청 · 하청 임금 격차 및 노동 환경 비교

원청		하청
180일	연평균 근로일수	270일
하청보다 높은 시급과 상여금 800%	임금(연봉)	원청 대비 50~70% 수준
20년 이상	평균 근속연수	약 2~3년
4만1000명	종사 근로자수 (2021년 기준)	5만2000명
간접생산 및 선행공정 비율 높음	담당 업무	직접생산 업무는 원청과 유사, 고위험 기피 업무 투입 많음
2016년 이후 조선업 불황, 임금 동결 및 희망퇴직 실시	임금격차 발생원인	원청 노동자의 임금이 동결되는 동안 하청 노동자의 임금은 하락

자료 : 고용노동부 및 관계 부처 합동

▶ 비정규직을 정규직으로 전환하는 기업 비율 추이

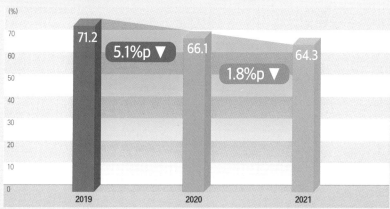

자료 : '사람인'에서 407개 기업 설문조사

중대재해 해방일지

**산업재해의 원인과 책임에 관한
가장 솔직한 후일담**

지난 2022년 1월 27일, 많은 논란 속에 '중대재해처벌법'이 시행에 들어갔다. '중대재해처벌법'에 대한 관심과 논란이 큰 이유는, 이 법의 명칭에서 알 수 있듯이 '강한' 처벌 규정을 담고 있기 때문이다.

하지만 법 시행을 늦추기에는 현실이 너무 심각하다. 고용노동부에 따르면 2020년 산업재해 사망자 수는 사고 882명, 질병 1180명 등 2062명에 이른다. 전년 대비 42명(2.1%) 증가한 수치다. 물론 기업들이 중대재해 예방 노력을 하지 않는 것은 아니다. 조선·건설·철강·석유화학산업 같은 경우 사고 예방을 위한 투자가 많이 이뤄졌고, 이에 따라 중대재해가 일부 감소하기도 했다.

우려스러운 것은 재해사고 유형이 비슷하고, 특히 근절이 안 되고 있다는 점이다. 지난 20여 년간 중대재해 예방과 수습을 직·간접적으로 경험한 바에 따르면, 이러한 현상은 우리나라 산업의 구조적인 문제에 있다. 또 기업별로 차이는 있지만, 최고책임자의 의지와 사회 전반적인 안전의식 수준도 영향을 미치고 있다.

2020년 산업재해 사망자 2062명

우선 산업의 구조적인 문제를 살펴보자. 2017년 5월, 거제도의 한 조선소에서 크레인 충돌 사고가 일어났다. 해양플랜트 건조 현장에서 800톤 급 골리앗 크레인과 32톤 급 지브형 크레인의 붐대가 충돌했다. 수십 명의 사상자가 발생한 초대형 사고임에도 사고 원인은 간단했다. 서로 간에 소통을 하지 않고 자기 일에만 집중하다가 발생한 사고였다. 이즈음 조선소에서 중대재해가 연속적으로 일어나자 급기야 국민참여조사위원회(국조위)를 구성해서 조사를 했다(위원장 배규식 한국노동연구원장 외 국민·민간 전문가 15인).

조사 결과 크레인 사고의 직접적 원인은 '안전 규정 미준수', '작업자 간 의사소통 부재', '안전관리자 및 신호수 부재'였다. 무엇보다 근본 요인으로는, '안전을 위배하는 무리한 공정 진행', '재하도급의 확대', '안전관리 책임과 역할 불명확', '과도한 하청노동자의 증가'로 나타났다.

▼ '중대재해처벌법' 주요 내용

적용 범위	5인 이상 사업장
처벌 대상	대표이사 또는 경영책임자
보호 대상	노동자
유예 대상	50인 미만 사업장, 공사금액 50억 원 미만 사업장 (2024년 1월 27일부터 적용)
중대산업재해 (요건 1 이상 해당)	• 사망자 1명 이상 발생 • 같은 사고 부상자가 2명 이상 발생 (6개월 이상 치료가 필요한 부상) • 직업성 질병자 1년 이내에 3명 이상 발생(같은 유해 요인)
사망사고 발생시 처벌 (중대산업재해)	• 사업주 경영책임자 1년 이상 징역 또는 1억 원 이하 벌금 • 법인 50억 원 이하 벌금
사망 외 중대산업재해	• 사업주 경영책임자 7년 이하 징역 또는 1억 원 이하 벌금 • 법인 또는 기관 10억 원 이하 벌금
사업주 · 경영책임자 준수사항	• 재해 예방에 필요한 안전 보건 관리체계 구축 및 이행 • 재해 발생시 재해 방지 대책 수립 및 이행 • 안전 보건 관계 법령상 의무 이행에 필요한 관리상 조치

▼ 사업재해 예방조치 의무 위반 사업장 현황

[단위 : 개소, ( )안은 비중(%), * 2021년 12월 1243개 사업장 기준]

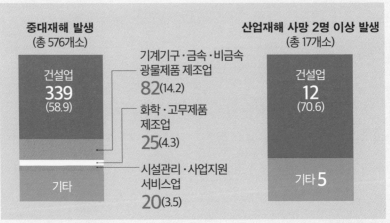

중대재해 발생 (총 576개소)

건설업 **339** (58.9)

기타

기계기구 · 금속 · 비금속 광물제품 제조업 **82**(14.2)

화학 · 고무제품 제조업 **25**(4.3)

시설관리 · 사업지원 서비스업 **20**(3.5)

산업재해 사망 2명 이상 발생 (총 17개소)

건설업 **12** (70.6)

기타 **5**

자료: 고용노동부

조선업은 100% 수주산업인 관계로 경기 변동에 민감하다보니 재하도급이 불가피하고, 고용 형태도 다양한 것이 특징이다. 물량 변동에 따라 다단계 하도급과 비정규직, 사내협력업체 노동자를 활용하지 않을 수 없다. 건설업도 마찬가지다. 건설업 역시 100% 수주산업인 관계로 하도급과 고용 형태가 조선업과 비슷한 구조를 가지고 있다.

　이러한 수주산업은 특성상 다단계 하도급과 공정을 맞추기 위해 일시에 동일 공간에서 다수의 하도급업체가 자기만의 작업을 하는 상황이 자주 벌어지게 된다. 여기에다 하도급 단계가 늘어날수록 협력업체의 '낮은 관리수준'과 노동자의 '잦은 이동'이 동시에 나타나게 된다.

　철강업의 경우는 건설업과는 또 다른 이유로 협력사 비중이 높은 편이다. 철강 생산은 원료 투입부터 제품 출하까지 연속공정으로 이뤄지는데, 공정과 공정 간의 간격을 메워주는 여러 보조 작업의 경우 기술적 난이도를 고려해 협력 작업으로 진행을 한다. 현장에는 주간 상주 직원, 4조 3교대로 운영되는 정규 직원과 협력회사 직원, 간헐적 협력조업 출입자, 조업 라인(계선) 소속 직원과 안전·유틸리티부서 등 스텝부서 직원이 혼재돼 있다. 또 수행 업무가 전·후방과 연계돼 있다. 이런 이유로 전·후방 작업자, 근무 교대조, 라인과 스텝부서, 간헐적 출입자 사이에 안전에 관한 원활한 소통이 필수적이다. 철강산업은 특히 고소·고온·고전압·고중량 등 많은 고위험 요인을 안고 있어 사소한 소통 차질이 대형 사고로 이어질 수 있다.

　고용노동부가 지난 2018년부터 2020년까지 3년간 산재 사망사고 2011

건(2041명)의 원인을 분석한 결과를 살펴보면, ① 추락 방지시설 등 안전 시설 미설치가 52.7%(1059건), ② 작업 방법 미준수 36.6%(737건), ③ 작업 절차 미수립 35.3%(710건), ④ 안전모 · 안전대 등 보호구 미지급 · 미착용 이 29.9%(601건)였다(중복 포함).

중대재해는 복합적 요인이 작용할 수 있지만, 크게 보면 ① 투자 부족, ② 소통 부족, ③ 매뉴얼 미비, ④ 안전의식 미흡으로 분류할 수 있다. 특 히 조선, 건설, 철강, 석유화학 등 중후장대 산업에 속한 대기업의 경우 투 자 능력도 있고 (부족하지만) 매뉴얼도 준비돼 있으나, 소통 부족과 안전 의식 미흡은 큰 과제로 남아 있다. 중소사업장의 경우는 거의 모든 것이 부족한 게 현실이다. 그런데 산업현장에서의 경험에 따르면, 다단계 축소 와 하청업체(협력사)의 안전역량 강화는 원청사의 노력에 따라 크게 개선 될 수 있다.

중대재해에 최고책임자의 책임은 온데 간데 없다

문제는 소통기구이다. 대형 중대재해의 경우 거의 대부분이 작업자 간 소통 차질로 발생하는데, 불법 파견 이슈가 내재돼 있어 문제 해결이 쉽 지 않다. 현업 근무시절 이러한 소통 부족을 해소하기 위해 SOS(Safty One System)를 운영하고자 했지만 잘 되지 않았다. 협력회사와의 안전 교류 (소통)는 '업무 지시'로 오해의 소지가 있어 불법 파견과 충돌 우려가 있기 때문이다. '산업안전보건법'과 '중대재해처벌법'에서도 이 규정은 기존 법령(판례)과의 관계가 명확히 정리돼 있지 않다. 이로 인해 '사일로 현상(Silo Effect, 조직 내 부서 간 장벽)'이 높아지고 있다. 소통은 매뉴얼 준수도 중요하지만 평소 안면 인식을 통한 활발한 교류가 자연스럽게 쌓이는 것도 무시할 수 없다.

불법 파견의 판단에 대해서 대법원은, '제3자(원청)가 해당 근로자에 대하여 직·간접적으로 업무수행 자체에 관한 구속력 있는 지시를 하는 등 상당한 지휘·명령을 하는지, 원고용주(협력사 대표)가 근로자의 선발이나 근로자 수, 교육 및 훈련, 작업·휴게시간, 휴가, 근무 태도 점검 등에 관한 결정 권한을 독자적으로 행사하는지 등의 요소를 바탕으로 근로관계의 실질에 따라 판단하여야 한다'라고 판시한 바 있다(2016다 230924 등).

중대재해 예방을 위해서는 불법 파견 여부의 판단 근거에 대해 명확한 법적 근거를 마련해야 한다. 처벌 강화 속에 책임 소재를 분명히 한다고 오로지 자기 일에만 몰두하면 사일로 현상은 심화될 수 있다.

중대재해 예방을 위해 다음으로 중요한 것이 최고책임자(혹은 오너)의 재해 근절을 위한 의지다. 지난 2022년 1월 10일에 발생한 광주광역시 아파트 공사장 붕괴사고는 중대재해 예방에 최고책임자의 의지가 얼마나 중요한 지를 보여주는 역설적 사례이다.

사고 당시 6명의 실종자가 발생한 초대형 사고임에도 이 회사의 회장은 사고가 나고 6일이 지나서야 서울에서 사과문을 발표하고 회장직에서 사퇴했다. 그리고 광주의 사고 현장을 방문했지만 너무 늦은 방문인지라

실종자 가족들의 분노만 키웠다. 그로부터 이틀이 지난 2022년 1월 19일
자 주요 일간신문에 사과 광고를 '회장' 명의가 아닌 '임·직원 일동' 명의
로 냈다. 아마 누군가 조언을 했을 것이다. "회장님은 이미 사퇴하셔서 자
격이 안 됩니다."

이 회사는 그보다 앞선 2021년 6월경 이미 건물 철거 중 외벽이 무너져
17명의 사상자를 냈었다. 그로부터 불과 7개월 만에 초대형 참사를 일으
킨 것은 최고책임자의 중대재해에 대한 인식 수준과 무관치 않을 것이다.

마지막으로 안전의식 미흡이다. 앞서 소개한 최근 3년간의 사고 분류
중 '소통 부족'과 '매뉴얼 미비'도 결국 '안전의식 미흡'에서 비롯한다고
봐야 한다. 그만큼 본인의 안전의식도 중요하지만 참여의식을 가져야 소
통도 높아지고, 매뉴얼의 체계성과 준수도 향상되기 때문이다.

한편, 안전의식과 관련해 현장에서 겪는 어려움이 바로 노동조합과의
관계이다. 단체협약에 안전수칙 준수에 따른 포상과 징계가 동시에 명
문화돼야 하는데 대부분의 기업에서 포상 규정은 있으나 노조원의 수칙
위반에 대한 징계 규정은 없다. 노동조합의 힘에 밀려 반영을 못하고 있
는 것이다.

하나의 중대재해가 발생했다면 그전에 같은 원인으로 29번의 작은 재
해가 발생했고, 또 운 좋게 재난은 피했지만 같은 원인으로 부상을 당할
뻔한 사건이 300번 있었다(하인리히 법칙, Heinrich's Law). 300번의 경미한
사건에 대해 징계를 할 수 있어야 중대재해도 예방할 수는 것이다.

중대재해 예방을 위해 돈(투자)으로 안 되는 두 가지 과제, 즉 작업자 간

'중대재해처벌법' 위반으로 CEO에 첫 유죄 선고

중소 건설사 ○○의 대표이사가 '중대재해처벌법' 위반 혐의로 법정에서 유죄를 선고받았다. '중대재해처벌법'이 적용된 이후 기업 최고경영자(CEO)에 형사처벌 판결이 나온 첫 사례이다.

의정부지방법원 고양지원 형사4단독 ○○○판사는 6일 중대재해처벌법 위반 혐의로 기소된 건설사 ○○의 대표 A씨에게 징역 1년 6개월, 집행유예 3년을 선고했다. A씨와 건설사 ○○는 공사 현장에서 하청 노동자가 추락사한 사건으로 지난해 11월 말 기소됐다. 사망한 노동자가 안전대 없이 5층 높이(16.5m)에서 작업을 했던 것이 사고 원인으로 확인됐다. 검찰은 이 회사가 유해·위험 요인 등을 확인하고 이를 개선하는 절차를 마련하지 않았고, 안전보건관리책임자 등의 업무수행 평가기준과 중대산업재해 대비 지침서도 갖추지 않았다고 판단했다.

〈중략〉

대검찰청에 따르면 '중대재해처벌법'이 시행된 2022년 1월 27일부터 2023년 3월 31일까지 '중대재해처벌법' 위반으로 기소한 14건 모두 대표이사나 그룹 총수가 경영책임자로 지목돼 재판에 넘겨졌다. '중대재해처벌법'을 위반한 경영책임자는 1년 이상 징역이나 10억 원 이하 벌금형을 받는다. 법인의 경우 최대 50억 원의 벌금을 낸다.

재계에서는 지난달 31일 ○○그룹 회장 B씨가 계열사의 사고에 대한 '중대재해처벌법' 위반 혐의로 기소되면서 그룹 총수도 계열사 사고로 처벌받을 수 있다는 우려가 커지고 있다. 검찰은 2022년 1월 29일 경기 양주시 채석장에서 무너진 토사 약 30만㎡에 ○○그룹 계열사 소속 노동자 3명이 매몰돼 사망한 사건과 관련해 해당 그룹의 회장 B씨를 '중대재해처벌법'상 계열사의 경영책임자로 지목했다.

원활한 소통 부재와 작업자 및 관리자의 안전불감증 문제는 앞으로도 산업 현장의 중요한 이슈로 남을 것이다.

작업자 간 원활한 소통은 현행 법규 하에서는 쉽지 않다. 작업자의 소속이 갖는 신분적 '사일로 현상' 극복을 위해서는 직무급제(직무 난이도나 책임 정도에 따라 급여를 다르게 책정하는 제도) 도입을 고려할 필요가 있다.

안전불감증은 우리 사회의 안전의식 수준을 보여주는 바로미터라 할 수 있다. 혹시 택시 뒷좌석 탑승자가 안전벨트를 자발적으로 100% 착용하는 수준의 안전의식에 도달하면 극복될 수 있을까? 범국민적인 캠페인이 필요하다는 얘기다.

아울러 중대재해가 발생하면 무엇보다 최고책임자의 신속하고 진솔한 사과가 매우 중요하다. 또한 유가족은 물론 시민사회와 진심어린 소통을 해야 한다. 최고책임자의 이러한 자세는 중대재해 예방을 위해 조직을 움직이게 하는 힘의 원천이 된다.

1 Major Injury
사망 또는 중상

29 Minor Injury
경상

300 No Injury Accidents
무상해사고

허버트 윌리엄 하인리히(Herbert William Heinrich)는 1931년에 펴낸 『산업재해 예방 : 과학적 접근 (Industrial Accident Prevention : A Scientific Approach)』이란 책에서, 대형사고가 발생하기 전에 그와 관련된 수많은 경미한 사고와 징후들이 반드시 존재한다는 통계원리를 설파했다. 출간 당시 하인 리히는 미국의 한 보험회사에서 손실통제 업무를 담당하는 직원이었다. 그는 수많은 산업재해 사 례에서 중요한 통계원리를 찾아냈는데, 사고가 발생하여 중상자가 1명 나오면 그 전에 같은 원인으 로 발생한 경상자가 29명, 같은 원인으로 부상 위험에 처한 잠재적 부상자가 300명이 있다는 것이 다. 하인리히는 이를 근거로 큰 재해와 작은 재해 그리고 사소한 사고의 발생 비율이 '1:29:300'이 라는 통계모형을 만들었다. '하인리히 법칙'이 '1:29:300 법칙'으로 불리게 된 이유다.

노(勞)와 사(使)의 사회적 책임에 관하여

노사문화는 어떻게 ESG 경영의 토대를 이루는가?

2022년 12월 26일 이정식 고용노동부 장관은 정부세종청사 브리핑에서, 포스코지회의 노조 탈퇴를 방해한 민주노총 금속노조를 묵인한 노동부 포항지청에 대해 "이런 일이 재발하지 않도록 노동위원회 의결을 통해 시정명령 등 필요한 행정조치를 하겠다"고 밝혔다.

2021년 11월 민주노총 금속노조 포스코지회는 금속노조 탈퇴(산별노조에서 기업별 노조로 조직 형태 변경)를 선언하고 조합원 투표를 두 차례나 진행했다. 두 차례 모두 탈퇴 승인 요건인 3분의 2(66.67%)를 충족했다. 그러나 노동부 포항지청은 두 차례 모두 절차적 하자를 이유로 노조 전환 신청을 반려했고, 이 장관은 이에 대해 뒤늦게 행정조치를 내리겠다고 한 것이다.

신뢰와 대립 사이 엇갈린 노사문화

1987년 이후 철강업계에도 예외 없이 격렬한 노동쟁의가 일어났다. 1988년 포스코에도 한국노총을 상급단체로 하는 노동조합이 설립됐다. 당시 현장 노동자 90%가 가입할 정도로 열기가 대단했다. 그러나 회사는 1997년 '근로자참여기준법'에 의거해 쟁의권이 없는 '노경협의회'를 출범시키고 노사 화합을 위한 대대적인 노력을 기울였다.

'선조들의 핏값으로 지은 공장'이라는 부채의식, 생산을 멈추면 대한민국 제조업이 마비된다는 제철보국 정신이 40대 이상 노동자들에게는 하나의 이데올로기가 되었다. 또한 과·부·부문·제철소 같은 생산조직 위계 단위와 연계된 협의회를 통해 경영정보를 공유하고, 요구 사항을 파악·해결하여 노사 갈등의 요인인 적대감을 원천적으로 해소하는 노력을 기울였다. 그리고 이러한 노력과는 별도로 다양한 사내 동호회 활동과 사외 봉사활동에 예산을 지원해서 사회적 연대감을 고취시키고 자긍심도 갖도록 했다(송호근, 『혁신의 용광로』 참조).

불법파견 이슈를 중심으로 사내외 협력회사와의 갈등이 노출되면서 2018년 민주노총 금속노조를 상급단체로 하는 포스코지회가 설립되었다. 복수노조가 된 것이다. 그러자 조합원이 거의 탈퇴했던 기존의 한국노총 소속 포스코노동조합과 민주노총 소속 포스코지회가 조합원 모집 경쟁을 벌였다. 초기에는 양 노동조합이 각각 3000여 명으로 출발했으나, 2022년 말 기준 포스코노동조합은 6000여 명으로 조합원이 크게 늘었는데 반해 포스코지회는 200여 명으로 축소되었고(언론 보도) 현재 금속노조 탈퇴를 추진 중이다.

매출액(7조 원) 기준 국내 철강업계 3위 기업인 동국제강도 1980년대 격렬한 노동쟁의를 겪으며 1987년 한국노총을 상급단체로 하는 노동조합이 설립되었다. 동국제강은 격변의 시기에 수많은 파업과 경영위기를 맞이했고, 2012년 이후 대형 공장 2곳을 폐쇄하는 어려움도 겪었다. 그럼에도 불구하고 노동조합은 1994년 국내 최초로 항구적 무파업을 선언하고 2022년까지 28년째 평화적 노사관계를 이어오고 있다.

동국제강의 특이한 점은 창업자 장경호 회장의 "너와 내가 둘이 아니라는 불이(不二)철학"이 조직에 내재되어 있다는 것이다. 박상규 노조위원장은 이를 "적게 먹더라도 나눠 먹으며 같이 살자"는 것이라고 해석한다. 실제로 동국제강의 연봉은 포스코나 현대제철보다 조금 적다. 그렇지만 회사는 대형 공장 2곳을 폐쇄하면서도 인위적 구조조정을 하지 않았

장세욱 동국제강 부회장 (오른쪽)과 박상규 노조위원장이 '2021년 임금협상 조인식'을 갖고 기념촬영을 하고 있다. 동국제강 노사는 28년 연속 무분규 임금협상 타결을 통해 평화적인 노사관계를 이어가고 있다.

다. 또한 책임경영회의 등 주요 회의에 노조 간부를 직접 참석시킴으로써 노사 간의 신뢰를 쌓고 있다.

한편, 현대제철 노조는 민주노총 금속노조를 상급단체로 하는 지회가 5개나 있다. 회사가 인수·합병으로 성장하면서 각 사업장에 있던 지회가 그대로 유지되어 인천(옛 인천제철)과 경북 포항(옛 강원산업), 전남 순천(옛 현대하이스코)에 1개씩 지회가 있고 충남 당진(옛 한보철강과 현대하이스코)에 2개의 지회가 있게 된 것이다.

이 가운데 인천과 포항 등 4개 지회는 사업장의 가동연수가 50년 이상 되면서 직원들의 평균 근무연수도 길고 나름대로 축적된 노사문화가 있다. 그러나 가장 큰 충남지부 현대제철지회(현 당진제철소)는 2010년 이후 급성장하며 많은 인력을 채용하다보니 상대적으로 직원들의 근무연수가 짧아 성숙한 노사문화가 형성되지 못했다.

이를 입증하듯 현대제철 노조는 최근 5년 중 4년 동안 파업을 이어갔다. 특히 급성장한 당진제철소는 지난 2022년 5월 2일부터 9월 24일까지 146일 동안 사장실을 점거하고, 그 이후 협상이 마무리될 때까지 62일간 게릴라 파업(불시·부분파업)을 진행했다.

무소불위 경영행위에 대한 견제가 필요하다!

포스코와 동국제강이 지금처럼 안정된 노사문화를 구축한 배경에는 세

가지 요인이 있다. 회사와 노조 모두 노사문화의 주체로서 독자적 결정 권, '제철보국'과 '불이사상' 같은 경영철학, 경영정보 공유를 통해 축적된 신뢰가 바로 그것이다. 즉, 돈 그 이상의 가치가 존재한다는 것이다.

이에 반해 현대제철 당진제철소의 경우 노사문화의 미성숙에 더하여 현대차그룹 계열사 노조 간의 연대라는 요인도 있다. 이러한 요인이 산별 노조를 지향하는 민주노총 금속노조의 지침과 부딪치는 관계로 신뢰보 다는 대결 구도로 가는 측면이 있는 것이다. 또 그룹이 개입하면서 '특별 격려금' 문제가 전체 계열사로 번지기도 했다.

'저성장의 일상화(New Normal)', '디지털 시대의 도래', 'MZ세대의 급부 상' 같은 기업 환경 아래에서 더 이상 대립적 구도로는 생산적인 노사문 화가 불가능하다는 것을 명확히 인식할 필요가 있다. 따라서 국가 전체적 으로 업종별 '동일 노동 동일 임금'을 추구하는 확실한 산별노조로 가든 가 아니면 노사가 자율적으로 해결하도록 외부 개입이 없어야 한다.

노동조합 가입률을 높이고, 조합 운영의 민주적 합리성을 함양하는 것 이 'ESG 경영(자본주의 지속가능 발전)'에 유익하다는 사실은 역사가 증명 하고 있다. 금융 중심의 자본주의 탐욕을 억제하고 양극화를 해소하기 위 해서는 경영행위에 대한 내·외부 견제가 필요하다. 그러한 견제를 받는 조직문화는 예측성과 투명성을 높여 투자가 활성화되고 경영효율도 높 아질 것이다. 철강 3사의 노사문화 현주소는 노동 정책의 우선순위를 어 디에 두어야 하는지를 잘 보여준다.

빈센트 반 고흐(Vincent van Gogh)는 해바라기와 자화상만 많이 그린 게 아니라 신발도 여럿 그렸다. 그런데 고흐의 캔버스 속 신발들은 남루하기 이를 데 없다. 1930년경 이 그림이 암스 테르담에서 전시되었을 때, 신발의 주인이 누구일지를 두고 가벼운 논쟁이 붙었다. 철학자 하 이데거(Martin Heidegger)는 신발의 주인이 필경 고된 하루를 이어가는 노동자 혹은 농부의 것이라고 추론했는데, 그림 속 신발에서 그 시절 노동자의 가혹한 현실을 떠올리는 건 조금도 어렵지 않다. 고흐가 이 신발을 그렸을 때로부터 100년 가까이 흐른 지금 노동자의 삶은 얼마 나 나아졌을까? 그림 속 신발의 주인이 누구인지에 대한 얘기만큼 당연한 말이겠지만, '노동 자의 삶'과 '노동의 가치'가 가려진 노사화합 혹은 노동쟁의는 본말을 전도한다.

다시,
기업의 사회적 가치와
책임을 생각한다

CSR, CSV, ESG를
성공으로 이끄는 열쇠

ESG 경영이 우리나라에 본격적으로 알려지기 시작하면서 기업 현장에서 혼란스러워하는 것 중 하나가 ESG의 'Social(사회적 가치)'과 'CSR'의 차이점이다. CSR(Corporate Social Responsibility)은 회사가 본업으로 삼는 사업 영역과 관계없이 행하는 사회공헌활동을 가리킨다. 기업의 사회적 '책임'을 강조하는 것으로, ESG의 고전적 개념이라 할 수 있다. 우리나라에서는 CSR을 좁게 해석하면서 사회공헌활동에서 '공헌'에 방점을 찍어 이해한다.

1953년에 처음 등장한 CSR이란 용어는 1970년대 후반부터 확산되기 시작했는데, 당시 시대적 상황을 체크해 둘 필요가 있다. 그때 주주자본주의가 강조되면서 기업의 지나친 이윤 추구 경영이 지탄의 대상이 되자 이를 무마하자는 차원에서 CSR의 가치가 주목받기 시작한 것이다. 특히 사회적 '공헌'으로 인식하다 보니 기업들은 저마다 자선 활동을 하거나 돈이나 물자를 기부하는 방식으로 주주자본주의를 향한 따가운 시선을 피하고자 했다. CSR은 처음에는 주로 이벤트(홍보)성 행사가 많았지만, 갈수록 해당 기업 고유의 특성을 살리는 활동으로 이어지기도 했다. 그러다 갑자기 CSV라는 개념이 등장했다.

Creating Shared Value의 이니셜인 CSV는 우리말로 옮기면 '공유가치 창출'이 된다. CSV는 2011년 하버드대 경영학과 교수인 마이클 유진 포터(Michael Eugene Porter)가 〈하버드 비즈니스 리뷰〉라는 저널에 처음 소개함으로써 세상에 나왔다. CSV는 기업이 수익 창출 이후에 사회 공헌 활동을 하는 것이 아니라 기업 활동 자체가 사회적 가치를 창출하면서 동시에 경제적 수익을 추구할 수 있는 방향으로 이뤄지는 것이다.

가치 창출에 있어서 CSV는 CSR과 구별된다. CSR은 선행을 통해 사회에 기업의 이윤을 공헌(환원)하기 때문에 기업의 수익 추구와는 무관하다. 반면, CSV는 기업의 비즈니스 기회와 지역사회의 니즈가 만나는 곳에서 사업적 가치를 창출해 경제적·사회적 이익을 동시에 추구하는 것이다(박홍수, 〈사회적 책임이 아닌 공동의 가치를 추구한다. Don't be Evil〉, 2013년).

실제로 기업 현장에서는 CSR을 이행하는 가운데 CSV적 요소를 추가로 찾아 사회적 가치를 높이는 활동이 이어져왔다. 이런 와중에 ESG가 강조되기 시작한 것이다. ESG와 CSV는 가치를 '측정'한다는 점에서는 같지만, 분명한 차이가 존재한다. CSV가 조직(기업)의 고유한 활동(사업) 과정에서 창출된 사회적 가치 자체를 강조한다면, ESG의 S는 정규직 비율이나 장애인 고용률 등의 통계를 통해서 인권 정책이 얼마나 넓고 공평하게 실행되는지를 주목한다.

다만 CSR, CSV, ESG 모두 장기적인 관점에서는 궁극적으로 기업의 이윤 창출에 기여해야 한다는 점에서는 다르지 않다는 사실을 기억해 두어야 한다.

CSR, CSV, ESG가 각각 추구하는 사회적 책임이란?

필자는 지난 수십 년 동안 기업에서 경영 업무를 해오면서 CSR, CSV, ESG의 본질을 각각 다른 시각으로 바라볼 수 있게 되었다. CSR, CSV, ESG가 등장하게 된 배경이, 더 좋은 사회를 만들기 위한 진화 과정에서라기보다는 각 시대별 사회적 이슈에 대한 금융자본의 대응방법적 차이에 기인한다는 것이다.

CSR의 경우 1970년대부터 확산되기 시작한 '자본의 세계화' 흐름으로 드러난 주주자본주의의 탐욕스런 민낯에 대한 반성이 계기가 되었음을 고백하지 않을 수 없다. CSV는 또 어떤가. 2008~2009년 미국에서 시작해 전 세계적으로 확산된 금융위기 이후에 기업(자본)의 사회적 가치 기여도를 계량화해서 보여줄 필요성에서 나온 것이다. 그리고 이러한 계량화에

CSR
"이해관계자들에 대한
사회적 책임"

- 기업의 사회적 책임
- 주변 이해관계자와의
  공생
- 수익을 사회에 환원

CSV
"기업활동 자체가
사회 공헌"

- 공유가치경영
- 기업활동 자체가
  사회적 가치 창출
- 진화된 상생 개념

ESG
"지속가능성에 대한 신뢰"
⇨ 투자가치 향상

- 기업의 지속가능성을
  가능하는 비재무적 지표
- 핵심은 투자가치와
  투자자들의 신뢰 구축

자료 : JW중외제약

passive	active	pro-active
ESG 1.0	ESG 2.0	ESG 3.0

사회 공헌(CSR)
- 기업의 사회적 책임 수행

공유가치창출(CSV)
- 기업의 ESG 인지 단계
- 환경/사회에 대한
  책임의식 고취

지속가능경영(ESG)
- 기업의 ESG 책임 인식
- ESG의 내재화
- ESG 전략 통합

자료 : 신한금융투자

CSR, CSV, ESG의
등장 배경

더 좋은 사회를
만들기 위한 진화 과정?

시대별 사회적 이슈에 대한
금융자본의 대응!

서 그치지 않고 기업(자본)이 전방위적으로 행동에 나서야 한다는 자본주의의 '절박한' 위기 속에서 ESG가 크게 주목을 받게 된 것이다.

아무리 좋은 제도적 장치 혹은 훌륭한 정부라 해도, 사회의 그늘진 곳들을 모두 찾아내 지속적으로 보호하는 것은 불가능한 일이다. 결국 자본주의 사회에서 막강한 영향력을 행사하는 기업의 (공익적) 역할이 강조될 수밖에 없는 것이다. 정부가 해결하지 못하는 복지의 사각지대에, 기업이 사회적 책임을 갖고 뛰어들어야 한다는 얘기다. 기업의 고유 업무와 무관하게 사회적 책임을 강조하는 CSR이 좀 더 활성화 되어야 하는 이유가 여기에 있다.

이러한 측면에서 CSV는 한계가 있다. 기업의 고유 업무에서 창출하는 가치를 측정해서 기업 이미지를 '홍보'하는 데는 나름 의미가 있지만, 정부가 놓친 복지의 사각지대를 커버하기에는 무리가 있다. 물론 어떤 기업이 친환경 기술을 개발했다면 긍정적 외부 효과(Positive Externality)로 사회적 가치를 창출한 것이 되겠지만, 이때도 개별 복지와는 거리가 멀다.

ESG도 마찬가지다. ESG는 사회적 가치의 중요성에 대한 시선을 확대하는 효과는 분명히 있지만, 오히려 모든 것을 평가해서 계량화 하고 서열화 함으로써 정작 중요한 사회적 이슈가 평가 과정에서 묻혀버리고 만다. 따라서 기업이 사회적 책임을 다하기 위해서는, ESG 경영에서의 사회적 가치 창출(S)을 적극 실천하되, 정부가 놓치는 복지의 사각지대를 찾아서 지원하는 CSR에도 각별한 주의를 기울여야 한다.

누구도 소외시키지 않는다!

'사회적 가치와 사회적 책임이란 한마디로 무엇인가?'

ESG 전문가들이 쉽게 대답하지 못하는 질문이다. 왜일까? 사회적 가치와 사회적 책임은 대단히 광범위한 덕목이 아닐 수 없다. 곰곰이 생각해보면, 기업의 활동에서 사회적 가치와 그 책임에서 자유로운 것이 과연 있을까? 기업이 ESG 경영에서 S를 실행하는데 특히 어려움이 큰 이유가 여기에 있다.

실제로 기업은 ESG를 실행할 때 환경(E)이나 거버넌스(G)에 대해서는 미션이 명확해서 수행해야 할 목표(Goal)와 이를 실천하기 위한 전략적 수단을 준비하기가 비교적 어렵지 않다.

반면, 사회적 가치(S)는 미션의 명확성이 떨어지다 보니 자주 혼선이 생긴다. 혼선의 주된 원인은 ESG 평가 가이드에 나와 있는 항목들 때문이다. 예를 들어 '결사의 자유 보장', '인권 정책의 수립' 같은 항목은 시행 여부도 중요하지만 핵심은 본질적인 내용이 기업문화로 정착되는 것인데, 이에 대한 기준이 모호하다. 여성 구성원 비율, 여성 급여 비율 같은 경우에도 항목을 둔 취지는 이해가 가지만, 역시 구체적인 기준을 정하는 게 쉽지 않다.

뿐 만 아니라 중요한 항목(지표)들이 ESG 평가 가이드에 빠져 있는 경우도 적지 않다. 이 경우 기업마다 철학과 의지를 가지고 해당 기업의 고유한 특성에 맞는 지표를 선정해야 하는데, 이게 현실적으로 녹록치 않은 일이다.

따라서 기업들은, 평가를 전제로 하는 ESG 경영보다는 사회의 지속가능한 발전을 위해 (2015년 9월 유엔총회에서 결의한) SDGs(40쪽)를 기본으로 해서 각각의 조직문화에 맞는 실행과제를 도출하는 것이 훨씬 효과적이다. SDGs는 Sustainable Development Goals의 이니셜로, 우리말로 하면 '지속가능 발전 목표'가 된다.

SDGs는 2030년까지 모든 회원국과 이해관계자가 이행해야 할 17가지 목표와 169가지 세부 과제로 이뤄져 있다. SDGs는 기본적으로 경제·사회·환경 정책의 조화와 균형을 전제로 하는 데, 이 가운데 특히 유엔 SDGs의 이행 대원칙에 명시된 '누구도 소외시키지 않는다'(No one left

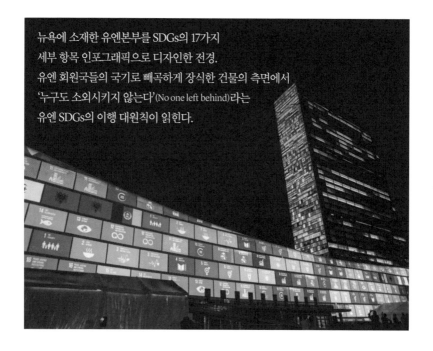

뉴욕에 소재한 유엔본부를 SDGs의 17가지
세부 항목 인포그래픽으로 디자인한 전경.
유엔 회원국들의 국기로 빼곡하게 장식한 건물의 측면에서
'누구도 소외시키지 않는다'(No one left behind)라는
유엔 SDGs의 이행 대원칙이 읽힌다.

behind)란 문구가 인상적이다.

　이러한 SDGs의 목표를 자기 기업에 적용하기 위한 전략을 도출하고, 그 전략 중에서 ESG 평가항목에 해당하는 것은 그대로 살리면 된다. 즉 ESG 평가항목에만 집착할 게 아니라, SDGs가 담고 있는 철학과 구체적 목표를 기업의 사업영역 속에 어떻게 구현할 지를 고민하고 실행과제로 도출해야 한다.

　가장 쉬운 방법은 기업의 사업영역을 구성하는 가치사슬을 세부 단계로 나누고, 그 가치사슬에 있는 이해관계자들을 적극 참여시켜 '숙의공론화 과정'을 밟는 것이다. 사회적 가치(S) 영역은 이러한 과정을 지키는 것 자체가 실천임을 간과하지 말아야 한다.

　유엔도 다양한 이해관계자들의 체계적인 참여와 숙의공론화 과정에 대한 책무성을 높이기 위한 시스템을 구축한 바 있다. 이른바 '다양한 이해관계자 참여체계'라는 것인데, 여기에는 개방성 · 투명성 · 집단성 · 당사자성 · 자율성 · 독립성 · 책임성을 기본 원칙으로 두고 있다.*

　기업이 가치사슬에 있는 이해관계자들과 숙의공론화 과정을 갖는다는 것은 일견 상식적이고 당연해 보이지만, 실제 현장에서는 잘 지켜지지 않는다(상식을 지키는 일은 어려운 법이다). 물론 이해관계자들과의 숙의공론화가 불가능한 일은 아니다. 협력회사와의 기술 개발 등 비즈니스적으로

---

* 유엔 SDGs의 이행 점검체계 중에 한 가지 더 주목해야 할 것으로는, 정보공개와 접근성을 강화한 부분이다. 유엔은 다양한 논의 과정과 정보를 이해관계자라면 누구나 접근할 수 있도록 'SDGs 지식포털'을 개설해 운영하고 있다.

는 이미 실천하는 경우가 적지 않기 때문이다.

이해관계자들과의 숙의공론화 문화는 기업 현장에서 갑자기 일어나는 안전사고나 돌발 사태에서 진가를 발휘한다. 평소 이해관계자들과의 소통이 축적된 기업(부서)일수록 예방적 인지능력이 탁월해 위기를 극복하는 데도 강점이 있음을 필자는 기업인으로서의 오랜 경험을 통해서 목도해 왔다.

ESG 평가항목에만 집착하는 것만큼 어리석은 일도 없다. 중요한 것은 그럴듯한 가이드라인이 아니라 '소외 없는 소통'과 '적극적인 실행'이다. '1:10:100 법칙'(260쪽)이나 '1:29:300 하인리히 법칙'(283쪽) 같은 경영전략도 결국 여기서 비롯되는 것이다.

ESG 경영에서 유독 S의 평가 점수가 잘 나오지 않는다고 언제까지 평가항목만 만지작거릴 것인가. 지금 당장이라도 이해관계자들을 불러 모아 무엇이 문제인지 머리를 맞대고 숙의하고 토론해야 한다. ESG에서 S의 실천은 그렇게 시작되는 것이다.

기업이 가치사슬에 있는 이해관계자들과
숙의공론화 과정을 갖는다는 것은
일견 상식적이고 당연해 보이지만,
현장에서는 잘 이뤄지지 않는다.
상식을 지키는 일은 늘 어려운 법이다.
중요한 것은 그럴듯한 가이드라인이 아니라
'소외 없는 소통'과
'적극적인 실행'이다.

참고문헌

ESG 관련

1. 리베카 헨드슨, (임상훈 옮김), 『자본주의 대전환』, 어크로스, 2021

2. 알렉스 에드먼드, (송정화 옮김), 『파이코노믹스』, 매일경제, 2021

3. 조신, 『넥스트 자본주의, ESG』, 사회평론, 2021

4. 이병래 외, 『ESG, 한 권에 담다』, 한국공인회계사회, 2022

5. 칼 폴라니, (홍기빈 옮김), 『거대한 전환』, 도서출판 길, 2017

6. H · ESG워킹그룹, 『사람 중심 ESG를 말한다』 한겨레경제사회연구원, 2022

에너지 · 전력 관련

1. 김윤자 외, 『에너지전환과 전력산업 구조개편』, 다돌책방, 2020

2. 오진석, 『한국 근현대 전력산업사, 1898~1961』, 푸른역사, 2021

3. 에너지경제연구원, 『경쟁체제 도입에 따른 전기요금체계 개편방안』, 산업자원부, 2002

4. 황동수 · 이상호, 『석탄』, 동아시아, 2022

5. 이민환 · 윤용진 · 이원영, 『수소경제』, 맥스, 2022

6. Jefferson W. Tester 외, 『Sustainable Energy』, MIT, 2012

7. 에너지경제연구원 연구보고서 일체

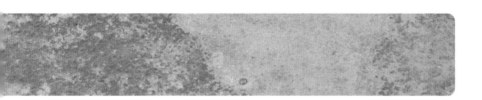

환경 · 배출권 관련

1. 레이첼 카슨, (김은령 옮김), 『침묵의 봄』, 에코리브르, 2011

2. 윌리엄 사우더, (김홍옥 옮김), 『레이첼 카슨』, 에코리브르, 2014

3. 조홍식, 『기후변화 시대의 에너지법 정책』, 박영사, 2013

4. 레스터 브라운, (한국생태경제연구회 옮김), 『에코이코노미』, 도요새, 2003

5. 요아힘 라트카우, (김희상 옮김), 『생태의 시대』, 열린책들, 2022

6. 마이클 셸렌버그, (노정태 옮김), 『지구를 위한다는 착각』, 부키, 2021

7. 조효제, 『침묵의 범죄 에코사이드』, 창비, 2022

노동 관련

1. 박태주, 『현대자동차에는 한국노사관계가 있다』, 매일노동뉴스, 2014

2. 이원보, 『한국노동운동사 100년의 기록』, 한국노동사회연구소, 2020

3. 김기원, 『개혁적 진보의 메아리』, 창비, 2015

4. 김기원, 『한국의 진보를 비판한다』, 창비, 2012

5. 윤희숙, 『정책의 배신』, 21세기북스, 2020

6. 조계완, 『우리시대 노동의 생애』, 앨피, 2012

7. 조계완, 『오래된 질문 새로운 답변』, 앨피, 2014

8. 최병천, 『좋은 불평등』, 메디치, 2022

9. 김종인, 『영원한 권력은 없다』, 시공사, 2020

10. 변양균, 『경제철학의 전환』, 바다출판사, 2018

철강·금속 관련

1. 권오준, 『철을 보니 세상이 보인다』, 페로타임즈, 2020

2. 국립중앙박물관 특별전, 『쇠, 철, 강』, 국립중앙박물관, 2017

3. 한국철강신문, 『기초철강지식』, 한국철강신문사, 2006

4. 김동환·배석, 『금속의 세계사』, 다산에듀, 2015

5. 이경우, 『불, 에너지, 재료의 역사』, 일조각, 2022

6. 강창훈, 『철의 시대』, 창비, 2015

7. 홍대한, 『철 이야기』, 한국철강협회, 2012

8. 이석수, 『3평 고물상의 기적』, 다음생각, 2013

9. 유정수, 『소중한 이웃』, 박영사, 2020

10. 김바다·차수현, 『카멜레온 철』, 삼성당, 2006

11. 이대환, 『박태준』, 현암사, 2012

12. 송호근, 『혁신의 용광로』, 나남, 2018

13. 포스코 PI프로젝트 추진팀, 『디지털 포스코』, 21세기북스, 2003

14. 현대제철, 『철의 연금술, 세상을 바꾸다. 현대제철 60년사』, 현대제철, 2013

15. 정인욱 전기편찬회, 『선각자 정인욱』, 춘추각, 2000

16. 대원 장경호 거사 평전 간행위원회, 『대원 장경호 거사』, 대원사, 2005

17. 송원 장상태 회장 전기발간위원회, 『송원 장상태』, 동국제강 홍보팀, 2010

18. 세아홀딩스, 『철과 같은 마음으로(이운형 회장)』, 안그라픽스 미디어사업부, 2018

19. 현대제철, 『푸른연금술사』, 현대제철 사보편찬위원회, 2004~2023

20. 정은미 외, 『철스크랩 유통구조 합리화를 위한 연구』, 산업연구원회, 2004

21. Carmen Gimenez, 『Picaso and the Age of Iron』, GUGGENHEIM MUSEUM, 1993

경제사 · 경영 · 지정학 등 관련

1. 김종현, 『경제사』, 경문사, 2013

2. 홍성찬, 『농지개혁 연구』, 연세대학교 출판부, 2001

3. 펠리페 페르난데스-아르메스토 외, (이재만 옮김), 『옥스퍼드 세계사』, 교유서가, 2021

4. 필리프 아기옹 외, (이민주 옮김), 『창조적 파괴의 힘』, 에코리브르, 2022

5. 로버트 C.앨런, (이강국 옮김), 『세계경제사』, 교유서가, 2017

6. 재레드 다이아몬드, (김진준 옮김), 『총, 균, 쇠』, 문학사상, 2005

7. 캔디스 코처 외, (황보영조 옮김), 『세계사 특강』, 삼천리, 2013

8. 피터 자이한, (홍지수 · 정훈 옮김), 『21세기 미국의 패권과 지정학』, 김앤김북스, 2018

9. 피터 자인한, (홍지수 옮김), 『붕괴하는 세계와 인구학』, 김앤김북스, 2023

10. 존 미클스웨이트 외, (유경찬 옮김), 『기업, 인류 최고의 발명품』, 을유문화사, 2011

11. 제임스 스즈먼, (김병화 옮김), 『일의 역사』, 알에이치코리아, 2022

12. T.S.애슈턴, (김택현 옮김), 『산업혁명』, 삼천리, 2020

13. 김명자, 『산업혁명으로 세계사를 읽다』, 까치, 2019

14. 김은환, 『산업혁명의 숨은 주역들』, 삼성경제연구소, 2019

15. 리오 휴버먼, (장상환 옮김), 『자본주의 역사 바로 알기』, 책벌레, 2016

16. K.E. 헌트, (유강은 옮김), 『자본주의에 불만 있는 이들을 위한 경제사 강의』, 이매진, 2012

17. 로버트 하일브로너 외, (홍기빈 옮김), 『자본주의, 어디서 와서 어디로 가는가』, 미지북스 2011

18. 제임스 E. 매클랠란 3세 외, (전대호 옮김), 『과학기술로 본 세계사 강의』, 모티브, 2008

19. 조일준, 『이주하는 인간, 호모미그란스』, 푸른역사, 2016

20. 김동기, 『지정학의 힘』, 아카넷, 2020

21. 융이, (류방승 옮김), 『백은비사』, 알에이치코리아, 2013

22. 장한식, 『오랑캐 홍타이지 천하를 얻다』, 산수야, 2016

23. 로랜스 프리드먼, (이경식 옮김), 『전략의 역사 1,2』, 비즈니스북스, 2014

24. 안드레 군더 프랑크, (이희재 옮김), 『리오리엔트』, 이산, 2014

25. 케네스 포메란츠, (김규태 외 옮김), 『대분기』, 에코리브르, 2016

26. 일본사학회, 『아틀라스 일본사』, 사계절, 2015

27. 김은환, 『기업 진화의 비밀』, 삼성경제연구소, 2018

보람찬 일터를 떠난 지 벌써 2년이 넘는 시간이 흘렀습니다. 퇴직 인사에서 말씀드렸듯이 저를 키워준 우리 사회에 기여하는 한 방법으로, 매체에 글을 쓰고, 강연을 하고, 방송에 출연하는 등 그동안 배운 것과 경험을 많은 분들과 공유하기 위해 분주한 일상을 보내고 있습니다. 저는 지난 30여 년 동안 늘 설레는 마음으로 출근했습니다. 저에게 이러한 기회를 주신 모든 분들께 작은 지면을 통해 감사의 마음을 전합니다.

1980년 전·후 그 시절 아픔을 함께 한 박종부 학우(박종철 열사의 친형)를 비롯한 서강대학교 가톨릭학생회(土馬) 동료, 선·후배님들과 곽세자님, 막달레나 수녀님에게 감사의 마음을 전합니다.

당시 저의 곤궁한 사정을 헤아려 부모님처럼 자상하게 지도해주신 서강대학교 메이스 총장 신부님(Mace, John D. Father)께 깊은 감사를 드리며 다시 한 번 고인의 명복을 빕니다.

혜화동 가톨릭학생회관 골방에서 리오 휴버먼(Leo Huberman)의 『MAN'S WORLDLY GOODS』를 교재로 세상이 어떻게 돌아가는지 지도해주셨던 강경희·김영근·김영환·손영숙·유환숙·이태수 선배님께 감사드립니다.

뒤 늦은 학업을 이어갈 때 경제사 수업을 통해 역사의 법칙과 인간 삶의 구조를 리얼하게 지도해주신 연세대 경제학부 홍성찬 선생님(현 명예교수)께 감사드립니다. 선생님의 강의노트는 직장생활 내내 현실과 지향의 괴리에서 갈등할 때마다 늘 지침이 되었습니다.

강원산업 창업자 故정인욱 명예회장님과 현대차그룹 정몽구 명예회장님으로부터 기업의 사회적 역할에 대해 배울 수 있었음을 감사드립니다.

현대제철은 저에게 최고의 삶터였습니다. 한정건 전무님(현 풍전비철그룹 부회장)은 제가 가진 능력의 200%를 발휘하도록 지도해주셨습니다. 같이 일하는 동안 세상에 불가능한 일이 없다고 느낄 만큼 늘 성취감으로 충만했습니다. 특히 사보『푸른연금술사』간행 및 '철의 친환경성'을 알리는 홍보영화에 프랑스 사진작가 얀 베르트랑(Yann Arthus-Bertrand)을 출연시킬 수 있었던 것은 한 전무님의 지원 덕분이었습니다.

원리·원칙과 혁신을 강조하는 제가 조직의 이기적·수구적 문화와 충돌할 때 마다 든든한 병풍 역할을 해주신 강학서 전 사장님께 감사드립니다.

당진제철소 건설과 초창기 안정적 경영을 이끌어 주신 박승하·우유철 전 부회장님께 감사드립니다.

2019년 2월 20일 발생한 중대재해로 회사가 극도의 위기에 처했을 때 저를 기획실장으로 임명하고 사태 수습의 역할을 부여해주신 김용환 전 부회장님께 감사드립니다. 안동일 사장님께는 노사문화 정착을 위한 과제를 함께 다 하지 못한 아쉬움을 남겨드렸습니다.

그리고 수많은 후배들에게 진심으로 감사의 마음을 전합니다. '좋은 기업이 좋은 사회를 만든다!'는 저의 소신에 동참해준 것은 물론, 아낌없는 혜안과 직언이 없었더라면 저는 아마도 균형감을 상실했을 것입니다. 특히 유리천장을 없애기 위한 고투에 부응해 주었던 채영주님과 현재 폐암 4기로 투병 중인 고선정 실장님은 진정한 동지였습니다. 우리는 현대제철 전체를 사회봉사단체로 만드는 전략을 추진했고, 그 첫 단계로 사내 5개 노동조합의 사회봉사 활동부터 이뤄냈습니다. 회사를 나오면서 가장 마음이 아팠던 것은 중대재해가 많았다는 사실입니다. 훗날 기회가 주어진다면 님들의 영혼을 위로하는 추모비라도 세우고 싶습니다.

2019년 봄, 회사에 대한 부정적인 이미지가 최고조에 달했음에도 불구하고 '안전보건환경자문위원'으로 참여해 지도편달을 아끼지 않으신 위원님들을 잊을 수 없습니다. 김지형 위원장님(전 대법관), 구정완(가톨릭의대), 김두현(충북대), 김준동(전 대한상의 부회장), 박종길(삼성전자 고문), 전의찬(세종대), 정동민(전 검사장), 정영무(전 한겨레신문 사장), 정연순(전 민변회장), 정진우(서울과기대), 조홍식(서울대) 위원님께 감사의 마음을 전합니다.

퇴직 후 2020년부터 매 격주 화상으로 ESG 스터디를 함께한 한겨레경제사회연구원의 이봉현 원장님과 연구원님들, 성공회 송경용 신부님, 녹색연합 윤정숙 대표님, 환경운동연합 김춘이 사무총장님과 함께한 분들 모두 감사드립니다. 그동안의 칼럼 집필과 이번 책 출간은 여러분들과의 토론이 있었기에 가능했습니다.

레스터 브라운의 『에코이코노미』를 통해 교류하게 된 한국생태경제연구회의 김종호 · 김종환 · 조승헌 · 조영탁 · 우석훈 · 이상훈 박사님 감사드립니다. 양재동 사옥에서 안전하고 따뜻한 근무 여건을 마련해주신 강선용 · 권미경 · 김지애 · 서두원 · 심동환 · 윤진이 · 이태숙 · 정옥인님께도 감사드립니다.

칼럼 집필을 독려해주시고 큰 지면으로 기회를 주신 중앙일보 이상렬 논설위원님, 경향신문 이기수 편집인님, 한국경제신문 정종태 편집국장님, 국민일보 노석철 편집국장님, 전기신문 유희덕 편집국장님 감사드립니다.

  직장에서의 소울메이트였던 사보 『푸른연금술사』를 20년째 고품격으로 편집해주시는 박경애 실장님, 창간호부터 지금까지 다양한 생태계의 모습을 기고해 주시는 조홍섭 기자님께 감사드립니다. 창비 동호회 '마량앞바다'의 장순자 · 최경실 선생님과 고(故) 양승모 선생님께 감사드립니다.

  『창작과 비평』에 논문 게재를 추천해 주신 인하대 최원식 교수님, 전력시장 홍보 논리를 격려해주신 서울대 윤제용 교수님(전 환경연구원장), 철강 탄소중립을 지도해 주신 연세대 민동준 부총장님과 철강협회 남정임 실장님께 감사드립니다.

  복잡한 원고를 깔끔하게 정리하고 잘 편집해준 어바웃어북 이원범 실장과 팀원들에게 감사드립니다. 그리고 책 출간에 조언을 아끼지 않으신 코리아모니터 김수헌 대표님께 특별히 감사의 마음을 전합니다.

  마지막으로 가족들에게 감사드립니다. 저의 태몽을 그 누구에게도 말씀하시지 않고 계시다 갑자기 소천하신 아버지(金水大), 한 평생 자식들을 위해 헌신하셔서 몸이 많이 불편하신 어머니(張貞花)께 감사드립니다. 저의 긴 학부시절은 물론 지금까지 곁에서 최고의 안식처를 만들어 주고 자녀들을 훌륭하게 키워 준 아내 최현주 님께 감사와 사랑의 마음을 전합니다. 그리고 딸 한울, 아들 용보 그리고 든든한 가족이 되어 준 사위 류형진과 예쁜 손주 다온, 승온에게도 감사와 사랑의 마음을 전합니다.

2023년 어느 봄날
김경식 드림

착한 자본의 탄생

초판 1쇄 발행 | 2023년 5월 12일

지은이 | 김경식
펴낸이 | 이원범
기획 · 편집 | 어바웃어북 기획편집실
마케팅 | 안오영
표지 · 본문 디자인 | 강선욱
펴낸곳 | 어바웃어북 aboutabook
출판등록 | 2010년 12월 24일 제2010-000377호
주소 | 서울시 강서구 마곡중앙로 161-8(마곡동, 두산더랜드파크) C동 1002호
전화 | (편집팀) 070-4232-6071 (영업팀) 070-4233-6070
팩스 | 02-335-6078

ISBN | 979-11-92229-22-5 03320

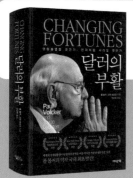

| 어바웃어북의 경제·경영 스테디셀러 |

투자에서 비즈니스까지 한칼로 끝내는
하마터면 또 회계를 모르고 일할 뻔 했다
| 김수헌, 이재홍 지음 | 458쪽 | 20,000원 |

수많은 독자가 "인생 회계책"으로 꼽은 바로 그 책!

2018년 출간된 이후 부동의 베스트셀러! 독자들에게 "인생 회계책", "진심 쉽고 재미있는 회계책" 등의 찬사를 받은 〈하마터면 회계를 모르고 일할 뻔했다!〉가 주식투자에게 꼭 필요한 회계를 증보해 새롭게 돌아왔다. 회계의 쓸모를 정확히 짚어내며 업그레이드된 이 책은, 당신이 결심과 포기를 무한반복하는 회계 공부 딜레마의 사슬을 확실히 끊어드릴 것이다.

마침내 찾아온 붕괴의 시간
부동산을 공부할 결심
| 배문성 지음 | 396쪽 | 25,000원 |

금리와 인플레이션, 환율은 어떻게 당신의 부동산을 잠식하는가?

급변하는 장세에서는 예측보다 대응이 중요하다. '마침내' 찾아온 '부동산 붕괴'의 시대에는 상승장에서나 품어야 할 '야수의 심장'이 아니라 자산시장의 대외여건을 꼼꼼하게 '공부할 결심'이 절실하다. 이 책은 공급, 금리, 유동성, 타이밍 4개의 축을 통해 부동산시장의 허와 실을 파헤치며, 파도처럼 밀려오는 위기에 휩쓸리지 않는 자산수호 독법(讀法)을 안내한다.

제품의 운명을 가른 선택의 순간들
결정적 한 끗
| 비즈워치 생활경제부 지음 | 422쪽 | 22,000원 |

시간을 거스르며 불로불사의 신화를 쓴 제품들의 성공 방정식

평균 나이 65세! 압도적 점유율로 시장 1위 자리를 지키고 있는 제품들. 늘 우리 곁에서 사랑받고 있는 제품에도 결정적 '한 끗'이 있다. 절묘한 한 끗 차이로 어떤 제품은 스테디셀러가 되고, 또 어떤 제품은 흔적도 없이 사라진다. 시대를 뛰어넘고 세대를 이어가며 여전히 잘 팔리는 제품의 성공 방정식은, 비즈니스의 출발선 혹은 변곡점에 선 이들에게 성공의 미중물이 될 것이다.